铁路混凝土桥梁
抗震设计理论与试验研究

Seismic Design Theoretical and Experimental Research
on Railway Concrete Bridge

陈克坚 韩国庆 许 敏 等 著

西南交通大学出版社
·成 都·

内容简介

本书基于铁路混凝土桥梁抗震设计实践和一系列科技攻关、综合专题研究，在梳理铁路混凝土桥梁震害、致害机理和抗震设计体系基础上，以桥墩抗剪性能、延性设计、减隔震支座和装置作用下的性能分析为主线，并与试验分析相结合，论述铁路混凝土桥梁的设计理论和试验研究成果。全书共分 8 章。本书内容丰富、图文并茂、可读性强，对提高桥梁工程技术人员、科研工作者的技术水平大有裨益。

图书在版编目（CIP）数据

铁路混凝土桥梁抗震设计理论与试验研究 / 陈克坚
等著. —成都：西南交通大学出版社，2021.3
ISBN 978-7-5643-7950-6

Ⅰ . ①铁… Ⅱ . ①陈… Ⅲ . ①铁路桥－钢筋混凝土桥
－防震设计－研究 Ⅳ . ①U448.132.5

中国版本图书馆 CIP 数据核字（2020）第 271293 号

Tielu Hunningtu Qiaoliang Kangzhen Sheji Lilun yu Shiyan Yanjiu
铁路混凝土桥梁抗震设计理论与试验研究

陈克坚　韩国庆　许　敏　等　著

责任编辑	张　波
封面设计	曹天擎
封面摄影	刘　绩

出版发行	西南交通大学出版社 （四川省成都市金牛区二环路北一段 111 号 西南交通大学创新大厦 21 楼）
邮政编码	610031
发行部电话	028-87600564　　　028-87600533
网址	http://www.xnjdcbs.com
印刷	四川玖艺呈现印刷有限公司

成品尺寸	210 mm × 285 mm
印张	17
字数	482 千
版次	2021 年 3 月第 1 版
印次	2021 年 3 月第 1 次
书号	ISBN 978-7-5643-7950-6
定价	160.00 元

序
PREFACE

地震是地壳岩层破裂快速释放能量过程中造成的振动，其产生的地震波给人类带来巨大灾难和损失。从设计源头开展工程结构抗震理论研究，科学进行工程抗震减灾是落实科学发展观、践行高质量发展、全面提高国家综合防灾减灾能力的重要举措。

"5·12"汶川地震开启了我国工程领域抗震研究的新高潮。十几年来，陈克坚带领的桥梁团队联合科研院校，结合成兰铁路、大瑞铁路、云桂铁路等高烈度地震区桥梁抗震设计，积极开展震害调查研究、理论分析与试验、减隔震产品开发等工作，在铁路混凝土桥梁抗震性能分析、抗震设计方法和减隔震技术研发等方面，取得了重要研究成果并应用于工程实践，积累了丰富的铁路桥梁抗震设计经验。

钢筋混凝土桥梁的抗震设计是铁路桥梁抗震体系中的重要组成部分。陈克坚团队撰写的《铁路混凝土桥梁抗震设计理论与试验研究》一书，针对铁路桥梁领域应用最广泛的混凝土桥梁，从铁路混凝土桥梁的基本特点、震害形式和震害机理入手，论述了铁路混凝土桥梁的抗震设计体系，系统梳理了铁路桥梁抗震设计的理论和方法，重点对铁路中低桥墩和高桥墩抗震性能、整跨铁路桥梁的减隔震性能进行了理论分析、数值模拟和试验研究，提出了铁路混凝土中低桥墩抗剪和高墩延性设计方法，揭示了采用各类减隔震支座或装置的铁路桥梁地震响应规律，集中展示了近年来铁路混凝土桥梁抗震研究的系列成果，丰富和发展了我国铁路桥梁抗震设计理论与方法，可为铁路混凝土桥梁抗震学术研究和工程设计提供指导和借鉴。

值付梓前夕，是为之序。

蒋丽忠

2021 年 3 月

前　言
FOREWORD

　　桥梁工程常地处交通运输的咽喉要道,历来被视为生命线系统中的关键工程,一旦遭遇损坏,将会给国民经济、交通安全和人民生命财产安全带来巨大损失。地震因其发生的偶然性和巨大的破坏力成为导致桥梁结构损坏的最主要自然灾害之一。因此,桥梁的抗震性能十分重要,桥梁抗震研究也一直是桥梁工程领域的重要课题。

　　桥墩作为桥梁结构中承上启下的重要构件,其抗震性能对整个桥梁结构的抗震安全举足轻重。桥墩抗震性能的研究一直都是桥梁抗震领域内的研究热点和重点。钢筋混凝土桥墩是桥梁建设中体量最庞大、应用最广泛的桥墩形式,对钢筋混凝土桥墩进行抗震性能研究具有重大意义。桥梁抗震性能研究除采用理论分析、数值模拟外,采用室内模型试验也是重要的研究手段。

　　本书作者在大量震害调查的基础上,结合十多年的系统研究和试验成果,围绕铁路混凝土桥梁抗震设计理论与方法,对桥墩抗剪、延性、减隔震体系和桥梁地震响应等方面进行了数值模拟、拟静力试验和振动台试验研究,提出了铁路混凝土中低桥墩抗剪性能和高墩延性性能设计方法,揭示了采用各类减隔震支座或装置的铁路桥梁地震响应规律。

　　全书由陈克坚、韩国庆、许敏统稿撰写,共分8章。第1章由陈克坚、许敏、韩国庆编写,介绍铁路混凝土桥梁的基本特点、震害形式和震害机理;第2章由陈克坚、韩国庆、许敏编写,介绍铁路混凝土桥梁的抗震设计体系,论述铁路桥梁抗震设计的理论和方法,并重点阐释试验方法;第3章由钟铁毅、陈克坚、王伟、王小雪编写,结合数值理论模拟,对铁路中低桥墩塑性铰区的抗震性能进行拟静力试验综合研究;第4、5章由邵长江、陈克坚、韩国庆、许敏编写,对铁路高桥墩,结合数值模拟、理论分析,进行桥墩拟静力和振动台试验,开展延性性能研究;第6、7章由魏标、何纬坤、韩国庆、许敏编写,论述了整跨铁路桥梁的减隔震性能,并对桥墩与其应用不同地震保护装置时的性能进行了差异化研究;第8章由陈克坚、韩国庆编写,总结了桥梁抗震研究的成果,给出了思考,并进行了展望。

　　本书通过理论分析、数值模拟和试验研究,对当前铁路桥梁抗震领域中的关键问题进行系统研究,书中收集了大量国内外工程技术资料和试验图片,数据翔实,图文并茂,可读性强。

本书的出版发行，可丰富和完善我国铁路桥梁抗震研究成果，进一步提高工程技术人员的技术水平，对当前工程应用和设计方法研究具有积极意义。

在本书编写过程中，中国国家铁路集团有限公司工程管理中心盛黎明、江忠贵、李吉林等三位专家给予了积极指导和支持；中铁二院工程集团有限责任公司胡京涛、徐勇、郭建勋、游励晖、何庭国、刘伟、李慧君、李明清、胡玉珠、谢海清和曾永平等同志给出了中肯的建议和指导；部分试验内容还得到了中铁第五勘察设计院集团有限公司、洛阳双瑞特种装备有限公司、成都市新筑路桥机械股份有限公司、株洲时代新材料科技股份有限公司等单位的支持；中南大学蒋丽忠教授审阅了全部书稿，提出了建设性的意见，并为本书作序：在此表示衷心的感谢。本书参考了许多桥梁抗震研究方面的文献，在此对为我国铁路桥梁抗震技术的发展和进步做出贡献的同志们表示由衷的钦佩和敬意。本书完稿前，经西南交通大学出版社推荐申报，入选四川省重点图书出版规划项目；本书的出版也得到了中铁二院科技图书出版基金的支持：在此一并表示深深的谢意。

由于铁路桥梁抗震设计与研究专业性强、影响因素多，加之作者水平所限，书中不当之处，敬请读者批评指正，以便更正和完善。来函请寄送中铁二院工程集团有限责任公司（成都市通锦路 3 号；邮编：610031）。

作　者

2021 年 2 月　于成都

目 录

CONTENTS

1

绪　论

1.1　概　述

地震具有突发性和毁灭性。一次地震，持续时间往往只有几十秒，却会造成巨大的生命财产损失，这是其他自然灾害无法相比的。1976 年我国河北唐山发生 7.8 级地震，整个城市在片刻之间成为一片废墟，造成 24 万余人丧生，直接经济损失近 100 亿元人民币（当时的币值）。2008 年我国四川汶川地区发生 8.0 级地震，造成 8.7 万余人死亡和失踪，是新中国成立以来破坏力最大的一次地震。2010 年青海玉树 7.1 级地震、2013 年四川芦山 7.0 级地震均造成巨大破坏。我国是一个地震灾害频发的国家，据史料记载，自公元 512 年山西应县、代县发生 7.5 级地震后的 1 500 多年间，我国发生的各次地震导致的死亡总人数超过 250 万。地震给人类带来了惨重的人员伤亡和巨大的经济损失，因此也激发了人们对地震产生机理，地震作用下构造物的动力响应特性、破坏机理和如何减震救灾等方面的研究。

地震是一种自然现象，是地壳运动的一种表现，是地壳能量释放而引起的地球表面的振动，甚至强烈的运动。地球上板块与板块之间相互挤压碰撞，造成板块边沿及板块内部产生错动和破裂，是引起地震的主要原因。地震与地质构造密切相关，往往发生在地应力比较集中、构造比较脆弱的地段（原有断层的端点或转折处、不同断层的交汇处）。

根据地震成因，地震可分为火山地震、塌陷地震、诱发地震和构造地震。由于火山活动而引起的地震叫火山地震，一般影响范围较小，发生的次数也较少，约占全球地震总数的 7%。由地层突然大规模陷落和崩塌而引起的地震叫塌陷地震，发生的次数更少，约占全球地震总数的 3%，引起的破坏也较小。由于人为活动（如人工爆破、水库蓄水、深井抽液或注液、矿山及油气田的开采等）而引起的地震称为诱发地震，这种地震一般都不太强烈，仅个别情况会造成较大破坏。由地球内部岩层构造活动在某些阶段发生急剧变化而引起的地震叫构造地震。构造地震发生的次数最多，约占全球地震总数的 90%。构造地震释放的巨大能量是造成严重灾害的根源。因此，桥梁工程抗震研究主要是研究构造地震对桥梁工程的影响。

地震造成的损失主要是结构物遭受地震致使其不同程度的破坏引起的。地震引起的振动以波的形式从震源向各个方向传播并释放能量，这种传播的能量波就是地震波。地震波按其在地壳传播中位置的不同，分为体波和面波。

　　体波亦称球面波，它是在地球内部传播的波。体波又分为纵波和横波。纵波是由震源向四周传播的压缩波，又称 P 波（Primary wave），它引起地面竖向振动。纵波在传播过程中，其介质质点的振动方向与波的前进方向一致，质点间的弹性相对位移疏密相间，所以也称为疏密波，如图 1.1-1（a）所示。由于任何一种介质都可以承受不同程度的压缩与拉伸变形，所以纵波可以在所有介质中传播，这是纵波的一个重要特性。纵波引起地面上下颠覆振动，振幅较小，周期较短，破坏性较弱，波速较快。根据弹性波动理论，纵波的波速 v_P 可按下式计算：

$$v_P = \sqrt{\frac{E(1-\nu)}{\rho(1+\nu)(1-2\nu)}} \tag{1.1-1}$$

式中　E —— 介质的弹性模量；

　　　ρ —— 介质的密度；

　　　ν —— 介质的泊松比。

　　横波是由震源向四周传播的剪切波，又称 S 波（Secondary wave），它引起地面水平方向振动。横波在传播过程中，其介质质点的振动方向与波的前进方向垂直，如图 1.1-1（b）所示。凡是波传到的地方，每个质点都在自己的平衡位置附近振动，所以也称为"凹凸波"。横波只能在固体介质中传播。这是因为横波的传播过程是介质质点不断受剪切变形的过程，液态和气态介质不能承受剪切作用。横波的周期较长，振幅较大，破坏性较强，波速较慢，约为 P 波的一半，故又被称为次波。根据弹性波动理论，横波的波速 v_S 可按下式计算：

$$v_S = \sqrt{\frac{E}{2\rho(1+\nu)}} = \sqrt{\frac{G}{\rho}} \tag{1.1-2}$$

式中　G —— 介质的剪切模量；

　　　其余符号意义同式（1.1-1）。

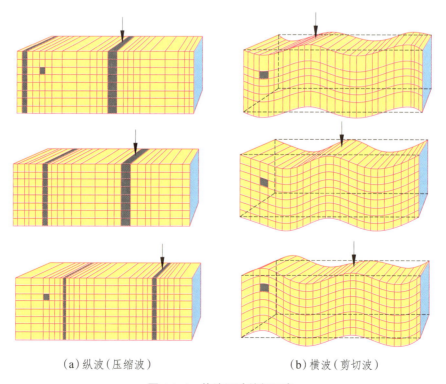

(a) 纵波（压缩波）　　　　　　　　　　(b) 横波（剪切波）

图 1.1-1　体波运动特征示意

由式（1.1-1）和式（1.1-2）可知：

$$\left(\frac{v_{\text{P}}}{v_{\text{S}}}\right)^2 = \frac{2(1-\nu)}{1-2\nu} \tag{1.1-3}$$

一般情况下，当 $\nu = 0.22$ 时：

$$v_{\text{P}} = 1.67 v_{\text{S}} \tag{1.1-4}$$

由此可知，纵波的传播速度比横波的传播速度快，所以当某地发生地震时，首先记录到的地震波是纵波，随后才记录到横波。

在地球表面传播的波称为面波，又称 L 波。一般认为，面波是体波经地层界面多次反射、折射所形成的次生波。面波分为勒夫波（Love wave）和瑞利波（Rayleigh wave）。勒夫波传播时，类似蛇行运动，质点在地平面内做与波前进方向相垂直的运动，没有垂向位移，如图 1.1-2（a）所示。勒夫波具有很大的振幅，能在建筑物地基之下造成水平剪切，是破坏性最强大的波。瑞利波传播时，质点在与地面垂直的平面内沿的前进方向做椭圆逆时针方向运动，又称为"地滚波"，如图 1.1-2（b）所示。瑞利波的特点是振幅大，在地表以竖向运动为主。这两种面波的岩石振动振幅随着深度的增加而逐渐减小为零。

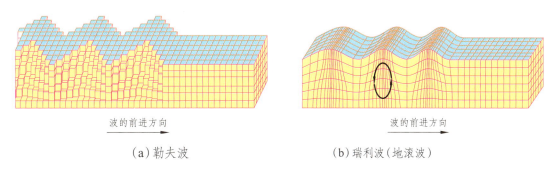

波的前进方向　　　　　　　　　　波的前进方向

（a）勒夫波　　　　　　　　　　（b）瑞利波（地滚波）

图 1.1-2　面波运动特征示意

一般地，与体波相比，面波的周期较长，振幅较大，是造成建筑物强烈破坏的主要因素。面波波速较慢，比 P 波慢，与 S 波相等或比 S 波慢一些，所以面波在体波之后到达。另外，面波的衰减也较慢，能传播到较远的地方。在距离震中近的地方，面波成分较少，随着距震中距离的增加，面波的成分也增加。体波与面波的传播如图 1.1-3 所示。

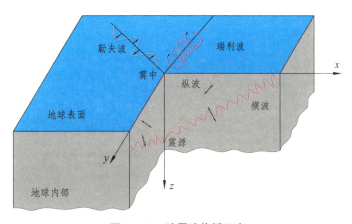

图 1.1-3　地震波传播示意

综上所述，地震发生时，从震源首先达到某地的是纵波，纵波由较陡的倾角传向地面，造成垂直方向的地面运动，由于结构物承受垂直方向振动的能力较水平方向的能力大，纵波不具有破坏性。横波传播速度是约为纵波的1/2，横波在纵波之后到达，造成结构物左右晃动。瑞利波和勒夫波在横波之后或与横波同时到达。勒夫波使地表产生垂直于波传播方向的横向摇动，瑞利波使地面在纵向和垂直向产生摇动。面波持续的时间可比体波长5倍。另外，不可忽视的还有面波之后的尾波，它是包含沿散射方向穿过复杂岩石的纵波、横波、面波的混合波，继续波动和旋回的尾波可使受较强的横波损伤和削弱的结构物倒塌。在一次地震中，各种地震波通过某点的先后顺序如图1.1-4所示。

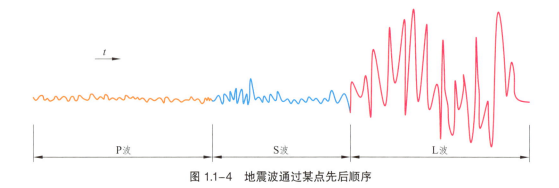

图 1.1-4　地震波通过某点先后顺序

由震源释放出来的地震波引起的地表附近岩土层的振动称为地面运动，也称地震动。地震动是引起结构破坏的外因，其作用相当于结构分析中的各种荷载，但与常用荷载有很大差别。其差别表现在三方面：

（1）常用荷载以力的形式出现，而地震动则以运动方式出现；

（2）常用荷载一般为短期内大小不变的静力，而地震动则是迅速变化的随机振动；

（3）常用荷载大多数是朝一个方向的（竖向的或水平的），而地震动则是水平、竖向甚至扭转同时作用的。

地震动可以通过地震仪记录下来。地震仪大致分为两种：一种以量测世界性的地震或弱震为主；另一种以量测近震和强震为主。对结构抗震而言，所关心的是强震动记录，因为只有强震动才会危及结构安全。记录强震动的仪器为强震加速度仪，简称强震仪，它能够记录测点处三个互相垂直的地震动加速度分量（两个水平向分量和一个竖向分量）。强震动记录是进行结构抗震设计的重要资料。在采用动力时程分析方法计算结构的地震反应时，需要用到强震地面运动记录；绘制规范反应谱曲线时，更需要有大量的强震地面运动记录。图1.1-5所示为著名的埃尔森特罗（EL Centro）三分量（东西、南北、竖向）地震动加速度记录。由图可见，地震动的时程函数是非常不规则的。

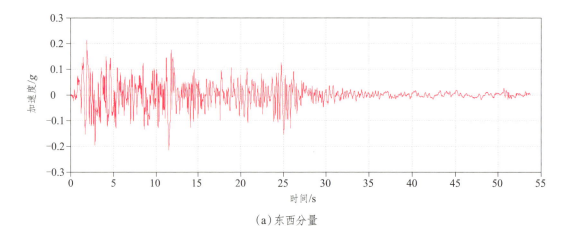

（a）东西分量

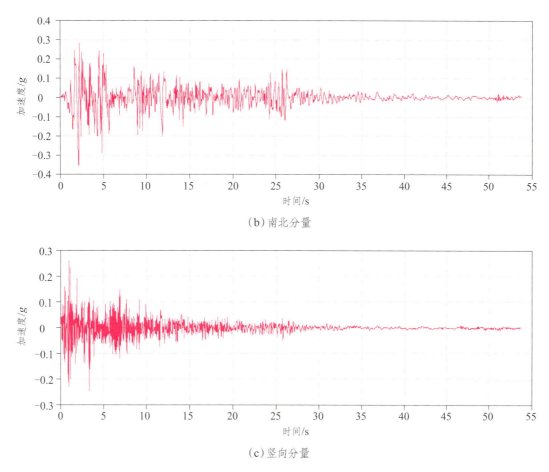

（b）南北分量

（c）竖向分量

图 1.1-5　埃尔森特罗（EL Centro）地震波记录

　　在地震动的特性中，对结构破坏有重要影响的主要因素有地震动强度（振幅、峰值）、频谱特性和强震持时效应，简称地震动三要素，其不同组合决定了对结构物的震害影响程度。地震动是振幅和频率都在复杂变化着的振动，即随机振动。但是对于给定的地震动过程，则可以把它看作是由许多不同频率的简谐波组合而成的。

　　地震动的振幅、频谱和持时是相互关联的，对结构的影响取决于其不同组合的结果。从静力的观点看，应该说振幅是最重要的。从工程的角度看，由于频谱与场地的关系密切，场地实测的地震动记录对结构设计是最为重要和宝贵的。从对结构反应分析来讲，应根据频谱确定选用加速度、速度还是选用位移来计算振幅，如高频段选加速度，中频段选速度，低频段选位移。但是只根据频谱，人为确定地震动振幅采用加速度、速度或位移作为结构反应的输入特性，不一定正确。因为结构反应是由何种因素控制，有时不易准确判断。对于复杂的结构和地质条件，最好的方法是将加速度、速度和位移分别作为输入参数，进行结构反应分析，由分析结果验证主要的影响因素。从持时考虑，简化的振幅可能使结构反应失真。从实测的记录曲线可以看出，振幅较大的记录只是其中的一部分，之前有一个递增的过程，之后有一个递减的过程。从破坏积累的概念看，同样振幅的地震动，由于持时不同，对结构的影响也大为不同，特别是考虑非线性时，持时过长会使结构反应失真。

　　影响地震动特性的因素包括震源、传播介质与途径、局部场地条件三类。其中，局部场地条件对频谱形状的影响最早被各国规范所接受，我国的公路和铁路桥梁抗震设计规范均把场地土划分为四区，采用了形状随场地土变化的反应谱。但对于震源、传播介质与途径的影响，目前还难以精确估计。

　　随着强震观测记录的不断增加，人们对地震动的认识水平也有了很大提高，目前已经可以对地震动进行合理估计。估计主要有三种可能的途径：第一种是通过地震烈度的估计，再利用烈度与地震动的对应关系将烈度换算为地震动设计参数；第二种是根据过去强震观测结果，寻求地震动与地震大小、震源特性、传播介质、场地影响的统计规律（常称为衰减规律），然后用此衰减规律来估计地震；第三种是通过震源机制理论分析，应用动力学原理，计算出地面附近的地震动。目前广泛采用的估计途径为前两种。

为了减轻地震动带来的灾害，必须提高各类工程结构的抗震性能，对工程结构进行抗震分析和抗震设计。混凝土作为最常见的建筑材料，在桥梁建设中得到了广泛应用。自 20 世纪 50 年代开始，随着预应力技术的推广，预应力混凝土梁桥得到快速发展。直到现在，从应用数量占比看，预应力混凝土梁和钢筋混凝土桥墩在桥梁设计应用中都占绝对主导地位。因此，研究混凝土桥梁的抗震设计十分必要。

1.2　铁路混凝土桥梁的基本特点

铁路混凝土桥梁主要形式是混凝土简支梁桥、混凝土连续梁桥、混凝土连续刚构桥和混凝土拱桥。混凝土简支梁桥具有构造简单、适应范围广、不受基础条件限制、便于使用在曲线地段、易于建造和标准化制造等特点，在我国得到了广泛采用。混凝土简支梁桥主要由简支梁梁部、支座、桥墩和基础组成。我国铁路混凝土简支梁分为整孔式和分片式，常用跨度是 32 m、24 m。整孔式梁的结构形式较为合理，横向刚度大，稳定性好，但是多受到运梁条件和架梁设备起吊能力的限制；而分片式梁则不受这些条件的限制，应用比较灵活。简支梁桥梁部主要承受竖向荷载，地震作用力只有地震烈度达到 9 度时考虑部分竖向震动，其余仅考虑水平方向的地震作用。地震区简支桥的梁部整体刚度大，其震害以主梁移位破坏为主，所以对简支梁桥的梁部进行抗震设计主要是防落梁的设计，一般来说，梁部本身不需要特别单独的抗震设计。

简支梁桥的支座是梁体和桥墩的联系和传力部件，上部结构在地震作用下产生的惯性力通过支座传递至桥墩。支座历来被认为是桥梁结构体系中抗震性能比较薄弱的环节，最容易遭受破坏。很早以前，人们就开始研究减震、隔震装置以减少地震对结构的影响。几十年来，科研人员研制并开发出种类繁多的隔震装置、阻尼器和耗能装置（统称为减隔震装置），并进行了大量的试验研究，其中有些成果已较广泛地应用于实际工程结构中。减隔震支座就是其中研发并广泛应用的成果之一。减隔震支座除了能提供必需的竖向支承外，还应提供额外的水平柔度和耗能能力。

简支梁的桥墩形式按其结构形式，分为独柱式桥墩、门形框架式桥墩；按其截面形式，分为矩形实体桥墩、圆端形实体桥墩、矩形空心桥墩、圆端形空心桥墩及圆形桥墩等形式。独柱桥墩传力途径简单明确，模板制作简单，施工方便，是目前铁路采用最普遍的墩型。框架桥墩能减少桥墩圬工量，增强通透性，但施工相对复杂，另外门形框架式桥墩横向刚度相对较小，仅适用于中低墩，不适合高墩。在多线桥、站台桥等特殊情况下，亦有框架式桥墩、多柱式桥墩的应用，但其占整个铁路桥墩的比例很小。在地震作用下，桥墩的主要震害是墩顶防落梁挡块的破坏及挡块引起的墩顶开裂，桥墩的混凝土压溃、掉块、开裂及倾斜。由于铁路桥墩尺寸相对较大，地震作用下倒塌的较少。

混凝土连续梁桥的上部结构与简支梁桥的震害基本相同，上部结构表现为梁体移位、支座破坏等，少量桥墩出现压溃、剪切破坏、开裂倾斜等，但连续梁明显表现出布置固定支座的桥墩较布置活动支座的桥墩破坏严重。

混凝土连续刚构桥由于没有支座，墩梁固结，地震作用下梁部产生的地震力直接传给下部桥墩和基础，而桥墩的变形又影响梁部的受力，所以混凝土连续刚构桥在地震作用下的力学行为要复杂得多，震害也要严重得多，除了边墩支座的破坏、桥墩开裂倾斜外，混凝土连续刚构桥还有梁体底板、顶板、腹板的开裂等震害现象。

混凝土拱桥形态优美，充分利用了混凝土受压的力学性能，适用于宽阔的深切峡谷地貌，跨度一般比前述连续梁桥和连续刚构桥的跨度大。拱桥的主要震害形式有拱圈开裂、横向联结系开裂、拱上立柱开裂、全桥垮塌等。

目前，铁路桥梁应用最为广泛、数量最多的还是混凝土简支梁桥，所以开展对混凝土简支梁桥的抗震设计和研究是铁路桥梁抗震的重点方向。混凝土梁桥的抗震设计主要包含：梁部的防落梁设计、支座的减隔震设计和桥墩的抗震设计。桥梁抗震设计的第一步就是了解桥梁的震害形式，分析其震害原因。

1.3 铁路混凝土桥梁的震害形式

近二三十年来，全球发生的多次破坏性地震造成了非常惨重的生命财产损失。一个很重要的原因是桥梁工程在地震中遭到了严重破坏。铁路桥梁一旦损坏就切断了通往震区的交通生命线，将会给抗震救灾和灾后重建带来巨大困难，也会加重次生灾害，从而导致非常巨大的经济损失。

调查和了解桥梁的震害及其产生的原因是建立正确的抗震设计方法和采取有效抗震措施的依据。地震对桥梁的破坏现象，系统地揭示出结构设计和施工中的缺陷，甚至是最微小的缺陷。因此，调查研究过往地震中幸存或发生类似破坏的桥梁结构，对于优化桥梁结构设计和改进施工方法是很有意义的。

不管是铁路桥梁，还是公路桥梁、市政桥梁，桥梁的震害大概可以分为两类：一类是由地震引起的环境破坏（如山体滑坡、岩石崩塌、海啸、泥石流、溃坝等）所造成的桥梁间接或次生震害；一类是由地震引起的强烈振动导致的结构震害。第一类震害往往有巨大的破坏性，在新线设计时应结合线路情况进行综合研究。与第一类震害相比，人们更加关注第二类震害的产生机理及成因。从历次破坏性地震中，人们经过调查总结发现，桥梁的震害反映在结构的各个部位。

1. 桥梁上部结构震害

上部结构自身因直接的地震作用而破坏的现象较少，但因支承连接件失效或下部结构失效等引起的落梁现象，在已发生的破坏性地震中常有发生。从梁体下落的形式看，有顺桥向的，也有横桥向的和扭转滑移的，顺桥向的落梁占绝大多数。梁在顺桥方向发生坠落时，梁端撞击桥墩侧壁，会给下部结构带来很大的破坏。

2. 桥梁支座震害

桥梁支座、伸缩缝和剪力键等支承连接件历来被认为是桥梁结构体系中抗震性能比较薄弱的一个环节，在历次破坏性地震中，支承连接件的震害现象都比较普遍。

3. 桥梁墩台震害

严重的桥梁墩台破坏现象包括墩台的倾斜、断裂和倒塌；混凝土桥台和桥墩的破坏现象还包括墩台轻微开裂、保护层混凝土剥落和纵向钢筋屈曲等。

4. 桥梁基础震害

扩大基础自身的震害现象极少发现，然而有时因不良的地质条件，也会出现沉降、滑移等；桩基础的承台由于体积、强度和刚度都很大，很少发生破坏，但桩身的破坏现象还是时有发现，尤其是深桩基础。桩身的破坏可能出现在任意位置，往往位于地下或水中，不利于震后迅速发现，而且修复的难度相当大。

对结构震害现象进行调查研究，从中总结和汲取经验教训，是结构抗震理论得以发展的一种重要手段。每次大地震的发生都会造成很多结构的破坏，但同时也让工程界从结构的破坏中提取到了结构对于地震反应的极其宝贵的资料，不断加深对震害的认识，从而促进了工程抗震的研究工作，使结构抗震设计水平不断地得到提高。

1.3.1 上部结构震害

桥梁上部结构的震害，按照震害产生原因的不同，可分为上部结构自身震害、上部结构移位震害、上部结构碰撞震害以及坍落体砸坏梁体等。

1. 桥梁上部结构自身震害

桥梁上部结构自身遭受震害而被毁坏的情形比较少见。在发现的少数桥梁上部结构自身震害中，主要是混凝土梁连接部位的损坏、钢结构的局部屈曲破坏等。图 1.3-1 为 2008 年汶川地震中某铁路预应力混凝土 T 梁的翼缘板和横隔板处开裂破损的情况。

（a）T梁翼缘板局部开裂破坏　　　　　　　　　　　（b）T梁横隔板拉裂破损

图 1.3-1　梁体震害

2. 桥梁上部结构移位震害

桥梁上部结构的移位震害在破坏性地震中较常见，表现为桥梁上部结构的纵向移位、横向移位以及扭转移位。一般来说，设置伸缩缝的地方比较容易发生移位震害。在破坏性地震中，最为常见的是桥梁上部结构的纵向移位和落梁震害。如果上部结构的移位超出了墩台等的支承面，则会发生严重的落梁震害。上部结构发生落梁时，如果撞击桥墩，还会给下部结构带来很大的威胁。当然，桥梁支座和墩台的毁坏也会导致上部结构的坠落。在历次大地震中，都有大量由于地震造成落梁的震害。

2008 年汶川地震中也发生了较多桥梁上部结构的移位震害。图 1.3-2（a）是某桥左侧梁体纵向位移较大，已发生支座脱落，但由于墩顶顶帽足够大，没有发生落梁事故。图 1.3-2（b）中，地震使得某桥梁体纵向梁缝抵死。

（a）纵向支座脱落

（b）纵向梁缝抵死

图 1.3-2　纵向位移震害

　　图 1.3-3 为广岳铁路在"5·12"汶川地震中发生落梁震害的化肥厂小桥。该桥为一孔 8 m 简支 Ⅱ 梁，地震发生后，该桥梁部完全掉落。

图 1.3-3　化肥厂小桥梁体掉落

3. 桥梁上部结构碰撞震害

　　如果相邻结构的间距过小，桥梁上部结构在地震中就有可能发生碰撞，且撞击力非常大，从而使结构受到破坏。桥梁在地震中，相邻跨上部结构的碰撞、上部结构与桥台的碰撞比较常见。图 1.3-4 为"5·12"汶川地震中发生的桥梁上部结构碰撞震害。

4. 桥梁上部结构被坍落体砸坏

　　地震中，危岩落石是一种常见病害，会危及行车安全，对公路、铁路等结构物产生巨大破坏。地震会引起并加剧危岩落石，在"5·12"汶川地震中，多处大面积岩石脱离母体成为危岩，最大孤石体积达到百万立方米。图 1.3-5 为"5·12"汶川地震中梁体、桥面系被落石砸坏的情景。

（a）相邻跨上部梁体碰撞　　　　　　　　　（b）上部梁体与桥台碰撞

（c）相邻桥梁碰撞　　　　　　　　　　（d）上部梁体与墩顶防落梁碰撞

图 1.3-4　上部结构碰撞震害

（a）梁体腹板被砸坏　　　　　　　　　　（b）桥面系被砸坏

图 1.3-5　上部结构被坍落体砸坏

1.3.2　支座震害

在地震中，桥梁支座震害较为普遍，支座历来被认为是桥梁结构体系中抗震性能比较薄弱的环节。如在日本阪神地震中，支座损坏的比例达到调查总数的 28%。支座的破坏形式主要表现为支座移位、锚固螺栓拔出或剪断、活动支座脱落、支座本身构造上的破坏、连接与支挡等构造措施不足，以及某些支座形式和材料本身的缺陷等，其原因主要是支座设计没有充分考虑抗震的要求。

支座破坏的同时，伴随着支座下方支承垫石混凝土被压碎破坏。支座脱落、倾倒、移位后，会引起结构传力路径的改变甚至中断，从而对结构其他部位的抗震产生影响，严重的则会直接导致落梁，进一步加重结构震害。因此，支座震害较为突出。

位于宝成铁路上行线的清江 7 号特大桥修建于 20 世纪 90 年代，与之平行的是修建于 20 世纪 50 年代的宝成铁路下行线清江 2 号大桥，如图 1.3-6 所示。

图 1.3-6　宝成铁路清江大桥（左为上行线7号特大桥，右为下行线2号大桥）

清江 7 号特大桥为 1×32 m 预应力混凝土 T 梁 +（53+2×88+53）m 预应力混凝土连续箱梁 +6×32 m 预应力混凝土 T 梁，全长 524.69 m，主桥连续梁采用圆形空心墩，最大墩高 53 m，基础为桩基础，采用盆式橡胶支座；简支 T 梁采用矩形实体墩，基础为扩大基础，采用铸钢支座。"5·12"汶川地震时，连续梁支座下板锚栓（锚栓直径为 42 mm）全部被剪断，支座上板 6 颗锚栓全部松动，连续梁梁体横向位移最大 20 mm，纵向位移 20 mm，支座全部破坏，如图 1.3-7 所示。

（a）盆式橡胶支座横向限位钢板破坏　　　　　　　　（b）支座下板螺栓被剪断

（c）铸钢支座连接螺栓弯曲 　　　　　（d）铸钢支座连接螺栓被剪断

图 1.3-7　支座破坏

　　以上支座的破坏主要表现为支挡破坏、支座移位、锚固螺栓拔出或剪断等，"5·12"汶川地震中也出现了活动支座脱落、支座自身完全破坏的震害，如图 1.3-8 所示。

图 1.3-8　支座脱落及完全破坏

　　桥梁支座是梁体和桥墩的联系和传力部件，它的破坏将直接影响到梁体和桥墩。以往多采用加强构造设计、增加支挡限位措施来保证支座在地震中不受破坏。但是近几十年来，由于桥梁跨度的不断增大，支座通过加强构造设计来提高抗震能力的设计方法遇到一定困难，因此工程界开始研究减、隔震耗能式的支座。

1.3.3　墩台震害

　　下部结构和基础的严重破坏是引起桥梁倒塌并在震后难以修复使用的主要原因。桥梁墩台及基础的震害除因砂土液化、地基下沉、岸坡滑移或开裂等地基毁坏的情况外，还由于受到较大的水平地震力，经瞬时反复振动，而在相对薄弱的截面产生破坏。

　　早期石砌或混凝土桥墩墩身的震害大都从施工接缝处的轻微裂缝开始，继而扩展至四周，造成剪断面破坏，甚至导致墩身移位或断落。这种剪切破坏是脆性的，造成桥墩强度和刚度的急剧下降。钢筋混凝土桥墩常出现受压边缘混凝土崩溃、钢筋裸露屈曲，从而导致变形过大而破坏，这种破坏称为弯压破坏或弯曲破坏。弯压破坏是延性的，随着混凝土的开裂压溃剥落、钢筋裸露弯曲而产生很大的塑性变形。比较高柔的桥墩多为弯压破坏，矮粗的桥墩或混凝土桥墩多为剪切破坏，介于两者之间的为混合破坏。

由于铁路荷载的特点与公路荷载不同，铁路桥梁活载所占比例较大，加之对行车舒适性指标有具体要求，使得铁路墩台刚度相对较大，其破坏形式主要是剪切破坏，但是高墩仍会出现弯压破坏。铁路桥墩的基脚破坏和桥梁墩顶（顶帽）局部开裂、掉块也是典型的震害形式。另外，深水中的桥墩应考虑墩 – 水耦合振动的作用，同时应计入内水域和外水域水体的影响。

1. 桥墩剪切破坏

桥墩剪切破坏是十分常见的。由于剪切破坏是脆性的，往往会造成桥墩以及上部结构的倒塌，震害较为严重。

2008 年汶川地震中也有多座桥的桥墩发生剪切破坏。广岳铁路穿心店大桥全长 174.8 m，孔跨布置为 1×20 m（半穿钢梁）+1×20 m 简支 T 梁 +3×32 m 简支 T 梁 +1×24 m 简支 T 梁。地震后，该桥上部梁体纵向位移非常大，后四孔梁在大里程端活动支座滑落，梁体一端高一端低，呈现倾斜状态，如图 1.3-9 所示。其中 1 ~ 6 号桥墩严重倾斜，且 1 ~ 5 号墩墩身均遭到破坏，均有一道或多道贯通水平裂纹和不同程度的竖向裂缝，桥墩下部大片混凝土剥落，如图 1.3-10（a）所示。宝成铁路上行线清江 7 号特大桥的桥墩剪切破坏如图 1.3-10（b）所示。

图 1.3–9　穿心店大桥震后

（a）桥墩剪切破坏之一　　　　　　　　　　　（b）桥墩剪切破坏之二

图 1.3–10　典型桥墩剪切破坏

柿子坪大桥全长 180 m，孔跨布置为（1×16 + 1×24 + 4×32）m。"5·12"汶川地震后，桥面轨道扭曲严重，轨枕翻到道砟之上，如图 1.3-11（a）所示。部分支座破坏，梁体有明显的纵、横向位移。其中 6 号桥台与梁体顶死，因此，梁端上缘有斜裂破坏，抢修时，上翼缘处临时加固，采用型钢临时支撑。5 号墩梁缝 20 cm，4 号墩梁缝顶死，3 号墩梁缝顶死，1 号墩梁缝 30 cm。第一孔梁的双片 Π 形梁间的盖板完全掉落，致使道砟下泄，轨枕悬空，经检查 0 号台及梁片本身无异常损坏，可以使用。本桥 2 ~ 5 号墩墩身有数条水平裂缝，如图 1.3-11（b）所示。

（a）轨道变形 （b）桥墩开裂

图 1.3-11　柿子坪大桥震害

2. 桥墩弯压破坏

在铁路桥墩震害中，弯压破坏并不突出，此种震害多发生在公路桥墩中。图 1.3-12 为 2008 年汶川地震中的广岳铁路穿心店大桥发生的桥墩弯压破坏。这种破坏可能是由于桥墩底部在地震中反复受到弯曲和剪切作用，混凝土保护层脱落，核心混凝土受弯被反复拉压而破碎或纵筋发生屈曲。

（a）桥墩弯压破坏震害 （b）震后破坏桥墩加固

图 1.3-12　广岳铁路穿心店大桥桥墩弯压破坏

3. 桥墩顶帽开裂和掉块

桥墩顶帽开裂和掉块是一种常见震害。这种震害是由于地震时上部梁体与下部桥墩位移不一致并受到约束而产生的震害。铁路桥一般不设置帽梁挡块，而是在桥墩顶帽设置防落梁设施及梁部至墩顶的检查设备，当地震作用强烈时，梁体与桥墩的相对位移受到约束，于是在这些设施、设备与桥墩顶帽的连接部位出现裂缝，甚至掉块，如图 1.3-13 和图 1.3-14 所示。

图 1.3-13　桥墩顶帽混凝土掉块

图 1.3-14　桥墩顶帽混凝土局部开裂

4. 桥台震害

桥台震害在地震中也是较为常见。除了因地基丧失承载力（如砂土液化）引起的桥台滑移外，桥台的主要震害有：台身与上部结构（如梁）的碰撞破坏、桥台倾斜、桥台锥体破坏以及台尾过渡段破坏。图 1.3-15 为 2008 年汶川地震中的桥台震害。

（a）桥台被梁顶裂　　　　　　　　　　　　　（b）桥台台身水平裂缝和斜裂缝

（c）桥台锥体坍塌

（d）桥台锥体护坡开裂

（e）桥台台尾过渡段破坏

（f）桥台尾部被落石砸坏

图 1.3-15　桥台震害

1.3.4　基础震害

桥梁基础破坏会使结构整体丧失承载力，导致结构倒塌的严重后果。基础破坏是国内外许多地震的重要震害现象之一。由于基础一般埋置于地下，具有隐蔽性，震害不易被发现。

地基失效（如土体滑移和砂土液化）是桥梁基础产生震害的主要原因。明挖扩大基础的震害一般由地基失效引起；桩基的破坏，除了地基失效这一主要原因外，群桩基础还会发生由于上部结构传下来的惯性力所引起的桩基剪切和弯曲破坏，更有桩基设计不当所引起的震害，如桩基没有深入稳定土层足够长度、桩顶与承台联结构造措施不足等。如在 1975 年的海城地震和 1976 年的唐山地震中，都有大量地基失效引起桥梁基础震害的实例。在 1976 年唐山地震中，京山铁路蓟运河上行桥为 2×62.8 m 下承式钢桁梁 +2×20 m 上承式钢板梁，基础位于淤泥质砂黏土中，采用沉井基础。1 号、3 号墩（由山海关侧开始编号）沉井比 2 号墩沉井浅，1 号、3 号墩相对于 2 号墩分别下沉 0.68 m 和 0.57 m，全桥下承式钢桁梁成折线，如图 1.3-16 所示。

基础的震害有极大的隐蔽性，许多基础的震害都是通过上部结构的震害体现出来的。但是，有时上部结构震害轻微，而开挖基础却发现桩基已产生严重损坏，甚至发生断裂破坏。在唐山大地震中就有这样的实例。

图 1.3-16　蓟运河上行桥严重破坏

1.4　铁路混凝土桥梁的震害机理

对结构震害现象进行调查研究，从中总结和汲取经验教训，是结构抗震理论得以发展的一个重要手段。调查与分析桥梁的震害及其产生的原因是建立正确的抗震设计方法、采取有效抗震措施的科学依据。尽管早在1926年，世界上就有了第一部涉及桥梁抗震设计条款的规范，但对桥梁的地震动反应有比较清楚和全面的认识，还只是最近四五十年的事情。因此，早期桥梁震害产生的原因，很大一部分应归结于人们对桥梁地震反应认识的局限。可以说，桥梁抗震设计的历史，也是人类对桥梁震害认识的历史。近40余年发生的几次大地震使大量桥梁结构遭到了严重破坏，但也使我们获取了关于结构地震反应的极其宝贵的资料，从而可以对抗震设计理论和设计方法进行检讨和修正，使桥梁抗震设计水平不断得到提高。

大量的震害分析表明，引起桥梁震害的原因主要有3个：

（1）桥梁场地对抗震不利，地震引起地基失效或地基变形；

（2）发生的地震强度超过了抗震设防标准；

（3）桥梁结构的设计、施工不合理，结构抗震能力不足。

从结构抗震设计的观点出发，可以将桥梁震害归为两大类，即地基失效引起的破坏和结构强烈振动引起的破坏。两种破坏的原理不同：前者属于静力作用，是由于地基失效产生的相对位移引起的结构破坏；后者属于动力作用，是由于振动产生的惯性力引起的破坏。实际上，引起桥梁结构破坏的因素可能是一种因素起主要作用，也可能是几种因素共同作用。

1.4.1　地基失效或变形

发生强烈地震时，地裂缝、滑坡、砂土液化、软土震陷等可使地基产生开裂、滑动、不均匀变形等，进而使其丧失稳定性和承载力，使建造在其上面的工程结构受到破坏。一般说来，地基失效引起的桥梁结构的破坏是难以抵御的，因此，在线路走向选择时，应该重视通过场地选择，避开不利地段。如果无法绕避，则应该考虑对地基进行处理或采用深基础。

1.4.2 地震强度超出抗震设防标准

桥梁结构遭遇的地震强度远远超过设计的强度，桥梁结构无法抵御而遭受破坏，这是导致桥梁结构破坏的外因。桥梁工程的抗震设防标准就是如何确定地震作用力的标准。荷载定得越大，抗震设防的要求就越高，桥梁在使用寿命期间为抗震设防需要投入的费用也越大。然而，桥梁在使用寿命期间遭遇抗震设防标准所期望的地震总是少数。这就是矛盾点所在：一方面要求保证桥梁抗震安全；另一方面又要适度投入抗震设防的费用，使投入费用取得较好的效益。一个国家的抗震设防标准与一个国家的国民经济发展水平息息相关。也就是说，国家的经济实力决定了国家的抗震设防标准的制订。

从 20 世纪 70 年代开始，人们认识到工程设防标准不能追求绝对的安全性，而是需要从危险概率的大小出发来定义安全度，从而形成了以概率为基础的设防准则。基于概率的合理的安全度是指在经济与安全之间的合理平衡，这是工程抗震设计的总原则，也是一切设计的总原则。目前我国铁路抗震规范是按三阶段三水准设计，简略概括为"小震不坏，中震可修，大震不倒"。

同时，从我国国情出发，考虑到铁路工程的重要性和震后修复的困难程度，本着确保重点和节约投资的原则，对不同工程给定不同的抗震安全度进行抗震设防分类，并按抗震设防类别确定不同的设防标准和设防目标。

1.4.3 结构抗震能力不足

如果位于地震区的桥梁在结构设计、施工方面存在不合理因素，可能导致结构抗震能力不足，以致地震发生时，桥梁结构遭受破坏甚至倒塌。这是桥梁结构破坏的内因，主要表现为支承连接失效和下部结构失效。

在地震中，如果上部、下部结构的相对位移过大，支承连接件不能承受，支承连接件就可能失效。由于支承连接件失效，上部结构和下部结构之间会产生更大的相对位移，如果没有受到其他约束，上部结构就可能与下部结构脱开，最终导致落梁。在落梁过程中，由于落梁的冲击力作用，可能会导致下部结构遭受严重破坏。支承连接件失效的原因，主要是低估了相邻梁跨之间的相对位移。相邻梁跨间在随机发生地震作用下的相对位移是难以准确确定的，因此支承连接件破坏是很难避免的，但应该避免因支承连接件失效而导致的落梁现象。对此一般有两种做法：一是规定支承连接部位的支承面宽度必须满足一定要求；二是规定在简支的相邻梁之间安装纵向约束装置。

下部结构失效主要是指桥墩和桥台失效。如果下部结构不能抵抗自身的惯性力和由支座传递的上部结构的地震力，桥墩和桥台就会破坏。桥墩和桥台产生破坏的原因可归纳为：设计抗弯能力不足、设计抗剪强度不足和构造缺陷。设计抗弯能力不足往往是设计地震力取值偏低，当地震发生时，实际地震力超过设计地震力，桥墩中的纵向钢筋过早屈服，造成桥墩发生弯剪破坏。这种破坏一般发生在轻型墩、高墩和柔性墩中。

另外，过去由于对桥墩地震破坏的认识不足，纵向钢筋往往在墩底搭接或焊接，桥墩的主筋通常未达到设计强度就因焊接强度不够或搭接失效而发生弯曲破坏。设计抗剪强度不足是由于以前对地震力的作用机理认识不全面，地震发生时，产生的横向剪切力超过预期设计值。过去设计的桥墩，其箍筋直径通常较小，间距往往较大，不足以抵抗强烈地震引起的横向剪切破坏。构造缺陷包括：横向约束箍筋数量不足和间距过大，因而不足以约束混凝土和防止纵向受压钢筋屈服；纵向钢筋在墩底搭接和焊接；纵向钢筋过早切断；纵向钢筋和横向箍筋锚固长度不足；箍筋端部没有做成弯钩等。另外，早期铁路桥梁常采用素混凝土桥墩，且桥墩混凝土分多次灌筑，施工接缝未做连接处理或处理措施不到位等，常造成铁路素混凝土桥墩的剪切破坏。

2

铁路混凝土桥梁抗震设计体系

2.1 概　述

　　桥梁结构的震害多种多样，每一种震害发生后对整体结构的影响大不相同，如何建立一种安全、经济、可靠的抗震设计体系，可以有效抵御某种程度的不可预测的灾难性大地震，一直是结构工程界面临的挑战。从桥梁震害形式看，桥梁各个部位都有可能受到地震的影响。梁部损伤较小，多为梁部移位、碰撞等。基础损伤不易修复，受地质条件影响较大。易于暴露的震害多集中于支座和桥墩处，作为承上启下的重要构件，支座和桥墩的抗震设计历来是桥梁抗震设计的重中之重。多数情况下，简支和连续梁桥的抗震设计理论和方法即是桥墩的抗震设计理论和方法。

　　结构抗震理论的发展，使桥梁工程界普遍认为除了强度和刚度，还必须重视结构延性。目前，大部分国家的桥梁抗震设计规范已采纳了延性抗震理论。延性抗震理论不同于强度理论，它通过结构特定部位的塑性变形（形成塑性铰）来抵抗地震作用。通过特定的塑性变形，不仅可以消耗地震能量，还可以延长结构周期，达到减小地震反应的目的。

　　传统的结构抗震设计采用的是"抗震"，一般来说，采用正确的"抗震"设计，可以保证结构安全，但有些时候要靠自身结构抵抗地震作用非常困难，这时候，减隔震技术作为被动控制技术的一种，被认为是一种简便、经济、先进的工程抗震手段。减震是利用特制减震构件或装置，使之在强震时率先进入塑性，产生大量阻尼，消耗大量进入结构体系的能量；隔震则是利用隔震体系，设法阻止地震能量进入主体结构。在具体实践中，常常把这两种体系合二为一，通过选择恰当的减隔震装置和合理设定减隔震装置的位置和参数，达到延长周期、耗散或转移能量、使结构内力合理重分布等目的，从而实现在地震作用后发挥结构的正常使用功能。

　　减隔震设计中，要使减隔震装置充分发挥减震耗能的作用，就要让大部分非弹性变形和耗能集中于减隔震装置，这就要求减隔震装置的水平刚度远小于桥墩、桥台和基础的刚度，还要避免桥墩屈服先于减隔震装置屈服，故减隔震装置关键构件的设计至关重要。另外，在减隔震设计中，还应充分注意一些构造措施、构造细节的设计。

　　多次破坏性地震一再显示了桥梁工程遭到破坏的严重后果，也一再显示了桥梁工程进行正确抗震设计的重要性。每次大地震后，结构抗震工作者都要对现行的抗震设计规范进行反思和修订。自1976年唐山地震后，我国的桥梁抗震工作日益受到重视。我国于2008年、2009年、2011年先后编制出版了《公路桥梁抗震设计细则》《铁路工程抗震设计规范》（2009版）和《城市桥梁抗震设计规范》，更新了桥梁抗震设计理念，完善了相应的抗震设计方法，使我国的桥梁抗震设计水平上了一个台阶。随着这些规范的不断修订，我国的桥梁抗震设计水平也必将会不断提高。

2.2 铁路混凝土桥梁的设防标准

2.2.1 抗震设防标准的基本概念

工程抗震设防标准是指根据地震动背景，为保证工程结构在寿命期内的地震损失（经济损失和人员伤亡）不超过规定的水平或社会可接受的水平，规定工程结构必须具备的抗震能力。因此，抗震设防标准是工程项目进行抗震设计的准则，也是工程抗震设计中需要解决的首要问题。

结构抗震设防，既要使震前用于抗震设防的经济投入不超过国家当前的经济能力，又要使地震中经过抗震设计的桥梁的破坏程度限定在人们可以容许接受的范围内。换言之，结构抗震设防需要在经济与安全之间进行合理平衡，这是桥梁抗震设防的合理安全度原则。

决定工程抗震设防标准的基本因素有3个，即社会经济状况、地震危险性和工程结构重要性。确定工程抗震设防标准时，需要综合考虑工程的抗震设防原则、设防目标、设防环境、设防参数、设防水准和设防等级。图2.2-1显示了这些因素之间的关系，工程抗震设防标准必须明确抗震设防水准与设防目标之间的关系。

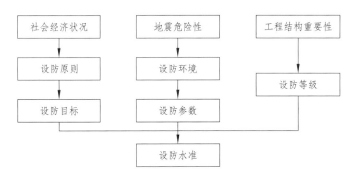

图 2.2-1　确定工程抗震设防标准的因素间的关系

设防水准是指在工程设计中，根据客观的设防环境和已定的设防目标，并考虑具体的社会发展、经济条件来确定的设防地震概率水平，一般用地震超越概率或地震重现期来表示。一方面，随着国内外震害资料的不断增加，人们对地震动特性以及地震作用下各类结构的动力响应特性、破坏机理、构件能力的研究和认识也在不断加深；而另一方面，由于经济发展的原因，社会、团体组织对不同的结构在不同水准地震作用下结构预期抗震性能会有不同的要求。这些因素不断促进抗震设计思想和方法的发展，由原来的单一设防水准逐渐向多水准设防、多性能目标准则的基于性能的抗震设计方向发展。

设防原则是指对工程进行抗震设防的总要求和总目的。世界上任何一部抗震设计规范，都毫不例外地在它的总则或说明中明确规范的设防原则。设防目标是根据设防原则对工程设防要求达到的具体目标。设防环境是指拟设防工程的地震危险性，这由地震危险性分析或地震区划图给出的地震危险性程度来确定。设防环境是确定设防目标和设防标准的重要依据。设防参数是指在考虑工程抗震设防时，采用哪种物理量（参数）来进行工程设防。国内外常用的参数为烈度和地震动参数2种。但烈度比较粗糙，最大的缺陷是不单纯代表地震动的强度，还包括建筑物的易损性。2001年，我国颁布了《中国地震动参数区划图》，来代替《中国地震烈度区划图》，之后，我国的工程抗震设防参数就逐步由地震烈度向地震动参数过渡。2016年，我国在充分吸收国内外最新研究成果和各类资料的基础上，又颁布了新的《中国地震动参数区划图》（GB 18306—2015）。

世界各国大都采用一组重要性系数乘以设计地震力来反映设防等级。事实上，这种做法并不合理，因为通过重要性系数体现设防等级会人为夸大或缩小工程结构面临的地震危险性，进而导致盲目地增强或减弱工程结构的抗震能力。比较合理的做法是通过调整地震重现期来体现不同工程的设防等级。

2.2.2 铁路桥梁抗震设防标准

铁路桥梁工程作为一种重要的工程结构，其抗震设防也是在经济性与安全性之间寻求合理平衡。我国《铁路工程抗震设计规范》（2009版）贯彻铁路主要技术政策，体现"解放思想、实事求是、与时俱进，以提高运输能力和提升技术装备水平为主线，全面推进技术创新和体制创新"的原则，突出了"以人为本、服务运输、强本简末、系统优化、着眼发展"的铁路建设理念。

我国《铁路工程抗震设计规范》（GBJ 111—1987）采用的是单一设防水准、一阶段设计的方法。原《公路工程抗震设计规范》（JTJ 004—1989）、美国 ASSHO、Eurocode 8 均采用的这一理念。实践表明，单一水准设防、一阶段设计存在许多不足，近几十年来，各国的地震工程师先后提出了分类设防的抗震设计思想，即："小震不坏、中震可修、大震不倒"。日本公路桥梁抗震设计规范（1996年最新修订版）中采用了两水准抗震设防、两阶段设计方法。我国的《建筑抗震设计规范》（GB 50011—2010）采用三水准设防、两阶段设计的方法；我国的《公路桥梁抗震设计细则》（JTG/T B02-01—2018）以及《城市桥梁抗震设计规范》（CJJ 166—2011）分别给出了两个等级（E1、E2）的地震动参数，进行两个阶段的抗震设计。新西兰抗震设计规范采用三水准设防、三阶段设计的抗震设计方法。

我国《铁路工程抗震设计规范》（GB 50111—2006）采用三水准设防，分别规定了铁路工程构筑物应达到的三个抗震性能标准，以及不同水准下抗震设计的内容和验算方法、对应的构筑物设防目标和分析方法。《铁路工程抗震设计规范》（2009版）规定，在进行抗震设计时，应达到的抗震性能要求如下：

性能要求Ⅰ：地震后不损坏或轻微损坏，能够保持其正常使用功能；结构处于弹性工作阶段。

性能要求Ⅱ：地震后可能损坏，经修补，短期内能恢复其正常使用功能；结构整体处于非弹性工作阶段。

性能要求Ⅲ：地震后可能产生较大破坏，但不出现整体倒塌，经抢修后可限速通车；结构处于弹塑性工作阶段。

其实，对于桥梁工程而言，抗震设防标准的科学决策非常困难，因为桥梁工程的地震损伤分析，特别是由于桥梁工程遭到地震破坏而引起的经济损失和人员伤亡分析在目前条件下很难准确进行。因此，桥梁工程抗震设防标准，在很大程度上是由人们的主观经验和判断决定的，一般考虑以下三个方面的因素：

（1）桥梁的重要性、抢修和修复的难易程度；

（2）地震破坏后，桥梁结构功能丧失可能引起的损失；

（3）建设单位所能承担抗震防灾的最大经济能力。

从我国目前的具体国情出发，考虑到铁路工程的重要性和震后修复的困难程度，本着确保重点和节约投资的原则，对不同的工程给定不同的抗震安全度。《铁路工程抗震设计规范》（2009 版）将铁路桥梁工程分为 A、B、C、D 四个抗震设防类别，并按照表 2.2-1 中所列的抗震设防类别确定不同的设防标准和设防目标。

表 2.2-1　铁路桥梁工程抗震设防类别划分

类别	结构类型
A 类	跨越大江、大河，且技术复杂、修复困难的特殊结构桥梁
B 类	1. 客货共线铁路混凝土简支梁跨度 ≥ 48 m； 　　简支钢梁跨度 ≥ 64 m； 　　混凝土连续梁主跨 ≥ 80 m； 　　连续钢梁主跨 ≥ 96 m。 2. 高速铁路及客运专线（含城际铁路）跨度 ≥ 40 m。 3. 墩高 H ≥ 40 m 的桥梁。 4. 常水位水深 >8 m 的桥梁。 5. 技术复杂、修复困难的特殊结构桥梁
C 类	1. 高速铁路及客运专线（含城际铁路）的普通桥梁。 2. 墩高 30 m<H<40 m 的桥梁。 3. 常水位水深 5～8 m 的桥梁
D 类	A、B、C 类以外的其他铁路桥梁

桥梁工程的重要性分类及其重要性系数的确定实际上是一个设防标准调整的问题，在很大程度上是主观的，必须考虑桥梁结构在整个国民经济综合运输体系中的地位，其分析方法有类比法、校准法、经济优化法和社会效应优化法等几种。我国铁路桥梁的重要性分类滞后于建筑和公路领域，重要性系数应符合表 2.2-2 的要求。

表 2.2-2　各类铁路桥梁工程的重要性系数 C_i

类别	多遇地震	设计地震	罕遇地震
A 类	—	—	—
B 类	1.5	1.0	1.0
C 类	1.1	1.0	1.0
D 类	1.0	1.0	1.0

历次大地震的震害表明，抗震构造措施可以起到有效减轻震害的作用，而其所耗费的工程代价往往较低。因此《铁路工程抗震设计规范》（2009 版）对桥梁抗震构造措施提出了更高和更细致的要求，对 A 类桥梁抗震措施均按提高一度或更高的要求设计，且要求 A 类工程的抗震设计应结合场地地震安全性评价结果进行专题研究，其设防标准不得低于 B 类工程。各类桥梁在不同抗震设防烈度下的抗震设防措施等级按照表 2.2-3 确定。

表 2.2-3　各类铁路桥梁工程的抗震设防措施等级

工程类别	抗震设防烈度			
	6	7	8	9
A 类	7	8	9	专门研究
B 类	7	7	8	9
C 类	7	7	8	9
D 类	—	7	8	9

2.3　铁路混凝土桥梁抗震设计理论

随着人们对地震动和地震动反应了解的不断加深，以及对桥梁抗震能力研究的不断深入，半个多世纪以来，包括桥梁在内的结构抗震理论经历了几次跨越式的发展。如果按结构地震反应分析方法来分，迄今可用的抗震设计理论可归纳为三类：静力理论、反应谱理论和动力理论。如果按设计参数来分类，则主要包括强度设计理论、延性设计理论、减隔震设计理论和振动控制理论；另外，还有以能量、位移、性能为基本设计参数的抗震设计理论。在结构控制设计理论的发展历程中，静力理论、反应谱理论和动力理论的形成与发展具有明显的发展脉络。

反应谱理论的出现，是抗震设计理论的一次变革，与静力理论相比，其认为结构各质点在地震作用下的加速度与地面运动加速度不一致，而是与结构的自振周期和阻尼比有关。尽管反应谱理论考虑了结构的动力特性，但在设计中仍然把地震作用在结构上的惯性力当作静力作用来看待，并且按弹性方法来计算结构的地震效应。因此，反应谱理论只适用于弹性范围，不能很好地体现结构的非线性。此外，反应谱理论及其分析方法不能反映地震持续时间的影响，而持续时间是影响桥梁结构物破坏程度的重要因素之一。反应谱的生成是基于单自由度体系在地震波激励下的反应，对于多自由度体系，可采用振型分解组合方法计算地震动反应。但对于自振周期长的结构，如大跨度斜拉桥、悬索桥，采用振型分解组合方法有一定的局限性，反应谱曲线中长周期部分的理论数据也需要更多的地震数据支撑。

随着计算机水平的不断提高，利用计算机进行模拟的非线性动态时程分析方法也得到巨大的发展。动力抗震理论中最具代表性的是动态时程分析方法。动态时程分析方法是将现有所记录到的地震动记录或者人工拟合的地震波直接加载到结构上，引用动力方程对结构进行积分，从而得到结构在任意时刻的地震动反应。动力抗震设计理论概念合理、方法可靠，可以了解结构在地震过程中从弹性到塑性逐渐开裂、损坏直至倒塌的全过程，从而为控制结构的破坏、保证结构物的安全的工程措施提供依据。虽然时程分析方法相对于反应谱分析方法有了较大进步，但也存在一些不足。首先，时程分析方法相比于反应谱分析方法，计算工作量较大，现今这个问题因计算机技术的进步已有较大改善，能在可接受的时长里完成一条地震波的时程分析，但时间成本的考量还是一定程度上限制了其在一些较小工程中的运用。其次，对于计算模型中，回复力模型的参数设定较为困难，部分工程缺乏相关资料参考，要合理地设定回复力模型还需要对大量工程资料进行归纳与总结。时程分析成功的关键在于对地震波类型的选取，以及对地震波所选数量的考虑。如何才能选取最符合工程所在场地情况的地震波一直是研究的热点问题，现今地震波数据库已较为完善，但针对相关场地生成人工地震波技术的可靠性仍存在较大争议，这也为今后的研究指明了方向。不断完善的地震波数据库，也为人工地震波的合成提供足够的数据支持。

随机振动反应分析方法，认为地震动与结构地震响应都是随机现象，因而只能求得反应量的概率分布特征。通过已知荷载输入的概率分布或数字特征，确定结构反应的概率分布或概率数字特征。随机振动反应分析方法，能较好地处理反应谱分析方法中的振型组合问题，使抗震设计从确定性方法向概率理论过渡。但地震动输入的概率分布或概率数字特征的选择，以及反应量的概率分布特征的确定，都需要大量的地震动加速度过程的观测记录及丰富的数学基础知识。

以上抗震设计理论和分析方法都是以保证结构安全为唯一标准的，但随着几次大地震之后，人们逐渐意识到，并不是所有结构在地震中都只需保证安全，有必要对不同的结构制定不同的抗震需求。重要的结构需要在地震下仍能保证使用，因此产生了基于性能的设计理论。

目前对于铁路桥梁结构性能目标的定义还不完善，大多都是定性的描述，而对结构抗震性能定量的描述很少，还需在结构抗震各个量化指标上寻找能与结构抗震性能目标有密切关联的参数。基于结构的抗震性能关注重点已经从结构抗震、减震转向震后结构功能可恢复与快速恢复，新的具有更好震后功能恢复特性的结构体系也不断涌现，包括具有自复位特性的各种新型结构体系以及可更换、易更换的牺牲性保护体系。此外，更加灵活多样的减、隔震措施和体系也将不断涌现，这也是未来结构抗震技术的一个重要发展方向。

宏观的设计思想微观化为抗震设计理论，进而具体化为设计方法的过程，经历了30余年的时间。在桥梁抗震设计的实践中，研究人员首先选择规则桥梁作为研究对象，提出了行之有效的性能化抗震设计方法。桥梁结构的刚度、强度、延性，是桥梁抗震设计的3个主要参数。合理的抗震设计，要求设计出来的结构，在强度、刚度和延性等指标上有最佳的组合，使结构能够经济地实现抗震设防目标。

2.3.1　强度设计理论

强度设计方法主要在以静力法和弹性反应谱方法进行抗震设计的工程中应用，该方法在设计时不考虑结构的延性，即结构在抗震设计时不允许进入塑性状态。结构计算所得的荷载效应只需要小于抗力效应即认为结构安全。早期结构抗震设计中不考虑地面运动特性和结构动力特性计算，只采用静力理论进行计算分析。将结构在地震时的动力反应看作静止的地震惯性力，并以结构强度作为破坏准则，称为一阶段抗震设计方法，即传统的强度设计方法。对地面运动的强度、场地地基的好坏、结构的重要性与破坏程度等因素，通常在地震荷载中以某一系数的大小来反映。

随着对震害资料和地震作用的深入研究，传统的静力法设计逐渐暴露出不合理之处。20世纪40年代，有学者在静力法的基础上提出了反应谱理论，采用反应谱理论代替静力法计算最大地震力。该理论反映了地面运动和结构动力的特性，但反应谱理论计算时其采用的形式还是地震荷载，因此又称为动静法。在采用反应谱理论计算地震力时，设计过程仍是静态方法，以强度破坏为准则，是一种取代静力法的新型强度设计方法。

强度设计方法可能给设计人员造成一种错觉，即不需要提升结构的延性，而只需增加结构的强度即可提高结构的抗震能力，这是强度设计方法最主要的缺陷。另外，反应谱强度设计无法反映许多实际的复杂因素，诸如大跨桥梁的地震波输入相位差、结构的非线性效应、桩－土－结构共同作用等问题。以静力法为依据的传统强度设计方法是在对地震时结构振动机理尚未清楚时的结构抗震设计方法，属于结构抗震设计的初级阶段。但此方法至今对刚性结构物仍适用，如桥台、挡土墙、坝体等结构。以反应谱理论为依据的强度设计方法，实际上已考虑结构在强烈地震下的弹塑性地震响应，引入结构综合影响系数粗略地体现结构塑性变形对地震作用的影响，在一阶段的强度验算中隐含结构塑性变形的设计目标。

单一的强度设计方法无法保证桥梁结构所有抗震性能目标的实现，桥梁结构抗震设计的最终目标是保证在各级地震危险水平下，结构的抗震性能都能达到预期的目标要求，做到真正意义上的基于性能的抗震设计，这也是目前世界各国桥梁抗震设计规范的发展方向。由于各国抗震设防的目标、地震风险评价、场地的划分及采用的抗震设计方法等情况各不相同，因此各国桥梁抗震规范规定的设计方法也有所不同。

我国现行《铁路工程抗震设计规范》(2009版)中规定：在多遇地震下按照弹性设计；在设计地震时，验算上、下部结构联结构造的安全；在罕遇地震时，结构已进入弹塑性工作阶段，主要进行变形验算。弹性设计阶段主要进行小震下的强度验算，首先按照小震的地震动参数，用弹性反应谱法求解结构在小震作用下的效应，然后与其他荷载效应按一定的组合原则进行组合，对结构进行反应谱分析，得出结构的荷载效应，并与结构的抗力效应进行比较，根据分析结果对设计参数进行调整，严格控制桥梁结构处于线弹性工作状态。

2.3.2 延性设计理论

20世纪60年代，纽马克(Newmark)等学者开始研究基于结构的非线性地震反应，从"延性"的概念提出开始，在一系列地震震害和一大批学者试验研究的基础上，延性抗震设计理论得以丰富和发展。

采用延性概念来设计抗震结构，要求结构在预期的设计地震作用下必须具有一定的可靠度保证延性储备。即，必须在概率意义上保证结构具有的延性超过预期地震动所能激起的最大非弹性变形（延性需求）。为了实现这一目标，在进行结构延性抗震设计时，应当进行延性需求与延性能力的分析比较。由于延性概念涉及结构的非弹性变形问题，因此准确计算得到延性需求比较困难。

延性需求可以通过弹塑性动力时程分析获得。但因其计算工作量大，在日常工程设计应用中推广难度较大。对公路、铁路常规桥梁，一般采用简化的延性抗震设计理论；对复杂结构桥梁，多进行全桥（主桥）结构的弹塑性动力时程分析，得到结构的延性需求。

延性抗震设计的核心是采用能力设计方法。在地震作用下，希望在桥墩中产生塑性铰，利用其滞回变形来消耗地震能量。为了充分发挥桥墩的延性性能，必须确保其不发生脆性破坏。按照能力设计方法，要求桥梁结构的脆性破坏强度比延性破坏强度高一个等级。根据能力设计方法设计的结构具有很好的延性，能最大限度地避免倒塌，同时也降低了结构对许多不确定因素的敏感性。

在采用能力设计方法进行延性抗震设计时，最重要的是选择合适的延性构件和潜在的塑性铰位置。而桥墩在地震作用下，主要负责将上部结构传递过来的惯性力向基础传递，进入延性后形成结构整体的延性机制，而且发生损伤后也往往易于检查和修复，在损伤较大且场地条件允许的情况下还可以进行置换。因此，桥墩是适宜的延性构件，宜进行延性构件设计，通过提高配箍率、降低轴压比、增大剪跨比，均能显著提高桥墩的延性性能，使其发生延性破坏。当发生弯曲破坏时，构件的破坏主要会经过混凝土开裂、钢筋首次屈服、混凝土初始剥落、混凝土保护层完全剥落、核心混凝土压溃或纵筋屈曲等阶段。当桥墩不适宜作为延性构件时，进行强度设计。

目前在桥梁静力设计阶段中仍普遍采用强度设计方法和延性设计方法相结合的方式进行设计。在进行桥墩延性抗震设计时，桥墩的变形能力、墩顶位移、塑性铰区域长度、延性系数等是重要的考核指标。在此不再赘述。

2.3.3 减隔震设计理论

在桥梁抗震中，抗震方式常分为三类，分别是耐震、减震和隔震。

耐震结构是在大地震中，不至于倒塌却可以允许部分构件损坏的结构，震后维持其必要的通行能力（即使不能保证过大的车辆通行率），也是相当重要的。减震结构是利用阻尼器等相应的减震装置，用来吸收地震出现后传来的地震能量的构件。隔震结构是通过延长结构的振动周期以隔离地震能量，使作用于桥梁的地震力明显减小。隔震结构将地震传来的剧烈运动转为结构间较慢的、大位移的运动，震后仅需更换相应隔震结构就可恢复结构整体的原始模样。

隔震结构有如下几点优势：

（1）隔震桥梁可以建在任何类型地基上。以前认为隔震结构不适宜建造在软弱地基和易发生液化的地基上。但是如果考虑以下 3 点措施，即使是建在软弱地基和易发生液化的地基上也是没有问题的：

① 不要使长周期的地基周期与隔震结构的固有周期相近，要让隔震桥梁的固有周期更长一些；

② 提高隔震构件的变形能力，来提高吸收地震力的能力，同时增加隔震位移的间距；

③ 增大阻尼值，提高衰减能力，使结构的振动幅度降低。

（2）方便对已建桥梁进行隔震改造。对于已建桥梁的抗震改造方法之一就是将原先的普通支座改为隔震支座。由于我国桥梁抗震相关研究起步比较迟，对于较久远的桥梁并没有进行相应的抗震设计，但这些桥梁仍可以正常使用，如果要隔震补强，从环境保护的角度考虑，尽量不拆除原有结构，使建筑材料不浪费。

（3）抗震效果好。可以将地震作用力减小很多，使隔震桥梁在地震中更安全。由于地震对桥梁的损伤程度主要取决于墩底内力和主梁位移量，因为主梁质量比较大，当大地震发生、桥墩变形量很大时，桥墩底部损伤就会很大。隔震支座将主梁与桥墩隔离，使得桥墩位移变小，墩底内力也相应减小，在发生小地震时结构几乎不会发生损害，而在发生较大的地震才会发生轻微损害。

3 种抗震方式的特点也可以用图 2.3-1 解释。图 2.3-1（a）横坐标为输入地震动的周期，该坐标值越大，地震动则摇动得越缓慢，即频率越小。耐震结构一般固有周期较小，因此地震作用力很大，而结构的位移比较小。隔震桥梁一般固有周期较大，所承受的地震力较小，但桥梁位移比较大。高墩桥梁由于自身桥墩比较柔，所以固有周期也比较大。图 2.3-1（b）表示耐震结构在地震作用力下，结构塑性变形较大；隔震结构几乎保持弹性状态；减震结构则介于两者之间。

因此总体来说，隔震技术的应用，不仅提升了桥梁的抗震性能，而且使造价更低，甚至在极个别工程中，使用隔震支座是解决抗震问题的唯一方法。

目前，世界各国桥梁隔震设计规范中，隔震桥梁的分析方法主要有反应谱法、非线性时程法和非线性静力法等。

隔震桥梁的弹性反应谱分析方法同普通桥梁的反应谱分析过程是不同的。在反应谱分析过程中，不但要考虑不同振动模态采用不同的阻尼比，还要考虑不同的阻尼比对弹性反应谱的修正。所以，隔震桥梁的反应谱分析方法比普通桥梁要复杂得多。由于广泛应用的隔震装置的力学特性大多数是非线性的，考虑到桥墩、连接装置等的非线性，采用非线性动力时程分析方法可掌握隔震结构在罕遇地震作用下的动力响应特性。包括我国《铁路工程抗震设计规范》（2009 年）在内的各国规范均对非线性动力时程分析方法做了相应的规定。

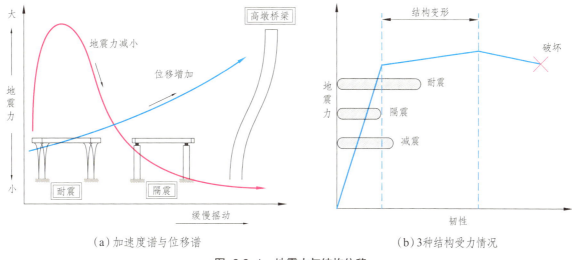

（a）加速度谱与位移谱　　　　　　　　（b）3种结构受力情况

图 2.3-1　地震力与结构位移

2.4　铁路桥梁抗震试验研究

《铁路工程抗震设计规范》最新版本于 2006 年颁布，2009 年针对部分条文进行了修正。修正后的规范条文对铁路桥梁抗震设计的标准和流程更加明确，但是在具体工程实践中，目前仍存在以下问题有待解决：

1.桥墩塑性铰区等效塑性铰长度的计算

等效塑性铰长度计算的准确性对于桥墩抗震性能的评估至关重要，直接影响墩顶位移计算值的大小。我国《铁路工程抗震设计规范》中虽然给出了塑性铰长度的计算方法及在塑性铰区加强箍筋配置的措施，而塑性铰的位置没有明确，且塑性铰长度计算是基于实体墩试验得到的，既有等效塑性铰长度计算方法是否适用于空心墩还有待深入研究。鉴于空心墩与实体墩的差异，还需对空心墩等效塑性铰长度计算模型进行研究。

2.延性设计的量化指标

各国相关规范常采用曲率延性系数和位移延性比来表征结构延性，我国《铁路工程抗震设计规范》采用的是非线性位移延性比，且验算应满足式（2.4-1）的要求：

$$\mu_{u} = \frac{\varDelta_{\max}}{\varDelta_{y}} < [\mu_{u}]$$

（2.4-1）

式中　μ_{u}——非线性位移延性比；

　　　$[\mu_{u}]$——容许位移延性比；

　　　$\varDelta_{\max}$——桥墩的非线性响应最大位移；

　　　$\varDelta_{y}$——桥墩的屈服位移。

我国《铁路工程抗震设计规范》规定铁路钢筋混凝土桥墩应进行延性设计，墩身全截面的主筋配筋率在 0.5% 到 4% 之间。相应的位移延性指标以及延性设计也是据此制定。然而，由于铁路桥墩要求刚度较大，桥墩截面尺寸也较大，铁路实体桥墩的主筋配筋率大部分都在 0.1% ~ 0.5% 之间，属于少筋混凝土，所以现行规范并不能满足桥梁设计的需求。与美国 Caltrans 规范、我国《公路桥梁抗震设计细则》对比，我国铁路抗震规范对于延性设计指标的规定较为笼统，可进一步按照不同的场地类别、结构类型等因素细化。

3. 桥梁结构的有效抗弯刚度的取值

在地震荷载作用下，钢筋混凝土桥墩通常处于带裂缝工作状态，使得桥梁结构的抗弯刚度下降。在桥梁抗震验算中，桥墩整体有效刚度的取值对桥梁构件及桥梁整体的响应需求计算和延性能力估计都有较大的影响。结合各国规范、相关文献，分析各公式的适用性，可以发现，影响桥墩有效刚度的因素主要有：纵筋率、纵筋直径、轴压比、墩高、剪跨比（长细比）、配箍率、纵筋屈服强度以及混凝土抗压强度等，现行铁路规范高估了桥墩的有效刚度，因而低估了桥墩的位移能力。

4. 铁路减隔震技术的应用

自 2008 年汶川地震以来，国内专家学者对地震灾害进行了系统评估与深入研究，国家在减隔震技术研究方面开始投入大量人力物力，并取得了一系列成果与突破。与此同时，抗震领域内新的设计规程不断发布，新的减隔震装置也不断被研发设计和使用。2016 年 4 月 8 日，《桥梁减隔震通用技术条件》（JT/T 1026—2016）发布，我国桥梁减隔震研究趋于完善和成熟。在《铁路工程抗震设计规范》（2009 年）中未有减隔震方面的条文。以广泛采用的摩擦摆支座为例，截至目前，国内外已做出了很大的努力，并且有很大的进步，但仍有很多不明确的地方：

（1）现在对摩擦摆支座的研究大多集中于公路桥，由于铁路桥梁和公路桥梁在结构形式、荷载和抗震设计方法上面有一定的差异，摩擦摆的隔震效率或多或少会受到一定影响。

（2）有少量研究表明墩高的改变对摩擦摆隔震效率影响非常大，但目前对全桥研究并不是很多，而且分析的桥墩高度样本不够多。

（3）目前摩擦摆支座的研究主要集中在摆动过程中，然而对摩擦摆何时摆动，如何通过剪力键控制摆动的范围研究较少。

在结构工程抗震实践中，试验研究作为结构抗震研究的三大基础之一，与强震观测、震害经验一起推动了桥梁抗震设计研究的发展。进行室内实验室的试验研究是进行桥梁结构抗震研究的重要手段，近些年国内试验条件得到较大的提升，有助于丰富和完善、发展桥梁抗震研究成果。

2.4.1 抗震试验研究方法

由于地震作用机理和结构抗震性能的复杂性，单纯采用理论分析不能完全确定结构在地震作用下的破坏机理，还需要通过结构抗震试验来进行综合评判。目前，在实验室内进行桥梁结构抗震试验的方法主要包括三种方法：拟静力试验、拟动力试验和振动台试验。

1. 拟静力试验方法

拟静力试验是采用一定的荷载或变形控制对试件进行低周反复加载使结构从弹性阶段直到破坏的方法，实质上是用静力加载的方式来模拟结构在地震中的变形。拟静力试验是研究桥墩震损机理和延性抗震性能的重要手段，可以有效得到试件的滞回曲线，但由于地震是一种随机振动，试验过程与结构在实际地震作用下的响应行为存在一定差异，无法精确地模拟出整个地震过程。

2. 拟动力试验方法

拟动力试验方法最早在 1969 年由日本学者提出，是将计算机系统与电液伺服加载系统联机进行加载的试验方法，目的是能够真实地模拟地震对结构的作用。该方法无需对结构回复力做任何理论上的假设，可以直接从试件上测得，从而解决了理论分析中回复力模型及参数难以确定的困难，但是试验的加载过程还是拟静力的。一般而言，结构在地震作用下产生的破坏往往只发生在某些部位或构件上，其他部分仍处于完好状态。因此，可以将容易破坏的具有复杂非线性特性的这部分结构进行试验，而其余处于线弹性状态或者简单非线性状态的结构部分用计算机模拟。前者称为试验子结构，后者称为计算子结构，两者统一于动力方程中，从而得到整体结构的地震反应。所以，这种将试验方法和数值模拟方法相结合的拟动力试验能够较为真实地模拟地震对结构的作用，并且可以较为方便地模拟大比例结构模型甚至是足尺结构模型的地震反应。

3. 地震模拟振动台试验方法

1970 年，美国加利福尼亚大学伯克利分校建成世界上第一座地震模拟振动台。通过计算机向振动台输入地震波，通过台面的振动激励施加作用给预先放置于台面上的结构，并通过布置在振动台结构上的传感器采集到振动台上结构加速度、位移、应变的反应过程。通过逐级加大台面上地震波输入，可直接观察到结构破坏过程并找出结构薄弱环节。地震模拟振动台试验最大的优点是不受随机地震事件发生的时空限制，可以真实地再现整个地震过程，可实现各种幅值、频谱、持续时间的地震波加载，模拟地震现象的主震、余震全过程，了解试验模型在不同阶段的动力响应特征，并可直观地观测地震力作用下模型的变形和破坏特征，用以验证数值分析的研究成果。但由于受台面尺寸、承载能力、技术条件等多个方面的限制，很难将 1∶1 的结构模型置于振动台上，还需将结构模型根据动力相似关系缩尺后进行试验，通过缩尺模型来反映原型在地震作用下的动力特性，因此会造成难以避免的误差，但可以通过一系列改进措施将误差降低到允许范围内。在实验室中进行地震模拟振动台试验仍然是目前最直接、最准确的试验方法，也是研究与评价结构抗震性能的重要手段，这也是目前各国不断建造地震模拟振动台的主要原因。目前，国内已建和在建的振动台呈现大型化、多台化、综合化的特点。

2.4.2 抗震试验研究现状

2.4.2.1 国外研究现状

自上世纪 70 年代起，美国和日本经历了几次破坏性地震，率先对钢筋混凝土桥墩的抗震能力进行了大量的试验研究，并取得了公认的研究成果，开启了试验研究的先河。由于实体墩和空心墩的结构特点、受力过程和破坏机理存在较大的差异，根据"先易后难""先实后空"的原则，国内外进行研究的时候，是从混凝土实体墩开始的。

1. 桥墩抗剪性能

在 1968 年十胜近海地震发生后，日本建筑中心在 1972—1976 年间对钢筋混凝土桥墩的抗震性能进行了综合研究。其制作了 12 个轴压比在 0 ~ 0.5 之间，配箍率在 0.33% ~ 1.47% 之间的试件，目的为研究钢筋混凝土桥墩在地震作用下抗剪能力的衰减情况。通过拟静力试验，得到如下结论：当受压区混凝土出现裂缝后，钢筋混凝土桥墩的抗剪机理将发生明显的变化，剪力开始由受压区混凝土向箍筋转移；如果配置的箍筋不足以约束核心混凝土并承担全部剪力，在循环荷载作用下，钢筋混凝土桥墩进入非弹性变形后的强度和刚度都会产生明显的下降；在循环荷载作用下，桥墩的强度和刚度的衰减速度因为轴压力的存在而减慢。

美国应用技术委员会（ATC）在"抗震设计"（1981）中，根据在地震作用下钢筋混凝土桥墩破坏时抗剪能力和抗弯强度之间的关系提出了抗剪能力概念的模型（ATC-6）：当桥墩抗弯强度对应的剪力小于残余抗剪能力时，发生弯曲破坏；当抗弯强度对应的剪力大于初始抗剪能力时，发生剪切破坏；当抗弯强度对应的剪力在初始抗剪能力与残余抗剪能力之间时，发生弯剪破坏。

20 世纪 80—90 年代，各国学者对不同墩型的不同指标，如剪跨比、轴压比、配箍率、配箍形式和节点的约束效应等因素的桥墩进行试验，开展对桥墩的变形能力、破坏模式、不同延性对桥墩抗剪性能的影响等方面的研究，得到了许多宝贵的结论、规律和一些计算公式。这些成果大大促进了各国桥梁工程抗震的发展，也为中国桥梁工程界带来了启迪。随着计算手段的更新和对地震规律、致害机理的不断认识，21 世纪以来，陆续有很多学者在倒塌模式、变形能力、弯剪耦合、空心墩的局部响应和滞回耗能等方面进行了更多的研究。这期间，世界各国的规范逐渐成形，并具有了自己的风格。各国规范均给出了桥墩抗剪强度计算公式以及相关规定，但由于抗剪性能影响因素较多且问题复杂，各公式之间的差异较为明显，相关研究成果形成了强大的试验共享数据库，方便后续研究者引用及查阅，其中最有名的是日本 Kawashima 桥墩性能数据库及美国 PEER（太平洋地震工程研究中心，Pacific Earthquake Engineering Research Center）桥墩性能数据库。

太平洋地震工程研究中心是美国加州大学伯克利分校的科研机构，在美国国家自然科学基金（National Science Foundation，简称 NSF）的资助下，研究人员从 1993 年开始，收集了大量的钢筋混凝土桥墩抗震性能试验数据，并整理成专门的 PEER 结构性能数据库，供各国学者研究之用。PEER 数据库共收录了 274 个矩形试件和 160 个圆形试件的试验结果，如表 2.4-1 所示。数据库提供试件的截面高度、剪跨比、轴压比、配筋率、配箍率等设计细节，加载制度，力–位移滞回曲线，不同破坏状态下的加载数据，关键图片记录以及评论，参考资料等许多较为详尽的信息。相关试验数据可通过 PEER 网站（http://nisee.berkeley.edu/spd/）获取。

表 2.4–1　PEER桥墩参数统计

桥墩参数	矩形墩（274 个）			圆形墩（160 个）		
	均值	方差	变异系数	均值	方差	变异系数
截面宽度 /mm	319	117	0.37	399	174	0.44
剪跨比	3.58	1.46	0.41	3.44	2.01	0.59
轴压比	0.27	0.19	0.70	0.14	0.14	1.01
配筋率 /%	2.39	0.96	0.40	2.66	1.03	0.39
配箍率 /%	2.01	1.22	0.61	1.00	0.74	0.74

国内外文献可见的有限个矩形空心墩抗震试验数据，研究参数涉及配筋率、配箍率、轴压比、剪跨比和薄壁宽厚比等。总体而言，当前关于高墩抗剪性能的研究较少，空心墩的研究仍需加强。

2. 桥墩延性

钢筋混凝土桥墩延性的试验研究，可以追溯到上世纪 70 年代末至 80 年代初 Canterbury 大学开展的矩形和圆形截面空心桥墩抗震拟静力试验研究及理论分析工作。之后，不同的学者通过桥墩模型拟静力试验，考察了多种参数对钢筋混凝土柱延性的影响，测试了力–位移、弯矩–曲率曲线以及纵向钢筋、横向钢筋应变，并对其延性需求、等效塑性铰长度、混凝土剥落及最大压应变、约束混凝土应力 – 应变关系等进行了分析、评估。

著名学者 Mander 针对钢筋混凝土桥墩进行了大量的拟静力试验研究，提出了钢筋、无约束混凝土及约束混凝土的骨架及滞回本构模型。他在此基础上，开发了钢筋混凝土桥墩侧向力 – 位移行为及延性能力的预测理论模型；考察了轴向力和约束箍筋量对塑性铰转动能力的影响；同时还研究了不同横向配筋空心墩。

Ranzo 等在美国加州大学圣地亚哥分校进行了 5 个圆形薄壁空心墩的抗震拟静力试验。试验结果同样表明，内侧混凝土的压碎破坏仍是影响圆形截面空心墩抗震能力的主要因素，同时强调了纵筋配筋率过高对空心墩抗震能力的不利作用。

由于先前对于矩形空心截面墩的静力试验研究结果都是在轴向力和单轴弯曲作用下获得的，2006 年，Maria 等基于 Taylor 所做的工作，利用强度比（空心墩的实际强度与截面的名义轴压强度之比）揭示了空心墩截面宽度与壁厚之比对空心墩局部屈曲的影响，假定应变沿截面线性变化并计算了在轴压和单向受弯作用下试件的名义强度。对 5 个矩形空心墩在双向弯曲作用下的受力性能进行了分析，并为双轴弯曲的矩形空心墩设计提供了一个保守的估计方法，所提出的经验公式被美国州公路及交通行政联合会（AASHTO）所采纳。

Ogata 等通过 15 个矩形空心墩的拟静力试验研究了拉筋的重要性，建议拉筋两侧的弯钩长度均应为 12 倍钢筋直径，且在空心墩外侧和内侧分别弯成 180° 和 90° 弯钩。1995 年，新保弘等日本学者对内、外层箍筋之间布有拉筋的矩形空心墩进行了研究，发现拉筋可有效地抑制纵筋屈曲，从而提高矩形空心墩在较高轴压比情况下的位移延性能力。

欧洲学者 Pinto 等研究了以旧规范设计的空心墩抗震性能评价、空心墩抗震数值分析方法、设计新理论和抗震加固措施等。

意大利学者 Calvi 等通过拟静力试验手段研究了按旧规范设计的空心墩的抗震能力。进行了理论和试验研究，试验参数包括约束钢筋、抗剪钢筋、钢筋搭接长度以及空心墩变截面等。试件的典型抗震缺陷包括箍筋用量严重不足、纵筋的不合理截断以及纵筋搭接等。试验结果再次表明了空心墩的抗剪薄弱性。

Delgado 等进行了 4 个剪跨比均为 3.3 的矩形空心墩抗震拟静力试验，试验结果表明，空心墩以弯剪或剪切破坏为主。其后，他们又按照欧洲 Eurocode 8 规范设计了 1 个矩形空心墩试件，拟静力试验结果表明，尽管试件最终仍发生了剪切破坏，但相对于未经抗震设计的空心墩，试件的强度和变形能力得到了很大的提高。在数值分析方面，Faira 等采用考虑混凝土受拉和受压退化的双标量损伤变量模型和描述纵筋低周反复效应的 Menegotto-Pinto 模型，对 Pinto 等研究过的 4 个矩形空心墩进行了详细的建模分析，对弯曲变形起控制作用的高墩和剪切影响较大的矮墩的抗震性能进行了成功的模拟分析。

斯洛文尼亚学者 Isaković 等以欧洲中部 20 世纪 70 年代建造的空心墩为原型，设计了 2 个空心墩的抗震拟静力试验，分别为矮墩模型和高墩模型。桥墩的抗震缺陷包括塑性铰区纵筋的搭接、纵筋配置于箍筋外侧且配箍不足、纵筋及箍筋均为光圆钢筋等。试验结果表明，尽管桥墩含有较多的抗震缺陷，但由于轴压比较低（约 0.07），2 个空心墩试件均表现出了不错的抗震能力，矮墩发生弯剪破坏，高墩发生了延性弯曲破坏。

空心墩的破坏形式主要包含弯曲破坏、剪切破坏以及弯剪破坏。目前针对国外空心墩的部分试验研究，主要截面形式及破坏情况见表 2.4-2。

2.4.2.2 国内研究现状

我国在抗震试验研究领域的研究，相对滞后，近 30 年来，尤其是近十几年来，逐渐加强了对钢筋混凝土桥墩抗震性能的研究，并取得了一系列研究成果，提出了许多改善桥梁抗剪性能的方法。

表 2.4-2　试验空心墩破坏形式汇总

研究人员	截面形式	破坏形式
Yoshikazu（2000）	箱形	弯剪破坏、弯曲破坏、剪切破坏（剪跨比 ≤ 4）
Ranzo G.（2000）	圆形	剪切破坏（剪跨比 = 2.5）
Ogata T.（2000）	矩形	弯曲破坏、剪切破坏
Calvi（2005）	矩形	弯剪破坏和剪切破坏为主
Delgado（2008）	矩形	弯剪破坏、剪切破坏（剪跨比 = 3.3）
Isaković（2008）	接近于圆端形空心墩	弯剪破坏（矮墩）、弯曲破坏

在早期的研究中，以朱伯龙和沈聚敏等为代表的我国科研人员对钢筋混凝土压弯构件的回复力模型及延性能力进行了大量的试验研究，为我国钢筋混凝土桥墩的抗震性能研究奠定了良好基础。

1985 年翁义军等人针对配箍形式对桥墩延性的影响，进行了 14 个配有复合箍筋的钢筋混凝土桥墩的拟静力试验。结果表明，配有复合箍筋的桥墩具有更好的延性性能，特别是配有螺旋箍筋和井式箍筋的桥墩，其延性性能尤为优秀。除此之外，还给出了计算塑性铰长度的经验公式。

1989 年我国抗剪强度专题研究组开展了 86 根矩形和方形的框架柱的拟静力试验。试件的纵筋率为 0.61% ~ 2.5%，配箍率为 0 ~ 1.47%，轴压比为 0 ~ 1.62，剪跨比为 1 ~ 3。研究表明，在反复荷载作用下，低周疲劳将会引起框架柱抗剪能力的下降。对于不同的破坏形式，其下降速度不同。在加载过程中，"X" 形斜裂缝的产生改变了柱的抗剪机理，使混凝土提供的抗剪强度逐渐下降，提高配箍率及改变配箍形式可以使桥墩的抗剪强度下降速度有所改善。同时还提出了在低周反复荷载作用下框架柱的抗剪能力计算公式。

针对国内的低配筋率桥墩，阎贵平通过 5 根不同纵筋率及不同截面形式的桥墩试件进行了已建桥梁的抗震特性试验研究。研究表明，所有试件的破坏形式均呈现为典型的脆性破坏，混凝土压溃、纵筋屈曲外鼓，因此，该试验说明国内的低配筋率桥墩缺乏延性能力，其配置的箍筋对核心混凝土的约束作用严重不足。

对于高速铁路中低配筋率的圆端形桥墩，鞠彦忠等对其延性性能开展了试验研究，研究了配箍率、纵筋率和剪跨比等因素对桥墩抗震性能的影响。结果显示，当纵筋率低于 0.2% 时，桥墩发生脆性破坏，其延性耗能能力较差。除此之外，该研究发现对于低配筋率桥墩，提高其配箍率并不能有效改善其延性性能。

对于反复荷载下的钢筋混凝土框架柱的滞回性能，管品武等进行了大量的研究。研究发现，与在静力荷载作用下相比，桥墩在反复荷载作用下的抗剪机理发生了改变，反复荷载作用下产生的交叉裂缝大大减小了混凝土的抗剪面积，从而混凝土的抗剪能力被不断削弱，而箍筋提供的抗剪能力所占比重越来越大，并且随着延性能力的增大，试件的抗剪强度下降越来越快。除此之外，该研究还提出了框架柱的抗剪强度计算公式。

针对铁路桥梁中普遍采用的重力式桥墩，刘庆华等开展了 5 根不同剪跨比的桥墩试件的试验研究。试件没有施加轴压，纵筋率均为 0.4%，试验中发现剪跨比（2.9）较小桥墩的延性能力能达到 5.85，因此在低轴压比下，配箍充分的低矮墩也能达到较高的位移延性水平。

王辉家等进行了 10 根纵筋率为 1.6%、配箍率为 0.34% ~ 0.81%、边长为 140 mm 的方形钢筋混凝土短柱的试验研究。通过结果发现：对于小剪跨比的试件，当轴压比较小时将发生斜拉破坏，轴压比较大时发生剪压破坏，并且桥墩的抗剪能力随着轴压比的增加先上升后下降。该研究还指出，对于短柱，纵筋的有利影响不应该忽略。该学者通过试验数据还提出了在往复荷载作用下的桥墩抗剪能力计算公式。

刘柏权等制作了 8 根完全相同的钢筋混凝土柱，并在不同的轴压力下进行等幅对称循环位移加载试验。研究发现，在地震作用下，当加载位移超过屈服位移之后，每次加载位移对桥墩的损伤累积控制着延性桥墩的破坏，当某部位的损伤累积到一定程度时，就在该处发生破坏。

叶献国等在 2005 年针对配箍率这一影响因素对 12 根矩形钢筋混凝土桥墩进行了低周往复荷载试验。结果表明，随着配箍率的增加，极限位移将会增加，构件刚度下降速度变缓，裂缝开展变得越来越密集，与桥墩轴向夹角将会变大，残余变形更加稳定，滞回环更加饱满。

孙卓等在 2006 年针对铁路桥梁中使用量最大、应用最广泛的独柱式桥墩，通过 24 根大比例的桥墩模型的拟静力试验，研究了其延性抗震性能。通过对试验现象及数据的分析，研究了这类桥墩的力 – 位移关系、滞回模式的变化规律；比较分析了配筋率、配箍率、箍筋布置形式、剪跨比等结构参量对试验模型的耗能特性和包络曲线特性的影响。

李贵乾在 2010 年采用正交化参数设计开展了 9 个不同纵筋率、不同剪跨比、不同配箍率、不同轴压比的圆形钢筋混凝土桥墩拟静力试验，提出了改进的等效刚度计算公式和改进的塑性铰长度计算公式，并基于 OpenSees 建立了数值仿真模型。王东升等在 2011 年开展了 12 根钢筋混凝土短柱的拟静力试验研究。研究发现，在满足中国现行桥梁抗震设计规范最低配箍要求的情况下，桥墩在塑性铰区发生剪切破坏的可能性仍很大，同时基于试验数据，对既有的钢筋混凝土桥墩抗剪强度公式进行了分析评价，建立了模拟钢筋混凝土桥墩滞回性能的有限元模型，并且对基于延性抗震设计的钢筋混凝土桥墩的抗震性能进行了综合评价。

针对我国铁路桥梁抗震设计规范中的不足之处，顾正伟在 2013 年开展了 16 个钢筋混凝土桥墩试件的低周往复荷载试验。该研究提出了位移延性系数划分标准，针对我国《铁路工程抗震设计规范》中延性设计概念不清的问题提出了弹性抗震设计和延性抗震设计的分类标准。除此之外，还提出了地震荷载作用下桥墩的抗剪验算方法，为我国铁路钢筋混凝土桥墩抗震设计提供了许多改进建议。

虽然近年来我国钢筋混凝土桥墩的抗震性能研究成果很多，但是关于桥墩塑性铰区的抗剪性能的研究还比较薄弱，我国现行的《铁路工程抗震设计规范》中还没有对桥墩延性阶段进行抗剪验算的相关规定。而《公路桥梁抗震设计细则》则是借鉴《美国加州抗震设计准则》的抗剪强度计算公式，并对其进行了简化，使其不再考虑桥墩塑性区混凝土抗剪强度随延性增加而降低的现象。《城市桥梁抗震设计规范》则采用美国 AASHTO *Guide Specifications for LRFD Seismic Bridge Design* 中的抗剪强度计算公式进行桥墩抗剪设计。后两者虽然给出了公式，但是对其适用性缺乏合理的评价。因此，对于桥墩塑性铰区的抗剪性能有待于进一步研究。

我国台湾学者针对台湾高速铁路特点进行了空心桥墩抗震拟静力试验，并获取了大量数据；我国大陆多位学者完成了有限个矩形空心墩抗震试验研究。

我国台湾高速铁路桥梁中，使用了大量的空心桥墩，且这些桥墩不同于以往常用的空心墩类型。考虑到台湾的高地震风险，为充分保证高速铁路抗震安全，台湾学者对空心墩的抗震性能进行了一系列的研究工作，内容涉及空心截面桥墩中混凝土的受压本构模型，小比例尺及足尺空心桥墩的抗弯、抗剪能力，延性和耗能特征，空心桥墩的抗震加固及震后修复技术，以及空心桥墩抗震数值分析模型等。还分别针对高强和普通强度混凝土、方形和圆形截面、足尺和缩尺试件进行了大量拟静力试验研究工作。

为了考虑尺寸效应的影响，以便更好地反映实际桥墩的抗震性能，2001 年 Yeh 等人基于台湾岛内实际工程中圆形墩的构造，以横向钢筋的数量为主要参数对 3 个足尺圆形空心墩进行了拟静力试验。

2002 年 Yeh 等人对 6 个矩形空心墩进行了拟静力试验，并对 4 个模型试件和 2 个原型墩进行了对比。试验发现当原型和模型试件的配筋满足 ACI 规范时，能获得很好的抗震性能，但是原型墩的延性系数相对来讲要高。对各试件的滞回曲线及骨架曲线进行了比较分析，并对试验数据与分析结果进行对比。

2002 年，Mo 等人对 3 个全尺寸矩形空心墩试件进行了拟静力试验，研究了实际桥墩抗弯延性、耗能性能以及抗剪强度等抗震性能。同年，他们利用拟静力试验对 6 个 70 MPa 高强混凝土空心矩形墩进行了抗震性能研究，试验参数包括剪跨比、箍筋数量以及轴压比。利用 ACI、AASHTO、UCSD、USC、UCB、CALTRANS 等模型得出了理论值与试验结果进行了对比。

北京交通大学是我国最早开展铁路空心桥墩抗震拟静力试验研究的单位之一，针对铁路桥墩的空心圆端形截面和低配筋率（包括纵筋和箍筋）的特点，设计了 5 个空心圆端形桥墩的拟静力试验，重点讨论了纵筋配筋率、箍筋的布置及壁厚等参数对空心墩抗震能力的影响。研究发现，配筋率严重偏低（0.23%）的空心墩试件表现出明显的脆性，提高纵筋配筋率时试件的强度和耗能能力有效提高，且减小壁厚会降低空心墩的变形和耗能能力。空心桥墩的横向钢筋在纵筋配筋率不高的情况下，对核心混凝土的约束能力很有限，其主要作用是防止纵筋的过早屈曲；减小壁厚对承载力的影响很小，但会降低截面的极限曲率，从而降低了桥墩的变形能力。东南大学、中南大学、兰州交通大学、西南交通大学等单位的学者也先后开展相关方面的研究。

目前针对国内空心墩的试验研究，主要截面形式及破坏情况见表 2.4-3。

表 2.4-3　试验空心墩破坏形式汇总

研究人员	截面形式	破坏形式
宋晓东（2004）	空心墩	弯曲破坏
Yeh（2001）	圆形	剪切破坏、弯曲破坏
Yeh（2002）	矩形	弯曲破坏、剪切破坏
Mo（2002）	矩形	弯曲破坏、剪切破坏、弯剪破坏
崔海琴（2010）	矩形	弯曲破坏
郝文秀（2010）	矩形	弯曲破坏
杜修力（2011）	矩形	弯曲破坏
罗征（2012）	矩形	弯曲破坏
孙治国（2012）	矩形、圆形	弯剪破坏（薄壁）
韩强（2015）	矩形	弯剪破坏（剪跨比为 4）、弯曲破坏
鞠彦忠（2004）	圆端形	弯曲破坏、剪切破坏、弯剪破坏
王辉（2012）	圆端形	弯曲破坏、弯剪破坏
夏修身（2012）	圆端形	弯曲破坏

2.4.3　抗震试验研究内容

本书通过对铁路混凝土桥梁抗震设计理论的梳理，分析现行铁路混凝土桥梁抗震设计规范，并结合国内外及相关行业的抗震设计规范，将分析研究的重点放在铁路混凝土桥墩和支座上。由于铁路混凝土桥梁种类繁多，有特殊结构桥，也有简支梁桥，有中矮实体墩，也有空心高墩，有单线桥，也有双线桥或多线桥，有矩形截面，也有圆形或圆端形截面，有等截面桥墩，也有变截面桥墩。仅铁路混凝土简支梁桥的支座同样种类繁多，除大量正在广泛应用的常规支座外，还有不断涌现的新型减隔震装置，比如双曲面球型减隔震支座、阻尼器减隔震措施等，均具有代表性。

本书选择典型的铁路混凝土简支梁桥，开展代表性桥墩的针对性试验。从不同的考察目的出发，通过科学设置考察参数，设计制作有限个缩尺模型，进行室内实验室的拟静力和振动台试验。作为共同的研究手段，同步进行同等条件的更广范围（墩高和其他考察指标）的桥墩理论分析和数值模拟，运用多种手段研究桥墩的抗震性能，以期得到有价值的结论。

根据当前的研究需要，对中低墩开展抗剪性能研究，对实体桥墩的塑性铰区抗剪性能、抗剪能力、延性比等方面的研究，将在第 3 章中论述。对圆端形空心高墩开展延性性能研究，结合试验，开展空心高墩的抗震性能、塑性铰区、有效刚度和有效阻尼等方面的研究，将在第 4、5 章中论述。对多跨简支梁桥，研究不同支座体系下的地震响应，将墩、梁和支座集成，开展全桥模型的振动台试验，研究不同支座和装置的减震隔震效果、支座剪力键、支座适用范围等方面，将在第 6、7 章中论述。

3

铁路混凝土桥梁中低桥墩抗剪性能和设计方法研究

3.1 概　述

3.1.1 桥墩塑性铰区的特点

从桥梁延性抗震设计的角度来看，由于上部结构的强度和刚度都比较大，在历次地震中都很少遭受直接破坏。对于下部结构，由于基础通常埋置在地下，一旦出现破坏，很难及时发现，修复难度和代价都比较大，因此通常选择桥墩作为延性构件，通过桥墩的塑性变形（形成塑性铰）来抵抗地震作用。塑性铰不同于传统的结构力学中"理想铰"的概念，当构件的某一截面进入塑性变形且能发生塑性转动时，即认为该截面出现了塑性铰。桥墩塑性铰区具有如下特点：

（1）塑性铰能够承受一定的弯矩，当塑性铰区域某一截面的纵筋屈服时，并不能立即使该截面产生破坏，构件仍能继续承载；当荷载继续增加时，塑性铰区的截面能够发生转动，而弯矩几乎保持不变，其他截面的弯矩逐渐增大，直到结构形成几何可变体系。

（2）当地震荷载较大而使得桥墩进入塑性后，在最大弯矩区就会形成塑性铰，该区域截面曲率也会急剧增加。

（3）在已有的钢筋混凝土桥墩地震灾害记录中，桥墩主要发生屈曲、开裂、混凝土剥落、压溃、剪断、钢筋裸露等震害，其破坏位置大多位于桥墩的塑性铰区域。通过对桥梁结构大量的非线性地震反应分析，发现桥墩塑性铰主要发生在墩顶和墩底处。

（4）研究成果表明，塑性铰长度与桥墩的尺寸、内力、配筋以及强度等因素有关，特别是截面有效高度及悬臂长度对等效塑性铰长度影响显著。

（5）规范规定的塑性铰长度计算公式基本参照美国和欧洲规范，且塑性铰长度计算结果偏小。基于现有研究表明，随着塑性铰长度的增大，墩顶屈服位移不变，塑性位移增大，墩顶总位移增大，说明我国采用的较小的塑性铰长度，对抗震设计是偏于安全考虑的。

（6）塑性铰区设计的核心问题在于箍筋的配置，合理的箍筋配置才能保证桥墩在地震作用下形成塑性铰，特别是对于截面尺寸大、纵筋配筋率低的铁路桥墩，箍筋的配置对于塑性铰的形成至关重要。

（7）根据桥墩的延性设计要求，桥墩在地震作用下将经历较大的反复非弹性变形循环，钢筋混凝土桥墩发生弯曲屈服形成塑性铰后，塑性铰区内裂缝将大量开展，截面发生严重的破坏，从而使截面的抗剪承载力大大降低，当低于桥墩的抗弯承载力时，就会发生塑性铰区内的剪切破坏。这种破坏比较严重，是不可接受的，应当极力避免。

在混凝土桥墩塑性铰区，由于剪力产生的拉力增加了受拉区钢筋的应力，进而加速了抗弯能力的降低。反之，由于弯矩的持续增大，弯曲裂缝的开展降低了截面的抗剪能力。图 3.1-1 说明了弯剪相互影响的过程。

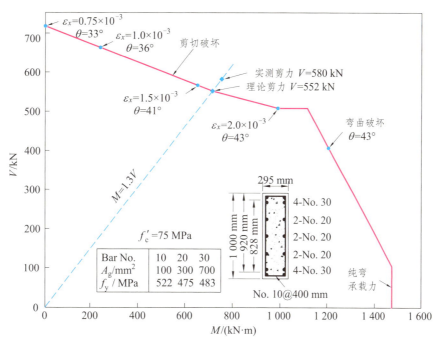

图 3.1-1　矩形截面弯剪耦合作用

国内外近几十年来的破坏性地震震害表明，现代混凝土桥梁中的钢筋混凝土桥墩具有极高的地震易损性。因钢筋混凝土桥墩剪切破坏导致桥梁结构严重破坏甚至倒塌，已成为现代桥梁震害的最主要特征。钢筋混凝土桥墩在地震中发生脆性剪切破坏，将严重削弱桥梁结构的整体抗震能力，是导致结构严重破坏甚至倒塌的主因。因此，在桥梁抗震设计中，应尽量避免钢筋混凝土桥墩发生脆性的剪切破坏。然而，国内对桥墩塑性铰区抗剪的研究工作还较为薄弱。2008 年汶川地震之后，针对地震中出现的各种桥梁震害，开展了铁路桥梁抗震设计规范的修订工作，但规范中对钢筋混凝土桥墩延性设计、抗剪验算等问题仍存在缺陷和不完善的地方，而我国公路和城市桥梁抗震设计则直接引用了国外规范的相关公式，其适用性难以评价。美国三大规范（ATC、Caltrans 和 AASHTO）均采用了基于残余抗剪强度概念的理论模型，但关于塑性铰区抗剪能力的计算公式则各不相同。欧洲 Eurocode 8 规范同样采用了残余抗剪强度概念，主要考虑了混凝土、纵筋及箍筋的材料性能对残余剪切强度的影响，并对不同截面形式（矩形、圆形）提出了不同的抗剪强度计算方法。现行抗震设计规范一般是针对规则桥梁的低墩，桥墩在设计和抗震验算时，将其简化等效为单自由度体系或者单一振型为主的多自由度体系，基于截面的弯矩－曲率分析和静力推倒分析方法确定桥墩位移延性能力，再根据抗弯能力或规范公式计算得到截面的抗剪能力，没有考虑高阶振型对桥墩位移延性能力、抗剪能力等的影响，也没有考虑 $P\text{-}\Delta$ 效应等对抗剪能力的影响。

3.1.2　中低桥墩塑性铰区抗剪特性

钢筋混凝土桥墩发生弯曲屈服形成塑性铰后,由于水平裂缝、剪切斜裂缝的开展使混凝土有效抗剪截面面积降低,地震作用下桥墩抗剪强度将随着延性系数的增大而快速衰减,当低于桥墩的弯曲强度时会发生塑性铰区的剪切破坏,此时对应的强度称为塑性铰区内抗剪强度。合理设计钢筋混凝土桥墩的抗剪强度可保证桥墩在强烈地震下发生期望的延性弯曲破坏,而避免发生脆性破坏。

钢筋混凝土桥墩塑性铰区截面的抗剪承载力,显然已不能完全按照静力情况下的抗剪承载力公式来计算。因此,为避免桥墩塑性铰区发生脆性的剪切破坏,应对桥墩塑性铰区的抗剪性能进行研究,这对保证我国桥梁工程结构抗震安全和铁路桥梁抗震设计规范的修订都具有十分重要的意义。

钢筋混凝土结构的抗剪问题是钢筋混凝土结构研究的经典课题。一个多世纪以来,各国的学者都对这一问题进行了大量的理论和试验研究,但对于剪切破坏的机理和抗剪强度计算理论,都还没有一个明确统一的认识。

早在 19 世纪,有学者用桁架的分析方法提出了用箍筋提供抗剪承载力的理念,在当时对抗剪机理做了较为充分的解释。1906 年,Morsch 提出了平均剪应力的计算公式,即认为截面上剪应力是平均分布的,以构件的剪应力小于极限抗剪强度来进行设计。20 世纪 50 年代以来,学者对于影响抗剪强度的参数进行了广泛而深入的研究,并且取得了一定的成果。研究表明,钢筋混凝土结构的剪切破坏是一个复杂的过程,影响抗剪强度的参数众多。这些参数包括:剪跨比、轴压比、体积配箍率、混凝土强度、位移延性等。并且以这些参数为自变量给出了多个抗剪能力计算公式,现在国内外的规范中对于桥墩抗剪能力的计算多参照这样的公式。

钢筋混凝土结构剪切破坏的分析方法有很多。早期的有桁架理论、极限平衡理论、塑性理论等,还有之后的古典桁架理论、考虑腹板刚度影响的修正桁架模型等。历代研究人员进行大量理论分析和试验研究,提出不同的分析模型和方法,并不断改进并推广应用,取得了良好的结果。

确保桥墩延性阶段具备足够的抗剪强度而在强震下不至于发生脆性剪切破坏,对保证铁路桥梁的抗震设计安全和经济合理性具有重要意义。钢筋混凝土结构剪切破坏的力学性能在过去几十年中都是世界难题,国外目前已有一些研究成果和规范公式,但由于影响因素多且问题复杂,各成果间差异明显,适用性难以评价。国内这方面的研究工作还较为薄弱,我国现行《铁路工程抗震设计规范》尚缺少抗剪设计相关规定,《公路桥梁抗震设计细则》和《城市桥梁抗震设计规范》则基本参考国外规范成果。

3.1.3　中低桥墩塑性铰区抗剪性能的研究路径

研究路径为:通过调查国内外文献,梳理和分析桥墩抗剪的问题,选择需要进行研究的主要切入点,设计有限个桥墩缩尺模型,进行室内模型试验。通过施加指定大小的荷载,采集数据,并查看记录试验现象。配合有限个模型试验,进行成批量的数值模拟分析,与试验结果比对,并结合各国规范和既有研究成果,开展系统的理论分析和研究,得到中低桥墩塑性铰区抗剪性能的研究结论。其研究路径如图 3.1-2 所示。

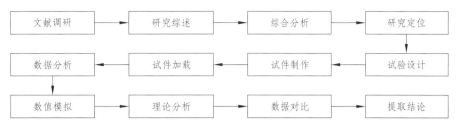

图 3.1-2　研究路径

3.2　中低桥墩抗剪试验研究

3.2.1　模型试验概况

3.2.1.1　试验设计

1. 模型原型

依据试验工点桥梁的实际情况，选取 3 个典型桥墩为原型墩，分别命名为 1 号、2 号、3 号桥墩。1 号桥墩截面参数为 2.5 m×13.8 m，墩高 4.5 m；2 号桥墩截面参数为 3.0 m×3.55 m，墩高 11.0 m；3 号桥墩截面参数为 2.23 m×4.23 m，墩高 6.0 m。桥墩混凝土强度等级为 C40，纵筋采用 HRB400，箍筋采用 HPB235，桥墩具体参数如表 3.2-1 所示。

表 3.2-1　桥墩原型参数

桥墩编号	桥墩类型	截面尺寸 /（m×m）	纵筋率	配箍率	墩高 /m	轴顶质量 /t
1 号	实体墩	2.5×13.8	0.31%	0.10%	4.5	600
2 号	实体墩	3.0×3.55	0.5%	0.15%	11.0	300
3 号	实体墩	2.23×4.23	0.24%	0.13%	6.0	600

2. 缩尺模型设计

为研究钢筋混凝土低矮桥墩的地震剪切破坏机理，综合考虑实验室条件，确定缩尺模型比例为 1 : 5，以 1 号墩、2 号墩和 3 号墩为原型进行缩尺，并对 3 号墩进行不同箍筋配置和剪跨比的桥墩试验，研究试验工点桥墩抗剪设计的合理性。缩尺模型量纲如表 3.2-2 所示。

通过缩尺比例量纲关系，确定模型桥墩参数，共设计 3 个桥墩模型。同时，为系统研究铁路桥墩塑性铰区受剪力学机理和相关参数的影响规律，深入分析延性发展对桥墩抗剪能力的复杂影响，另设计 17 个桥墩模型，共进行 20 个桥墩模型试验。

表 3.2-2 缩尺模型量纲

类型	物理量	量纲	缩尺模型
材料特性	应力 σ	$[FL^{-2}]$	1
	应变 ε	$[1]$	1
	弹性模量 E	$[FL^{-2}]$	1
	剪切模量 G	$[FL^{-2}]$	1
	密度 ρ	$[FL^{-4}T^2]$	5
	泊松比 υ	$[1]$	1
几何特性	长度 L	$[L]$	1/5
	线位移 x	$[L]$	1/5
	角度 θ	$[1]$	1
	面积 A	$[L^2]$	1/25
荷载特性	集中荷载 P	$[F]$	1/25
	线荷载 W	$[FL^{-1}]$	1
	面荷载 q	$[FL^{-2}]$	1
	弯矩 M	$[FL]$	1/125

3. 模型参数设计

本试验共设计 20 个桥墩模型。一方面验证既有设计，另一方面研究塑性铰区剪切破坏机理，分析设计参数对于桥墩抗剪能力的影响。为得到桥墩试件的多种破坏模式并完整得到试件的破坏过程，本试验设计模型考察参数覆盖较为全面，并考虑多种破坏模式，为我国铁路桥墩的优化设计提供支撑，也为进行基础理论研究和规范修订完善积累试验成果。

值得注意的是，包括 Priestley、Xiao、Sezen 等学者提出的桥墩抗剪能力计算公式均认为抗剪能力在桥墩延性发展到一定程度之后会有大幅下降。以 Priestley 为例，其计算的混凝土抗剪能力在桥墩位移延性超过 4.0 之后会降到其初始抗剪能力的 30% 左右。因此，考察桥墩试件全过程的抗剪能力就变得很有必要。因此，本试验设计发生多种破坏模式和破坏时的位移延性。

具体而言，20 个桥墩模型共分为 7 组：

（1）A、B 组试件以试验工点中 3 个典型桥墩为原型进行缩尺试验模型设计，并进行参数优化，以研究试验工点桥墩塑性铰区抗剪设计的合理性及其抗剪特性；

（2）C 组自身构成变配筋率参数组，3 个试件的配筋率分别为 0.61%、0.93%、1.45%，其他参数保持一致，以研究不同纵筋率对桥墩塑性铰区抗剪性能的影响；

（3）C2 与 D 组构成变剪跨比参数组，5 个试件的剪跨比分别为 1.5、2.0、2.3、2.5、3.0，其他参数保持一致，以研究不同剪跨比对桥墩塑性铰区抗剪性能的影响；

（4）C2 与 E 组构成变轴压比参数组，3 个试件的轴压比分别为 0.99%、1.98%、2.98%，其他参数保持一致，以研究不同轴压比对桥墩塑性铰区抗剪性能的影响；

（5）C2 与 F 组构成变截面形式参数组，由 C2 到 F2、F1 截面宽高比依次为 1.7、3.0、4.0，另外将 C2、F2 按照保持截面面积和截面高度不变、其他参数保持一致的原则，将矩形截面变为圆端形截面，得到试件 F4 和 F3，研究不同宽高比和圆端形截面对桥墩塑性铰区抗剪性能的影响；

（6）C2 与 G 组构成变配箍率参数组，4 个试件的配箍率由小到大依次为 0.08%、0.12%、0.15%、0.18%，其他参数保持一致，以研究不同配箍率对桥墩塑性铰区抗剪性能的影响。

具体试验模型参数如表 3.2-3 所示。

表 3.2-3　试验模型参数

模型编号	截面尺寸 /（mm×mm）	有效高度 /mm	配筋率	配箍率	轴压 /kN	轴压比	剪跨比
A1	2760×500	900	0.31%	0.09%	240	0.43%	1.8
A2	710×600	2 200	0.47%	0.16%	120	0.70%	3.7
B1	846×446	1 200	0.21%	0.13%	240	1.59%	2.7
B4	846×446	720	0.96%	0.10%	240	1.59%	1.6
C1	720×420	840	0.61%	0.12%	120	0.99%	2.0
C2	**720×420**	**840**	**0.93%**	**0.12%**	**120**	**0.99%**	**2.0**
C3	720×420	840	1.45%	0.12%	120	0.99%	2.0
D1	720×420	630	0.93%	0.12%	120	0.99%	1.5
D2	720×420	1 050	0.93%	0.12%	120	0.99%	2.5
D3	720×420	1 260	0.93%	0.12%	120	0.99%	3.0
D4	720×420	966	0.93%	0.12%	120	0.99%	2.3
E1	720×420	840	0.93%	0.12%	240	1.98%	2.0
E2	720×420	840	0.93%	0.12%	360	2.98%	2.0
F1	1 680×420	840	0.97%	0.12%	280	0.99%	2.0
F2	1 260×420	840	0.99%	0.11%	210	0.99%	2.0
F3	1 260×420（圆端形）	840	0.99%	0.11%	210	0.99%	2.0
F4	720×420（圆端形）	840	0.93%	0.12%	120	0.99%	2.0
G1	720×420	840	0.93%	0.15%	120	0.99%	2.0
G2	720×420	840	0.93%	0.08%	120	0.99%	2.0
G3	720×420	840	0.93%	0.18%	120	0.99%	2.0

4. 试件加工

桥墩模型的加工完全按照真实桥梁现场施工条件进行制作，钢筋的绑扎、箍筋的连接、混凝土灌筑及模型养护均与现场施工情况一致。

图 3.2-1 为试件加工过程中各阶段图片。

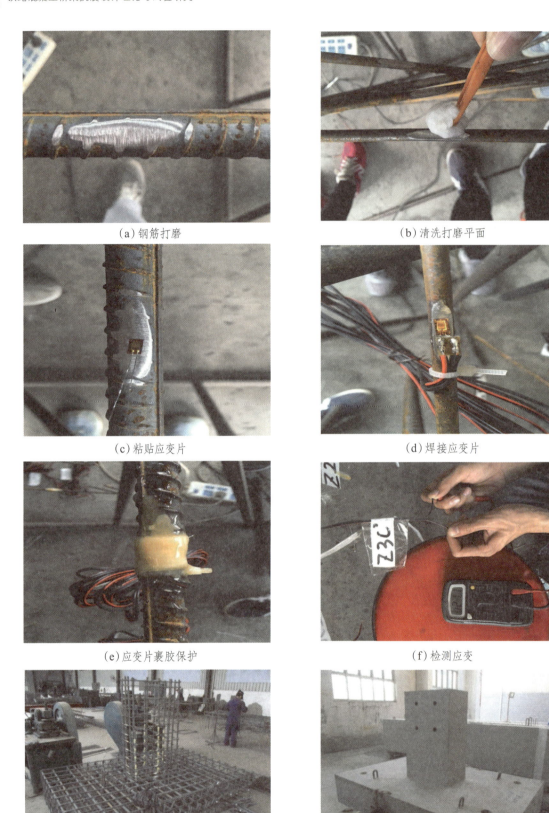

（a）钢筋打磨

（b）清洗打磨平面

（c）粘贴应变片

（d）焊接应变片

（e）应变片裹胶保护

（f）检测应变

（g）制作钢筋笼

（h）桥墩成型

图 3.2-1　模型加工各阶段

5. 材料试验

为了能检验桥墩模型材料的真实性能、合理评估桥墩试件的强度和延性能力，需得到准确的钢筋及混凝土材料特性参数，因此在桥墩模型制作时，同时预留同批次混凝土试块和不同规格、型号的钢筋，进行取样测试。

（1）混凝土材料特性。

桥墩模型采用 C40 普通强度混凝土，为确定桥墩模型混凝土的真实抗压强度，将混凝土标准立方体试块（150 mm×150 mm×150 mm）与桥墩模型混凝土在相同的外界环境下进行养护，并在拟静力试验当天委托第三方进行混凝土标准立方体试块的抗压强度试验。试验模型的底座和墩身均一次性浇筑而成，除 C2 和 B4 同一批浇筑外，其他模型均各自单独批次浇筑，每批留样 3 个混凝土立方体试块，其抗压强度的测定结果见表 3.2-4。

表 3.2-4　混凝土抗压强度

试件编号	试块抗压强度 /MPa			平均抗压强度 /MPa
	试块 1	试块 2	试块 3	
A1	44.0	42.5	47.4	44.6
A2	63.0	54.0	55.4	57.5
B1	57.1	66.5	59.5	61.0
B4/C2	56.2	59.4	60.0	58.5
C1	47.6	52.8	42.6	47.7
C3	51.8	50.3	54.2	52.1
D1	46.1	48.4	46.2	46.9
D2	46.7	47.5	41.6	45.3
D3	57.5	48.5	47.3	51.1
D4	51.0	53.1	48.0	50.7
E1	55.9	57.3	56.3	56.5
E2	49.0	51.0	51.3	50.4
F1	48.6	46.8	45.2	46.9
F2	49.4	50.2	45.1	48.2
F3	49.2	47.5	48.5	48.4
F4	42.2	44.6	54.8	47.2
G1	48.4	50.9	55.8	51.7
G2	55.6	54.1	52.0	53.9
G3	43.9	46.7	45.2	45.3

（2）钢筋材料特性。

桥墩模型采用的钢筋直径分别为 6 mm、8 mm、12 mm、14 mm、16 mm 和 20 mm，其中 6 mm 的钢筋为 HPB300 光圆钢筋，用于箍筋，8 mm、12 mm、14 mm、16 mm 和 20 mm 为 HRB400 带肋钢筋，用于纵向受力钢筋。各型号钢筋的拉伸性能测试材料样品为 3 根，按《金属材料　拉伸试验　第 1 部分：室温试验方法》（GB/T 228.1—2010）的规定，从每盘钢筋中间部分取样，按相应的操作规程进行钢筋拉伸性能试验，获取相应的应力 – 应变关系曲线。典型的钢筋应力 – 应变关系曲线如图 3.2-2 所示。

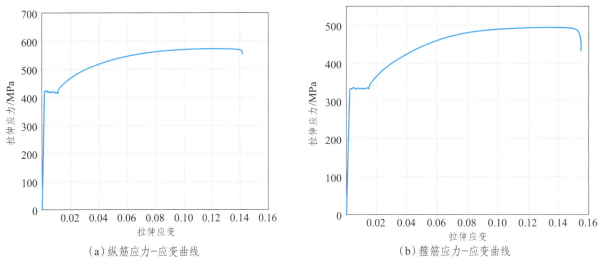

（a）纵筋应力-应变曲线　　　　　　　　　（b）箍筋应力-应变曲线

图 3.2-2　钢筋应力-应变关系曲线

各型号钢筋的拉伸性能参数如表 3.2-5 所示。

表 3.2-5　钢筋抗拉强度

直径 /mm	样本	屈服强度 /MPa	极限强度 /MPa	平均屈服强度 /MPa	平均极限强度 /MPa
6	1	343	491		
	2	339	486	343	491
	3	348	495		
8	1	425	584		
	2	430	593	427	588
	3	427	587		
12	1	428	592		
	2	419	588	424	590
	3	425	590		
14	1	422	586		
	2	418	590	422	586
	3	425	582		
16	1	428	580		
	2	430	592	426	585
	3	420	583		
20	1	425	590		
	2	419	585	425	588
	3	430	588		

3.2.1.2　加载系统和加载制度

参考国内外拟静力试验的加载方式，常用的拟静力反复加载模式有 3 种：变力加载、变位移加载、变力-变位移加载。本试验采用变位移加载的方式，在加载初期采用较小的位移等级，以 1 mm 为增量逐级加载，直至桥墩屈服（此处定义为最外侧受拉钢筋首次屈服时的位移，本试验中以距墩底 5 cm 处的纵筋应变值首次达到 2 000 $\mu\varepsilon$ 时为桥墩屈服），以便能够细致地观察桥墩屈服之前的裂缝发展状况和损伤变化。桥墩屈服后，以屈服位移为每级增量，每级循环 3 次。根据《铁路工程抗震设计规范》规定，当桥墩加载至某级加载位移第一次循环时，侧向力下降至同侧最大抗力的 80% 以下，此时定义为桥墩破坏，试验终止。试验加载波形为三角波，如图 3.2-3 所示。

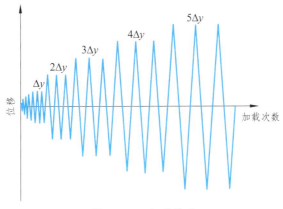

图 3.2-3　加载模式

3.2.1.3　测试方案

1. 应变片布置

在试验过程中，钢筋的应变能有效地反映桥墩的受力状况，因此有必要在需要关注截面位置的钢筋上安贴一定量的钢筋应变片，以便监测桥墩试件的应力状态，从而了解试件模型纵筋是否屈服、箍筋受力状况以及在加载过程中沿墩高方向钢筋应变的发展，继而根据其应变分布得到桥墩塑性区域范围。

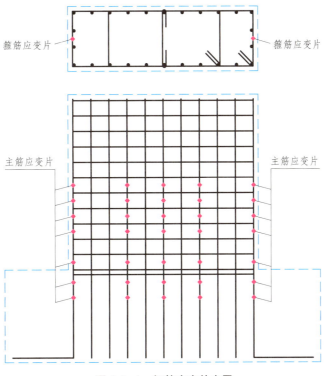

图 3.2-4　钢筋应变片布置

通过对桥墩模型进行简化计算，预测其墩底塑性区域范围，纵筋应变片沿试件的高度方向尽量覆盖可能的塑性铰区高度，取 1 倍至 2 倍的截面高度范围。纵筋应变片的布置形式如图 3.2-4 所示，垂直于加载方向两侧主筋对称布置，每侧布置 5 根主筋，不同宽度、高度试件略有变化。箍筋应变片布置在平行于加载方向侧，沿高度方向连续布置，布置范围与主筋应变片一致，不同高度试件布置箍筋应变片数量略有变化。试验过程中，采用静态应变测试系统采集每个加载峰值时的钢筋应变值。

同时，在混凝土开裂前，为捕捉混凝土的应变变化规律，在墩身垂直于加载方向的两面沿塑性区长度布置 3 个混凝土应变片，在试件平行于加载方向的一个侧面布置 3 组混凝土应变花，如图 3.2-5 所示。

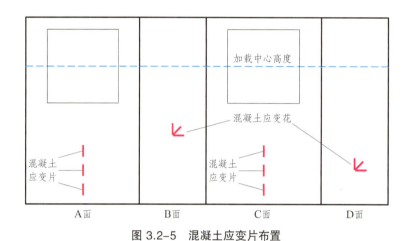

图 3.2-5　混凝土应变片布置

2. 传感器布置

为了解桥墩试件在加载过程中的力学行为，试验中布置一定数量的位移传感器，对加载过程中的必要数据进行记录。

（1）纵筋滑移及塑性铰区曲率测试。

桥墩底部纵筋滑移引起的墩顶横向位移在桥墩的整体变形中占很大部分，屈服曲率和极限曲率在桥墩等效塑性铰长度计算中是 2 个很重要的计算参数。为准确测量纵筋滑移分量以及塑性铰区曲率，综合参考国内外测试方法，本试验的测试方法为：分别自墩底往上取 4 个截面作为曲率测试截面，在相应截面处预留孔道，用于安装位移传感器，以此来测试其竖向变形，再通过一定的转换关系，便可计算出各测试截面的转角，进而得到纵筋滑移分量以及所测长度范围内的平均曲率。

（2）剪切位移测量。

为了量测桥墩的剪切变形，在试件平行于加载方向的侧面的潜在塑性区域内，布置 3 组拉线式位移传感器，根据斜向位移计的记录数据以及相应转换关系，便可得到桥墩剪切变形值。

（3）有效高度处水平位移测量。

在加载过程中，由于基座固定系统刚度有限，基座可能发生横向滑移和竖向转动，这将对墩顶侧向位移的测量产生一定的影响。为使试验记录数据更加准确，在有效高度处布置一个位移传感器，以监测有效高度处的实际位移值，用于修正 MTS 作动器测出的墩顶位移。

（4）基座横向和竖向位移测量。

为监测基座在水平推力下可能发生的横向滑移和竖向转动现象，在基座上分别安置横向和竖向位移传感器，以监测其横向和竖向的位移值，用于辅助修正墩顶位移。

综上所述，本试验中：

① 墩顶侧向力的记录采用 MTS 作动器上的行程传感器。MTS 作动器记录的墩顶侧向位移值，经有效高度处位移传感器测量值对其修正后，作为墩顶的实际侧向位移，同时底座上位移传感器的记录值用来做辅助修正。

② 在桥墩两侧塑性铰区域内，沿墩高布置线性差动式位移传感器，其记录值用来计算纵筋滑移分量及截面曲率特性。

③ 平行于加载方向的侧面上布置的 3 组线性差动式位移传感器，其记录值用来计算桥墩剪切变形分量。加载设备及传感器布置如图 3.2-6 所示。

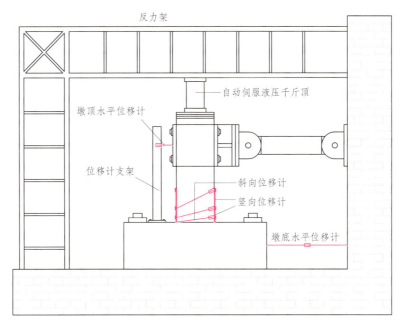

图 3.2-6　加载设备及传感器布置

3. 试验设备

试验采用拟静力加载设备进行，竖向荷载通过单向液压作动器施加在模型顶部，液压作动器安装滚动支座用来保证作动器随模型水平移动，保证轴压加载点不变；水平荷载用 MTS 拟静力试验机（图 3.2-7）施加。整个试验系统由作动器、数据采集系统、控制系统 3 部分组成，其中电液伺服作动器最大出力 1 000 kN，最大幅值 ±250 mm。数据采集采用 DH5922 并行动态信号测试分析系统、DH3816 静态应变采集分析系统（图 3.2-8）和 NEC SANAI 7V13 静态应变采集仪。控制系统采用 793.00 System Software 系统、FlexTest IIm 控制器（图 3.2-9）。各设备自动化程度高、精度高、性能可靠，已进行过多批次桥墩抗震模型试验。

4. 试验流程

试验之前根据人员情况合理确定分工，职责明确。试验流程如下：

（1）在试验开始之前，在试件表面用石灰浆粉刷，待风干后用红色记号笔在墩身上打 10 cm×10 cm 的网格，以便确定裂缝的开展位置。

（2）按方案给试件施加轴向力，控制力精度不超过 10 kN，开启应变采集系统，采集初始时刻的钢筋应变值。

（3）开启作动器，给桥墩施加水平位移，按照一定速率（屈服前为 0.5 mm/s，屈服后为 1 mm/s）加载至相应位移，暂停加载，采集数据、观察裂纹发展、记录试验现象、绘制裂缝发展图并拍照。

（4）以相同的速率反向加载，达到峰值后暂停加载，采集数据、观察裂纹发展、记录试验现象、绘制裂缝发展图并拍照。

（5）再以同样的速率卸载至初始位置，完成首次循环加载；然后以相同的方式完成第二次及第三次循环加载。

（6）调整加载位移等级，重复第（3）～（5）步，进行下一位移水平加载。

按照上述步骤进行循环加载，直至桥墩破坏，试验结束。

图 3.2-7　MTS拟静力试验机

图 3.2-8　静态应变采集系统

图 3.2-9　MTS拟静力试验系统控制室

3.2.2　试验现象描述

以 A1 试件为例，其试验现象及结果如下，其他试件详见参考文献 [12]。

试件 A1 截面尺寸为 2 760 mm×500 mm，有效高度为 900 mm，纵筋率为 0.31%，配箍率为 0.09%，轴压力为 240 kN，轴压比为 0.43%，剪跨比为 1.8。当加载位移达到 3 mm 时，纵筋首次屈服，加载位移达 30 mm 时，试件水平抗力因下降至峰值抗力的 80% 以下而宣告破坏，整个破坏模式呈现典型的弯曲破坏。

各阶段桥墩破坏状态如下：

试验中，当位移加载至 1 mm 时，试件 A 面和 C 面的墩底处开始出现横裂缝；当加载至 3 mm 时，A、C 两面墩底的横裂缝已经完全贯通，同时在 C 面右下角 0 ~ 20 cm 范围内出现了角度约为 30° 的斜裂缝，并延伸至 D 面，在 D 面内向下延伸至 10 cm 处。随着加载等级的不断提高，墩底裂缝不断加宽，其他原有裂缝略有发展，但并没有新的裂缝产生。直到加载至 15 mm 时，在 A 面左下角 0 ~ 30 cm 范围内产生一条角度约为 45° 的斜裂缝，并延伸至 D 面，在 D 面向下延伸至 20 cm 处，与原有斜裂缝相交。随着继续加载，墩底横裂缝继续加宽加深，其他裂缝略有加宽，除此之外，只有少数细小裂缝出现。当加载至 24 mm 时，A、C 两面墩底裂缝宽度达 1 cm 左右，墩底混凝土开始剥落，部分钢筋裸露，可见主筋已明显屈曲。在继续加载的过程中，听见数声钢筋断裂的声音。当加载至 30 mm 时，水平抗力下降至最大侧向承载力的 80% 以下，试件宣告破坏，最终 A、C 两面混凝土剥落高度达 8 cm 左右，主筋全部断裂，裂缝宽度约为 4 cm，深度约为 10 cm，而 B、D 两面中，除 D 面仅有两条宽度约为 5 mm 的斜裂缝外，并无其他明显斜裂缝。

桥墩各阶段的部分破坏现象如图 3.2-10 所示。桥墩的滞回曲线如图 3.2-11 所示。桥墩最终破坏时的墩身裂缝开展情况及混凝土剥落的平面展开图如图 3.2-12 所示。

（a）位移为 3 mm　C面

（b）位移为 3 mm　D面

（c）位移为 9 mm　C面

（d）位移为 15 mm　A面

（e）位移为18 mm　D面

（f）位移为24 mm　A面

（g）位移为24 mm　D面

（h）位移为24 mm　C面

（i）位移为27 mm　C面

（j）位移为30 mm　C面

图 3.2–10　试件A1损伤发展

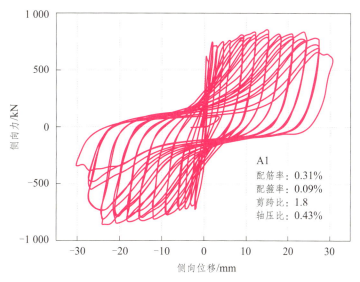

图 3.2-11　试件A1滞回曲线

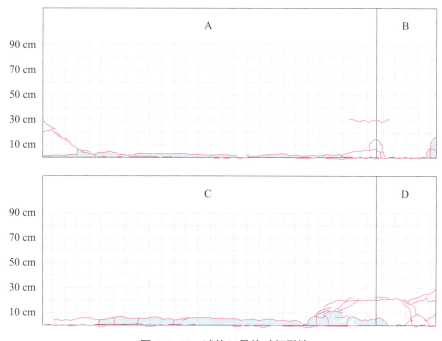

图 3.2-12　试件A1最终破坏裂缝

3.2.3　试验结果分析

本次试验的位移和承载力结果汇总如表 3.2-6 所示。

本次试验的位移延性结果汇总如表 3.2-7 所示。

表 3.2-6　桥墩实测数据汇总

模型编号	开裂位移 /mm	首次屈服位移 /mm	破坏位移 /mm	破坏侧最大侧向承载力 /kN	最大单周耗能 /（kN·mm）
A1	1	3	30	855	3 735
A2	4	7	77	174	198 985
B1	3	4	42	184	9 658
B4	3	6	30	612	18 106
C1	3	5	30	267	8 996
C2	2	6	24	357	10 115
C3	3	6	30	484	11 742
D1	3	6	30	478	7 415
D2	2	6	42	290	11 329
D3	2	4	52	274	114 790
D4	3	6	30	311	9 167
E1	2	6	27	399	13 308
E2	3	6	30	431	15 393
F1	2	4	24	983	17 638
F2	2	4	24	742	14 537
F3	2	5	20	750	9 386
F4	3	5	25	337	7 274
G1	3	4	28	376	9 937
G2	3	5	30	365	10 391
G3	3	6	30	356	11 564

表 3.2-7　试件延性性能参数汇总

模型编号	等效屈服位移 Δ_y/mm	极限位移 Δ_μ/mm	极限侧向承载力 /kN	延性能力 μ_Δ	破坏模式
A1	2.61	26.57	683.76	10.18	弯曲破坏
A2	7.21	70.18	139.01	9.74	弯曲破坏
B1	3.04	35.75	147.58	11.76	弯曲破坏
B4	8.65	22.87	489.37	2.64	弯剪破坏
C1	2.07	25.81	213.79	12.46	弯曲破坏
C2	3.83	19.92	285.42	5.20	弯剪破坏
C3	9.46	25.86	387.54	2.73	弯剪破坏
D1	5.46	24.60	382.33	4.51	弯剪破坏
D2	5.38	35.89	232.22	6.67	弯曲破坏
D3	5.84	46.36	219.36	7.94	弯曲破坏
D4	4.35	24.72	249.08	5.69	弯剪破坏
E1	4.96	22.02	319.06	4.44	弯剪破坏
E2	5.95	24.16	344.76	4.06	弯剪破坏
F1	3.76	19.15	786.16	5.10	弯剪破坏
F2	3.97	16.02	593.28	4.04	弯剪破坏
F3	4.03	15.86	599.84	3.93	弯剪破坏
F4	4.81	19.96	269.85	4.15	弯剪破坏
G1	2.85	24.25	301.08	8.51	弯曲破坏
G2	5.93	24.19	291.79	4.08	弯剪破坏
G3	3.11	29.04	284.50	9.33	弯曲破坏

3.2.3.1 原型桥墩模型分析

本试验中的 A1、A2、B1 试件是以具体工点中的 3 个典型桥墩（分别为 1 号墩、2 号墩和 3 号墩）为原型进行 1 ∶ 5 缩尺设计的，以研究具体工点桥墩塑性铰区抗剪设计的合理性。

1. A1 试件

图 3.2-13 展示了 A1 试件在破坏时的状态。从图中可以看到，A1 试件在破坏状态时，侧面的斜裂缝很少，发育并不充分，而在正面底部的横裂缝发育非常充分，底部混凝土压碎剥落，钢筋裸露，并在严重屈曲后断裂，呈现出典型的弯曲破坏状态。

图 3.2-13　试件A1的最终破坏状态

图 3.2-14 为 A1 试件的骨架曲线，经计算可知 A1 的位移延性能力为 10.18，为弯曲破坏，具有足够的延性储备，因此验证了该原型墩抗震设计的合理性。

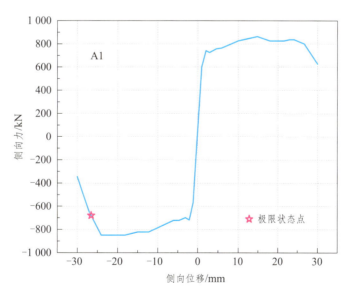

图 3.2-14　A1试件的骨架曲线

2. A2 试件

图 3.2-15 为 A2 试件破坏时的状态。从图中可以看出，当桥墩破坏时，在正面和侧面距墩底 70 cm 范围内产生的均为横裂缝，侧面也未见明显的斜裂缝，正面墩底混凝土剥落，横裂缝宽度 1.5 cm，钢筋断裂，呈现为弯曲破坏模式。

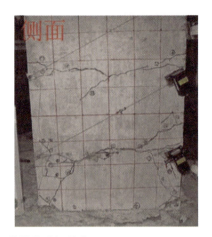

图 3.2-15 试件A2的最终破坏状态

图 3.2-16 为 A2 的骨架曲线，延性能力为 9.74，具有足够的延性储备，因此可以推断该原型墩抗震设计是合理的。

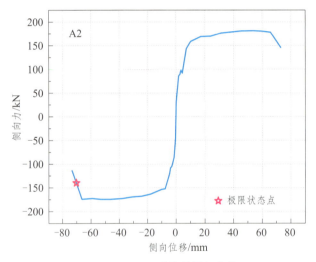

图 3.2-16 A2试件的骨架曲线

3. B1 试件

图 3.2-17 为 B1 试件破坏时的状态，从图中同样可以看到，B1 试件在极限破坏状态时，侧面的斜裂缝很少，主要是正面的横裂缝充分发展，底部混凝土大量剥落，钢筋屈曲断裂，呈现典型弯曲破坏状态。

图 3.2-17 试件B1的最终破坏状态

图 3.2-18 显示，由 B1 试件的骨架曲线可以算出，B1 试件的位移延性能力达 11.76，是典型的弯曲破坏，具有足够的延性储备。故该原型墩抗震设计是合理的。

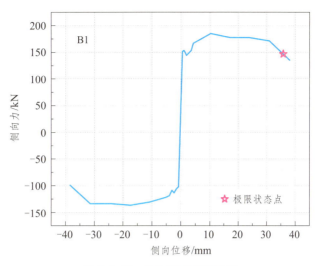

图 3.2-18　B1试件的骨架曲线

综上所述，3 个原型墩均为典型的弯曲破坏，具有足够的延性储备，由此可以推断出按照现行规范设计制造出的铁路桥墩是经得起相应地震荷载考验的。

3.2.3.2　抗剪性能影响因素分析

在本节中对比各组骨架曲线时，为消除混凝土强度和截面面积的影响，将对骨架曲线纵坐标进行无量纲处理，具体为：

$$v = \frac{V}{A_g \sqrt{f_c}} \qquad\qquad （3.2-2）$$

式中　v——名义侧向承载力；

　　　V——墩顶侧向力；

　　　A_g——桥墩毛截面面积；

　　　f_c——混凝土立方体抗压强度，并按 3.2.1.1 节的实测值取值。

1. 纵筋配筋率

在本试验中，C1、C2、C3 试件考察纵筋配筋率对抗剪性能的影响，三者的纵筋率分别为 0.61%、0.93%、1.45%。国内外已有抗剪强度公式均不包含纵筋率的影响，即通常认为纵筋率的不同对抗剪能力没有影响。图 3.2-19 为 C1、C2、C3 试件的骨架曲线对比，可以看出，随着纵筋率的提高，试件的名义侧向承载力会明显提高，表现为骨架曲线的上移。

2. 剪跨比

D1、C2、D4、D2、D3 试件为变剪跨比组，剪跨比由小到大依次为 1.5、2.0、2.3、2.5、3.0。剪跨比是影响桥墩抗剪性能的又一重要因素。五者的骨架曲线对比如图 3.2-20 所示。从试验结果来看，随着剪跨比的增大，桥墩的名义侧向承载力逐渐减小。既有研究表明，剪跨比对桥墩的破坏形式起着一定的控制作用。本试验中剪跨比为 1.5、2.0、2.3 的试件，位移延性较小，属于典型的弯剪破坏；剪跨比为 2.5 的试件，剪切斜裂缝仍很明显，但位移延性相对较大；剪跨比为 3.0 的试件，呈现明显的弯曲破坏。

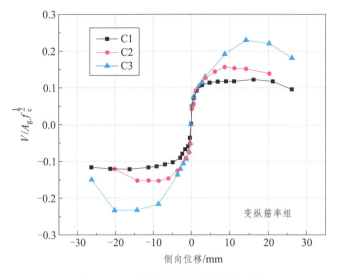

图 3.2-19 变纵筋率组骨架曲线对比

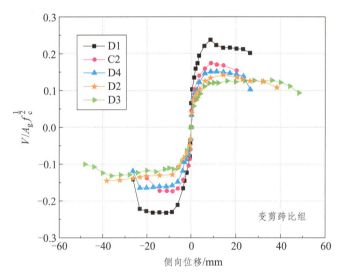

图 3.2-20 变剪跨比组骨架曲线对比

3. 轴压比

C2、E1、E2 试件为变轴压比组，三者的轴压比分别为 0.99%、1.98%、2.98%。根据已有的抗剪能力公式，提高轴压比，对抗剪能力有提高作用，如 Priestly 等专门提出一项 V_P 作为轴压力提供的抗剪能力，其他学者如 Sezen 等将轴压作用归入混凝土提供的抗剪能力部分一起考虑，也均一致认为轴压力会提高抗剪能力。三者骨架曲线对比情况如图 3.2-21 所示。从试验结果对比来看，随着轴压比的提高，桥墩的名义侧向承载力也随之提高，延性系数随之减小，即桥墩的延性能力随之减小。

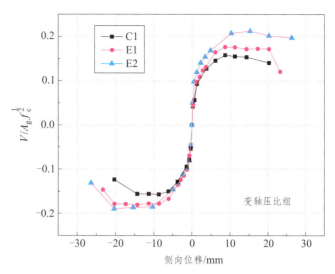

图 3.2-21　变轴压比组骨架曲线对比

4. 截面形式

变截面组分为两种形式：C2、F2、F1 为变宽高比组，它们的宽高比分别为 1.7、3.0、4.0；另一组是变圆端形组，包括 F4、F3（分别对应矩形桥墩 C2、F2）。根据以往的研究，变化截面形式对桥墩的抗剪性能影响不大，在本次试验中同样证明了这个结论。

图 3.2-22 为变高宽比组骨架曲线对比。从图中可以看出，当消除混凝土强度和截面面积的影响后，随着宽高比的增大，桥墩的骨架曲线并没有明显的变化。根据表 3.2-7 中的数据可知，三者的延性系数相差不大，因此可以认为，宽高比对桥墩的抗剪性能影响不大。

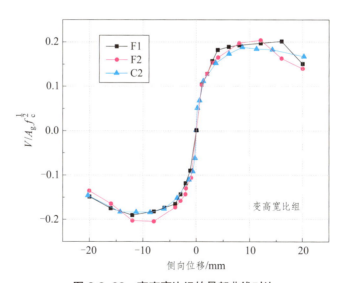

图 3.2-22　变宽高比组的骨架曲线对比

图 3.2-23 为 F2 和 F3 的骨架曲线对比，图 3.2-24 为 C2 和 F4 的骨架曲线对比。从两个图中可以看到，F2 和 F3、C2 和 F4 的骨架曲线均无明显差别，从延性系数来看，圆端形桥墩比矩形桥墩略低，但差距很小，因此可以认为，在截面面积和截面高度相等的情况下，圆端形桥墩和矩形桥墩的抗剪性能几乎相同。

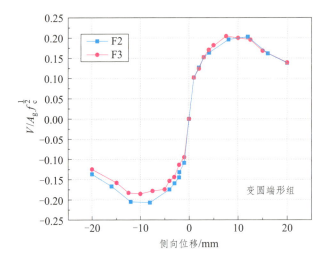

图 3.2-23　变截面组（F2和F3）骨架曲线对比

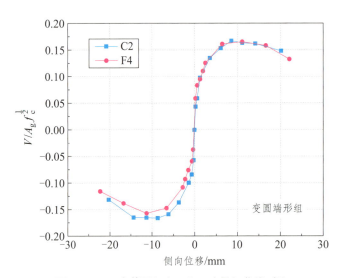

图 3.2-24　变截面组（C2和F4）骨架曲线对比

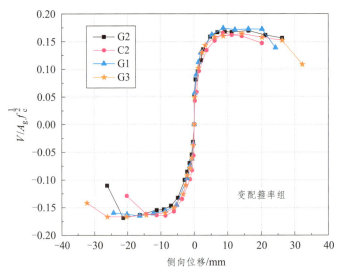

图 3.2-25　变配箍率组骨架曲线对比

5. 配箍率

G2、C2、G1、G3 试件构成了变配箍率组，它们的配箍率由小到大依次为 0.08%、0.12%、0.15%、0.18%。配箍率是影响桥墩抗剪性能的主要因素，提高配箍率，将明显地提高桥墩的抗剪能力，在大部分抗剪计算公式中，都单独列出一项 V_s 作为箍筋提供的抗剪能力。该组试件的骨架曲线对比如图 3.2-25 所示。从试验结果对比来看，4 个试件的最大名义侧向承载力几乎相同，随着配箍率从 0.08% 提高至 0.18%，试件延性能力从 4.08 提高至 9.33，4 个试件均为弯曲破坏。因此，提高弯曲破坏试件的配箍率，并不能提高其需求曲线，而能提高其能力曲线，从而使二者的交点后移，即延性能力增大。

3.2.3.3　塑性铰区域高度分析

为了监测桥墩墩底纵筋首次屈服时间以及塑性铰区域高度，试验中沿试件高度方向 1 ~ 2 倍的截面高度范围布置了纵筋应变片。

本试验通过距离墩底 5 cm 处的钢筋应变值来监测墩底纵筋首次屈服的时间，纵筋等级均为 HRB400，则当应变值达到 2 000 με 时即认为钢筋屈服。但试验中桥墩墩底处不止一根最外侧钢筋布置了应变片，若只根据其中某一根钢筋应变值达到 2 000 με 即认为桥墩进入屈服状态，则具有很大的偶然性，是不可靠的。因此在本试验中，首先将同侧墩底处各最外侧钢筋应变值进行筛选，剔除失效或奇异性较大的数据，然后将剩余数据求平均值，当平均值达到 2 000 με 时则认为桥墩进入屈服状态，此时对应的墩顶位移为首次屈服位移。

图 3.2-26 展示了试件 C2 不同位置的纵筋应变值随加载等级的变化。从图中可以看出，在加载初期，墩底处的纵筋首先屈服，随着加载等级的提升，墩底的塑性区域不断升高。当加载至桥墩破坏时（4Δ_y 时），A 面和 C 面的塑性铰长度均在 45 cm 至 55 cm 之间，此处通过线性插值的方法算出 2 000 με 时对应的距墩底的高度作为该面的塑性铰区域高度，然后将 A、C 两面的塑性铰区域高度求平均值作为桥墩的塑性铰区域高度。

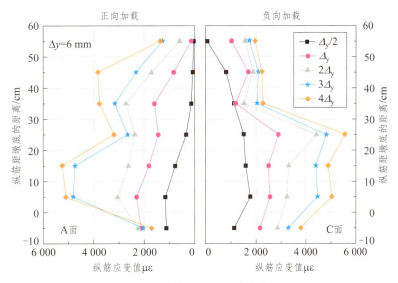

图 3.2-26　试件C2纵筋应变值变化规律

根据该方法算出的各试件塑性铰区域高度见表 3.2-8。

表 3.2-8　各试件塑性铰区域高度

桥墩编号	A 面塑性铰区域高度 /cm	C 面塑性铰区域高度 /cm	塑性铰区域高度 l_c/cm	截面高度 h/cm	l_c/h
A1	23	23	23	50	0.46
A2	72	70	71	60	1.18
B1	14	20	17	44.6	0.38
B4	45	43	44	44.6	0.99
C1	37	39	38	42	0.90
C2	52	54	53	42	1.26
C3	54	56	55	42	1.31
D1	42	46	44	42	1.05
D2	64	68	66	42	1.57
D3	68	70	69	42	1.64
D4	54	56	55	42	1.31
E1	52	50	51	42	1.21
E2	54	50	52	42	1.24
F1	51	53	52	42	1.24
F2	48	52	50	42	1.19
F3	48	50	49	42	1.17
F4	50	54	52	42	1.24
G1	52	54	53	42	1.26
G2	55	53	54	42	1.29
G3	56	54	55	42	1.31

塑性铰区域高度通常用于确定实际设计中延性桥墩箍筋加密段的长度，《铁路工程抗震设计规范》中规定加密区高度为截面高度。从表中可以看出，对于剪跨比小于 2.5 的桥墩，《铁路工程抗震设计规范》中所规定的"墩高与验算方向截面高度的比值小于 2.5 时，应对所有截面进行加强"是偏于安全的。对于塑性铰区域在桥墩底部且剪跨比超过 2.5 的桥墩，《铁路工程抗震设计规范》中规定"当塑性铰区域位于桥墩底部时，加强区高度为截面高度"，而在本试验中 A2、D3 试件的塑性铰区域高度均超过了截面高度，故该规定可能是偏于不安全的，由于样本仅有 2 个，数量较少，因此对剪跨比超过 2.5 的桥墩，在《铁路工程抗震设计规范》中规定的箍筋加密区高度这一问题尚有待进一步研究。

3.2.3.4　箍筋受力分析

本试验中，将桥墩受到的总剪力分为两部分：一部分是箍筋提供的抗剪承载力，可以通过应变片的数据算出；另一部分都归纳为混凝土抗剪承载力，包括混凝土、轴压力和纵筋提供的抗剪承载力。总剪力可以通过水平作动器读出，因此混凝土抗剪承载力也可以求出。图 3.2-27 给出了 D1 试件的总剪力以及各部分抗剪承载力随延性系数的变化规律，其他试件均可得出同样的规律。

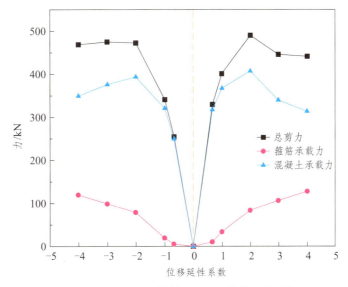

图 3.2-27　试件D1箍筋和混凝土抗剪贡献变化

图 3.2-27 形象地说明了在反复荷载作用下桥墩试件的抗剪能力变化机理：在纵筋屈服之前，斜裂缝比较少，箍筋几乎不承担剪力，混凝土几乎承担全部的剪力。当纵筋屈服后，裂缝快速发展。当与箍筋相交的斜裂缝形成之后，箍筋提供的抗剪贡献逐渐增大，而核心混凝土由于裂缝的产生、发展使受压区面积逐渐减小，反复的剪切滑移使得裂缝处的骨料咬合作用及摩阻力不断减小，同时随着混凝土的逐渐压溃，纵筋的消栓作用也不断减少，这一切都使得混凝土的抗剪贡献逐渐减少。一旦箍筋屈服，将导致对核心混凝土的约束作用大大减弱，混凝土的抗剪贡献开始明显下降，并且此时箍筋已经达到最大抗剪承载力，已无法再弥补混凝土抗剪承载力的缺失，从而导致试件的承载力快速下降，使试件发生破坏。

3.3　中低桥墩塑性铰区抗剪性能的理论分析

3.3.1　有限元模拟和敏感性分析

3.3.1.1　有限单元法发展概况

包括桥梁结构在内的结构动力学分析方法可分为解析法和数值法。解析法由来已久，在对桥梁结构的动力响应特性充分理解的基础上，可用解析法基于力学理论对结构的动力响应进行计算分析。这种方法抓住了桥梁结构动力响应的关键因素，并且理论成熟，应用广泛。解析法在相对简单的桥梁结构中，仍是主流，但对于大跨度桥梁或者悬索桥、斜拉桥等复杂结构桥梁，传统的解析法可能并不适用。这也反过来限制了大跨度桥梁结构的发展。

随着计算机技术的发展和有限元理论的成熟，数值法有了长足进步，这也为工程师们分析复杂结构提供了可能。基于有限元技术，桥梁工作者可以建立更为接近实际结构的模型来分析其动力响应特性。

有限元法的基本思想最早可追溯到 Courant 的工作，他在 1943 年尝试用一系列三角形区域上定义的分片连续函数和最小位移原理求解圣维南扭转问题。自此之后，众多学者开始对有限元法的理论、方法和应用进行研究。各国学者在钢筋混凝土结构的有限元法的探索中不断取得进展，得到了一系列包括本构关系、破坏准则、黏结单元和裂缝处理等方面的研究成果，使得有限元法在这些理论基础上的实用性大大增强。

基于数值分析和计算机技术发展起来的有限元法，在实际应用中自然离不开计算机的支持。软件的研发工作也始终与理论的发展同步进行。

在有限元法发展的早期，有限元分析软件多以专用软件的形式出现，即针对某一个具体的工程问题比如平面应力问题、板壳问题而编写的软件。而后，专用软件还有一个新的发展方向，就是为了应用新的研究成果而编写的软件。

与专用软件相对应的是大型通用商业软件，也是日常的学习和工作中最为常用的软件。这种软件由专业的软件公司编写，功能齐全。它们不仅有众多的单元形式、材料模型和分析功能，并且具有网格划分、结果显示等后处理功能。并且它们的功能还在不断扩充，并不局限于结构的计算，对于电子工程、热力学研究也同样适用。应用比较广泛的大型通用有限元软件有 ANSYS、ABAQUS、ADINA、MARC、ADAPTIC、SAP2000、MIDAS、NEABS、OpenSees、CANNY191 等，现在大型通用有限元软件已被工程界广泛应用。

3.3.1.2 非线性有限元程序 OpenSees

OpenSees 全称 Open System for Earthquake Engineering Simulation（地震工程模拟的开放体系），它是由美国国家自然科学基金（NSF）资助、太平洋地震工程研究中心（PEER）主导、加州大学伯克利分校为主研发而成的，是一种主要基于纤维模型的进行有限元分析的计算软件。

作为一款有限元软件，OpenSees 可以实现线性、非线性静力分析，pushover 拟静力分析，线性、非线性动力分析，模态分析等，应用范围很广。OpenSees 是一款开源软件，在各国学者的共同努力下，OpenSees 中可供使用的材料模型和单元模型越来越多，所使用的算法和收敛准则更为高效，计算效率和内存管理水平也不断进步，交互性也越来越好。

OpenSees 自推出以来，除了在理论研究方面得到广泛应用之外，也用于了一些实际的工程项目，对于钢筋混凝土结构、桥梁以及岩土工程，均能进行较好的模拟。一系列的科研项目证明，OpenSees 具有良好的非线性数值模拟精度，并且得到了国内外众多工程和科研领域人员的认可。依据 OpenSees 的架构可将其分成 4 个模块，分别是建模模块、模型模块、分析模块和记录模块。

建模是对结构的数值模型进行定义的过程，包括根据实际的建模需求对数值模型的自由度、节点坐标、材料的本构关系、截面特性、单元类型、荷载的施加以及坐标转换等进行定义的过程。这一过程将实际所关心的结构离散成一个有限元模型。

模型模块是指结构建模之后得到的有限元分析模型。除上述的材料、截面和单元之外，模型模块还包括有节点和单元的约束定义和荷载的施加。这里的约束定义是对实际结构约束状态的抽象，与实际约束并非完全一致。关键在于模型中约束的定义要体现实际约束状态的物理意义，但并非要面面俱到。要做到有限元模型物理意义明确，并且与实际结构相关。

分析模块是对有限元模型进行求解时，程序内部分析控制信息的指定，包括节点单元的编号、节点自由度的控制、约束条件的处理、迭代算法的选取、收敛准则的确定以及控制方法等。在 OpenSees 建模中，在完成有限元模型的建模之后，需要指定以上这些信息。用户也可以通过制定不同的分析控制信息，得到不同的收敛效果。

记录模块是 OpenSees 程序的后处理部分。用户需要指定所关心的计算结果信息。OpenSees 支持的计算结果信息有节点的位移、纤维应力和应变、单元内力等。用户通过命令流指定需要程序记录的信息和存储的路径，以进行后处理过程。同时，OpenSees 也支持对包括速度、加速度和特征向量等结果的提取和记录。并且，用户并非要等到有限元模型计算结束之后才能查看所记录信息，OpenSees 提供了实时监控功能，可在程序计算时就查看相关结果，以便及时对模型进行调整。

3.3.1.3　纤维模型介绍

OpenSees 是一款基于纤维模型的有限元软件。对于构件截面，纤维模型将其划分成一系列离散的纤维，用以考虑截面的受力特性。

纤维模型基于如下假设：

（1）梁柱单元截面在整个截面变形过程中始终保持平截面，即纤维单元符合平截面假定，不考虑剪切、扭转以及混凝土开裂对截面变形的影响。

（2）对于截面中的纤维，其处于单轴应力状态，对于混凝土材料，可采用混凝土单轴滞回本构关系模型，在对截面进行应变分析的基础上，根据本构关系计算纤维的刚度和应力。在此基础上，通过对截面的积分，可得截面的刚度和内力。因为在实际计算过程中，纤维和截面刚度均由对应变的计算而来，所以纤维模型能够很好地反映构件变形过程中刚度、强度的退化和 P-M-M 之间的耦合作用。因此对于非线性反应，该模型能够得到较高精度分析数据。

（3）在钢筋混凝土梁柱中认为钢筋和混凝土充分黏结，忽略黏结滑移和剪切滑移的影响。

在使用纤维模型时，均采用较为均匀的划分方式，但纤维数目不宜过多。当离散纤维数目达到一定数量时，计算结果将趋于收敛。纤维模型利用微观的材料单轴应力 – 应变关系得到宏观截面或者构件的刚度矩阵，计算精度较高，同时计算量较小。

3.3.1.4　OpenSees 参数敏感性分析

1. 材料的模拟

OpenSees 程序主要提供 3 种混凝土材料和 4 种钢筋材料用于有限元模拟。通过对几种材料的对比计算分析，桥墩建模混凝土推荐使用 Concrete02，钢筋模拟推荐采用 Hysteretic Material。

2. 单元的选取

OpenSees 作为应用广泛的有限元软件，提供了多种单元模型，包括梁柱单元、桁架单元、壳单元、实体单元和连接单元等。桥墩采用梁柱单元模拟，通过桥墩受力前期和后期的分析发现，基于位移的梁柱单元对塑性区域内截面曲率拟合精度更高，且收敛速度更快。同时，如选取 Hysteretic Material 材料用以模拟钢筋材料，选用基于位移的梁柱单元计算更容易收敛。

3. 单元和网格的划分

单元划分是指沿墩高所划分单元的个数。对于中低墩，在侧向力作用下塑性变形主要发生在墩底区域。此区域的单元长度对于计算精度有很大的影响。墩顶部分受力和变形均比较小，因此单元的划分影响不大。但是，为了建模的方便，一般沿墩高均匀划分单元，但单元划分越多，计算耗时越多。因此，单元数为 5 ~ 8 个就认为可以得到较为精确的计算结果。

网格的划分是指在截面上划分的纤维数目。纤维数目越多，越能精确地模拟截面不同位置处的应变和应力变化规律，但计算量大大增加，同时也会带来收敛性的问题。推荐核心混凝土在截面纵向划分为 8 根纤维。对于矩形截面来说，垂直于受力方向的材料纤维之间应变相差并不大，因此，垂直于受力方向的纤维划分对于结果影响不大。出于提高计算速度的要求，可只沿垂直于受力方向将截面划分成条状纤维。

3.3.1.5 桥墩参数对抗剪性能规律影响

基于 OpenSees 软件，建立钢筋混凝土桥墩有限元模型，对影响钢筋混凝土铁路桥墩抗剪性能的主要参数进行分析。

通过对地震中大量的钢筋混凝土桥墩的剪切破坏研究发现，在桥墩塑性铰区域由于弯曲延性的增加会使混凝土提供的抗剪强度降低，出于对工程设计应用的考虑，为排除计算参数中截面尺寸和混凝土强度等级的影响，定义了混凝土的"名义抗剪强度"这一量化指标 V_n，计算公式如下：

$$V_n = V_{test} / \sqrt{f_c} A_e \qquad (3.3\text{-}1)$$

式中　A_c——截面核心混凝土面积；

　　　f_c——混凝土立方体抗压强度；

　　　V_{test}——混凝土抗剪强度试验值。

影响混凝土的抗剪强度的主要因素有剪跨比、纵筋配筋率和配箍率等，单纯用上述公式还不能较好地量化混凝土的抗剪强度。因此，各国仍在不断通过桥墩剪切试验和实际地震桥墩损伤数据进行分析，提出不同的修正系数来修正混凝土的名义抗剪强度指标。

本次试验主要研究了纵筋配筋率、剪跨比、轴压比和配箍率等 4 个参数对抗剪性能的影响。其量纲为 1。

1. 纵筋配筋率

采用增大纵筋面积的方法，分别计算从 0 ~ 4% 纵筋配筋率条件下的名义抗剪强度 V_n，结果如图 3.3-1 所示。

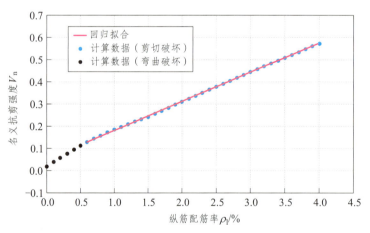

图 3.3-1　配筋率对名义抗剪强度的影响

使用线性回归模型对计算数据进行一元线性回归拟合，由于回归模型相对于原始统计数据是存在差异的，因此需要对回归参数的准确性进行检验。t 值是对建立的线性回归模型的回归系数进行检验的过程值。

在图 3.3-1 的拟合中，线性回归配筋率的 t 值为 116.618，表明在 1% 的显著性水平下，配筋率和名义抗剪强度之间有显著的正相关关系。另外在配筋率低于 0.6% 时，计算模型不发生剪切破坏。根据能力–需求曲线（图 3.3-2）分析，提高纵筋配筋率，将使需求曲线升高，但并不能改变能力曲线，从而使二者的交点向左上方移动，表现为 V_n 的增大。

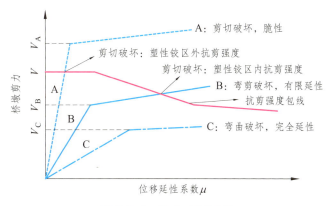

图 3.3-2　能力–需求曲线

2. 剪跨比

在剪跨比小于 2.4 时，计算模型发生弯剪（或剪切）破坏，超过 2.4 后模型发生弯曲破坏。根据对剪跨比的分析，剪跨比对抗剪强度的影响大体上为倒数关系。经回归检验，剪跨比影响的 t 值为 84.847，表明在 1% 的显著性水平下，剪跨比和名义抗剪强度之间有显著的负相关关系（图 3.3-3）。

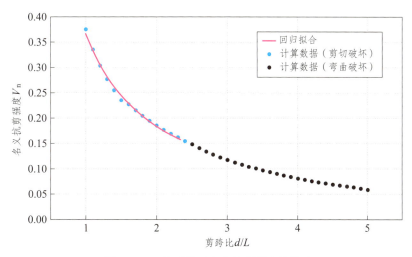

图 3.3-3　剪跨比对名义抗剪强度的影响

既有研究表明，桥墩的抗剪强度随剪跨比的增大而降低。根据能力 – 需求曲线（图 3.3-2）分析，随着剪跨比的增大，需求曲线和能力曲线均会降低，二者的交点将会向右下方移动，表现为 V_n 不断减小。

3. 轴压比

轴压比在 0 ~ 80% 的变化范围内，对名义抗剪强度的影响如图 3.3-4 所示，从图中可见随轴压比的升高，抗剪强度先升高后降低。但是实际铁路桥墩的轴压比通常小于 5%，因此实际情况下的轴压比与抗剪强度为正相关关系。

对轴压比 0 ~ 5.0% 范围内的计算数据进行回归拟合，结果如图 3.3-5 所示。轴压比对名义抗剪强度的影响 t 值约为 169.02，正相关关系非常显著。从全曲线来看计算模型均发生剪切破坏，表明在初始参数条件下，无论取何轴压比，计算模型均不会变为弯曲破坏模式。

既有研究表明，轴压比对桥墩的抗剪性能有较大影响，在 Priestley、Sezen 等学者提出的抗剪计算公式中都体现了轴压力对桥墩抗剪强度的影响，甚至 Priestley 的公式中将轴压力提供的抗剪能力单独列为一项。根据能力 – 需求曲线（图 3.3-2）分析，增大轴压比，能力曲线和需求曲线均会升高，其交点将会向左上方移动，

表现为 V_n 的增大。

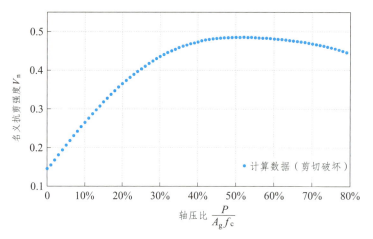

图 3.3-4　轴压比对名义抗剪强度的影响

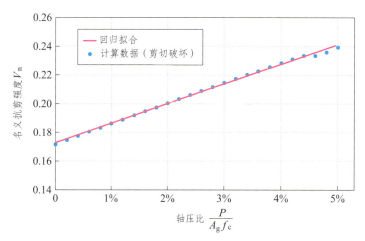

图 3.3-5　轴压比对名义抗剪强度的影响（局部拟合）

4. 配箍率

配箍率对名义抗剪强度的影响如图 3.3-6 所示，随着配箍率从 0% 提升至 3%，名义抗剪强度随之提高，但是当配箍率提高至约 1.1% 以后，计算模型不再发生剪切破坏，而发生弯曲破坏。对剪切破坏范围内的计算数据进行线性拟合，结果表明配箍率对抗剪强度的提升非常明显。

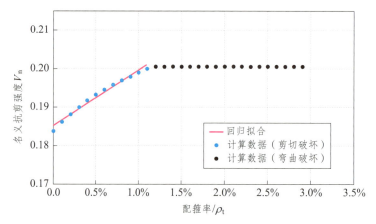

图 3.3-6　配箍率对名义抗剪强度的影响

3.3.2 理论分析

3.3.2.1 钢筋混凝土桥墩抗剪能力计算公式介绍

1. 各国规范桥墩抗剪公式和学者提出的抗剪公式对比

在基于能力的抗震设计方法中，为了确保钢筋混凝土桥墩具有足够的位移延性能力，要使桥墩抗剪强度大于桥墩可能承受的最大剪力，即桥墩的抗剪能力大于抗剪需求，保证桥墩发生预期的延性破坏模式。下文将详细介绍国内外规范和学者提出的桥墩抗剪能力计算公式。

（1）ACI 318M-05。

美国 ACI 318M-05 规范是由美国混凝土协会委员会基于相应的报告、研究编写的，此规范采用公制单位。设计截面抗剪强度的验算条件为：

$$\phi V_{\mathrm{n}} \geqslant V_{\mathrm{u}} \tag{3.3-2}$$

式中　V_{u}——设计截面处的剪力需求；

　　　V_{n}——截面的名义抗剪强度。

其中

$$V_{\mathrm{n}} = V_{\mathrm{c}} + V_{\mathrm{s}} \tag{3.3-3}$$

混凝土和抗剪钢筋提供的抗剪强度分别为：

$$V_{\mathrm{c}} = 0.17\left(1 + \frac{N_{\mathrm{u}}}{14A_{\mathrm{s}}}\right)\sqrt{f_{\mathrm{c}}'}\,b_{\mathrm{w}}d \tag{3.3-4}$$

$$V_{\mathrm{s}} = \frac{A_{\mathrm{V}}f_{\mathrm{yt}}d}{s} \tag{3.3-5}$$

（2）CALTRANS BRIDGE DESIGN SPECIFICATIONS。

美国 Caltrans 规范由美国加州运输局于 2004 年 2 月颁布实施。延性混凝土构件设计截面抗剪强度的验算条件为：

$$\phi V_{\mathrm{n}} \geqslant V_{\mathrm{u}} \tag{3.3-6}$$

名义抗剪强度由两部分组成：

$$V_{\mathrm{n}} = V_{\mathrm{c}} + V_{\mathrm{s}} \tag{3.3-7}$$

由混凝土提供的抗剪强度要考虑弯曲和轴向荷载的影响。

$$V_{\mathrm{c}} = v_{\mathrm{c}} \times A_{\mathrm{e}} \tag{3.3-8}$$

$$A_{\mathrm{e}} = 0.8A_{\mathrm{g}} \tag{3.3-9}$$

在塑性铰区内：

$$v_{\mathrm{c}} = \text{Factor1} \times \text{Factor2} \times \sqrt{f_{\mathrm{c}}'} \leqslant 0.33\sqrt{f_{\mathrm{c}}'} \tag{3.3-10}$$

在塑性铰区外：

$$v_c = 0.25 \times \text{Factor2} \times \sqrt{f_c'} \leqslant 0.33\sqrt{f_c'} \tag{3.3-11}$$

以上两个系数的取值分别为：

$$0.025 \leqslant \text{Factor1} = \frac{\rho_s f_{yh}}{12.5} + 3.05 - 0.083\mu_d < 0.25 \tag{3.3-12}$$

$$\text{Factor2} = 1 + \frac{P_c}{13.8 \times A_g} < 1.5 \tag{3.3-13}$$

抗剪钢筋对于抗剪强度的贡献，采用桁架原理考虑。对于矩形截面和圆形截面分别为：

$$V_s = \frac{A_V f_{yt} d}{S} \tag{3.3-14}$$

$$V_s = \frac{\pi}{2}\frac{A_V f_{yt} D}{S} \tag{3.3-15}$$

与 ACI 318M-05 计算模型不同，Caltrans 规范是用无量纲系数来反映配箍率、延性和轴向荷载对于混凝土提供的抗剪能力大小的影响，也是 Factor1 和 Factor2 存在的意义。Factor1 规定其在塑性铰区内下限为 0.025，上限为 0.25。塑性铰区外则直接取为 0.25。Factor2 反映的是轴向压应力对于抗剪强度提高的影响，但也有其上限值。当轴向压应力大于 6.8 MPa 时，认为轴向压应力对于抗剪能力提高的作用已经到顶。

（3）Priestley et al.（UCSD）。

Priestley 等学者通过对于 ASCE/ACI 规范、Ang/Wong 和 Watanabe/Ichinose 等人的研究成果和对于试验数据的分析，提出钢筋混凝土桥墩的抗剪公式由 3 部分组成。除了混凝土和抗剪钢筋对钢筋混凝土桥墩抗剪强度的贡献外，轴向荷载也对抗剪强度有影响，并且将其独立出来。具体的表达式为：

$$V_n = V_c + V_p + V_s \tag{3.3-16}$$

对于以上 3 个部分的影响因素，Priestley 等人的研究成果表明：混凝土对于抗剪强度的贡献与混凝土的抗拉强度和桥墩的延性有关；轴向荷载对于抗剪强度的贡献与桥墩的轴向荷载大小和剪跨比有关；而抗剪钢筋对于抗剪强度的贡献与抗剪钢筋的配筋率有关。混凝土提供的名义抗剪强度：

$$V_c = k\sqrt{f_c'}A_e \tag{3.3-17}$$

抗剪钢筋提供的名义抗剪强度，对于圆形截面和矩形截面分别为：

$$V_s = \frac{\pi}{2}\frac{A_{sh} f_{yh} D}{S}\cot 30° \tag{3.3-18}$$

$$V_s = \frac{A_V f_{yh} D'}{S}\cot 30° \tag{3.3-19}$$

轴向荷载提供的名义抗剪强度：

$$V_{\mathrm{p}} = \frac{D-c}{2a}P \tag{3.3-20}$$

（4）USC Model。

南加州 Xiao Yan 和 Martirossyan 等学者在 Priestley 模型基础之上进行改进，使其能更准确地预测使用高强混凝土情况下的抗剪强度。最明显的改进在于用一个双线性模型来表征位移延性对于抗剪强度的影响。抗剪强度的组成同样分为 3 部分，由混凝土、抗剪钢筋和轴向荷载的贡献组成。

$$V_{\mathrm{n}} = V_{\mathrm{c}} + V_{\mathrm{a}} + V_{\mathrm{s}} \tag{3.3-21}$$

混凝土、轴向荷载和抗剪钢筋提供的名义抗剪强度分别为：

$$V_{\mathrm{c}} = k\sqrt{f_{\mathrm{c}}'}A_{\mathrm{e}} \tag{3.3-22}$$

$$V_{\mathrm{a}} = \frac{D-c}{2D(M/VD)}P \tag{3.3-23}$$

$$V_{\mathrm{s}} = \frac{A_{\mathrm{v}}f_{\mathrm{yh}}(d-c)}{s}\cot\theta \tag{3.3-24}$$

（5）Sezen et al.（UCB）。

加州大学伯克利分校的 Sezen 和 Jack P. Moehle 等学者提出了与之前不同的模型，其特点在于认为桥墩的位移延性对混凝土和抗剪钢筋提供的抗剪强度均会有影响，并且认为轴向荷载是通过影响混凝土来间接影响桥墩的抗剪强度。其抗剪强度公式为：

$$V_{\mathrm{n}} = V_{\mathrm{c}} + V_{\mathrm{s}} \tag{3.3-25}$$

由混凝土和抗剪钢筋提供的名义抗剪强度分别为：

$$V_{\mathrm{c}} = k\left(\frac{0.5\sqrt{f_{\mathrm{c}}'}}{a/d}\sqrt{1+\frac{P}{0.5\sqrt{f_{\mathrm{c}}'}A_{\mathrm{g}}}}\right)0.8A_{\mathrm{g}} \tag{3.3-26}$$

$$V_{\mathrm{s}} = k\frac{A_{\mathrm{v}}f_{\mathrm{yh}}d}{s} \tag{3.3-27}$$

（6）UH Model。

美国休斯敦大学的学者在对已有的抗剪能力计算模型和相应参数的影响规律进行研究的基础上，提出了新的桥墩抗剪能力计算模型。该模型基于 Priestley 的模型，对位移延性的影响规律进行了细化，并且基于 SRCS 程序进行仿真计算，通过模型的对比得到了比较好的结果。

$$V_{\mathrm{n}} = V_{\mathrm{c}} + V_{\mathrm{p}} + V_{\mathrm{s}} \tag{3.3-28}$$

混凝土、轴向荷载及抗剪钢筋提供的名义抗剪强度分别为：

$$V_c = k\sqrt{f_c'}A_e \tag{3.3-29}$$

$$V_p = \frac{D-c}{2a}P \tag{3.3-30}$$

$$V_s = (3\,300\rho_t^3 - 115\rho_t^2 + 1.2\rho_t)b_w f_{yh}(d-c)\cot\theta \tag{3.3-31}$$

（7）《公路桥梁抗震设计细则》。

2008 年版的我国《公路桥梁抗震设计细则》参照《美国加州抗震设计准则》的抗剪能力计算公式，但对其混凝土提供的抗剪能力计算公式进行了简化。桥墩塑性铰区域沿顺桥向和横桥向的斜截面抗剪强度应按下列公式验算：

$$V_{c0} \leqslant \phi\left(0.002\,3\sqrt{f_c'}A_e + V_s\right) \tag{3.3-32}$$

箍筋提供的名义抗剪能力：

$$V_s = 0.1\frac{A_k b}{S_k}f_{yh} \leqslant 0.067\sqrt{f_c'}A_e \tag{3.3-33}$$

（8）《城市桥梁抗震设计规范》。

2011 年版的我国《城市桥梁抗震设计规范》借鉴的是美国 AASHTO 规范的抗剪能力计算公式。桥墩塑性铰区域沿顺桥向和横桥向的斜截面抗剪能力应按下列公式计算：

$$V_{c0} \leqslant \phi(V_c + V_s) \tag{3.3-34}$$

$$V_c = 0.1v_c + A_e \tag{3.3-35}$$

$$v_c = \begin{cases} 0, P_c \leqslant 0 \\ \lambda\left(1 + \dfrac{P_c}{1.38 \times A_g}\right)\sqrt{f_{cd}} \leqslant \min\begin{cases} 0.355\sqrt{f_{cd}} \\ 1.47\lambda\sqrt{f_{cd}} \end{cases}, P_c > 0 \end{cases} \tag{3.3-36}$$

圆形截面和矩形截面抗剪钢筋提供的剪力分别为：

$$V_s = 0.1 \times \frac{\pi}{2}\frac{A_{sp}f_{yh}D'}{s} \leqslant 0.08\sqrt{f_{cd}}A_e \tag{3.3-37}$$

$$V_s = 0.1 \times \frac{A_v f_{yh}h_0}{s} \leqslant 0.08\sqrt{f_{cd}}A_e \tag{3.3-38}$$

（9）《道路桥示方书·同解说》。

2002 年的日本桥梁抗震设计规范《道路桥示方书·同解说》（Ⅴ耐震设计编）认为桥墩截面的横向抗剪能力是由混凝土和横向配筋提供的。

$$P_s = S_c + S_s \tag{3.3-39}$$

$$S_c = c_c c_e c_{pt}\tau_c bd \tag{3.3-40}$$

$$S_{s}=\frac{A_{w}\sigma_{sy}d(\sin\theta+\cos\theta)}{1.15a}$$

（3.3-41）

2. 抗剪公式的分析与评价

上文提到的多个抗剪公式分别从不同的角度考虑桥墩抗剪能力的计算，计算得到的结果也有差异，本书总结了各抗剪公式中考虑的抗剪强度影响因素如表 3.3-1 所示。其中，ACI 318M-05 认为桥墩的抗剪能力恒定，并不随位移延性的增加而变化，这显然与相应的理论与试验研究不符。而这也是很多国家规范中抗剪能力计算公式的通病，即公式过于保守。这与抗剪机理研究不足、尚未有被一致认可的计算模型有关，同时也导致了设计的不科学和材料的浪费。

表 3.3-1　各抗剪强度公式中影响因素统计

公式	截面形式	截面面积	混凝土强度	纵筋率	配箍率	箍筋强度	轴压比	剪跨比	延性系数
ACI 318M-05		√	√		√	√	√		
Caltrans		√	√		√	√	√		√
Priestley		√	√		√	√	√	√	√
USC		√	√		√	√	√	√	√
Sezen		√	√		√	√	√		√
UH		√	√		√	√		√	√
公规		√	√		√				
城规	√	√	√		√				√
日本规范		√	√	√	√	√			

相比 ACI 318M-05 公式，Caltrans 公式通过引入系数 Factor1 和 Factor2 来考虑箍筋、轴压和位移延性对于混凝土提供的抗剪强度的影响，并且对这 2 个系数均指定了上下限。由公式（3.3-12）可知，随位移延性的增大，Factor1 的取值逐渐变小，位移延性的增大会导致混凝土提供的抗剪能力减弱，这与试验观察是相符的。Factor2 用以考虑轴压力对于混凝土提供的抗剪强度的提高作用，其取值的下限和上限分别是 1.0 和 1.5，表明轴压力对于混凝土提供的抗剪能力的最大贡献为 150%。抗剪钢筋提供的抗剪能力计算公式与 ACI 318M-05 规范基本一致。

Priestley 等学者提出的计算公式最大特点在于通过一个无量纲系数来考察抗剪能力随着位移延性的增大的折减效应。这也是之后学者提出的计算公式的一个共同特点。另一个特点在于其单独考虑了轴压力对于抗剪能力的贡献。抗剪钢筋提供的抗剪能力计算则通过引入一个系数考虑了斜裂缝的开展方向。

USC 模型是在 Priestley 模型的基础上改进而来，在预测高强混凝土柱的抗剪能力上准确性更高。其计算公式同样是通过一个无量纲系数来考察位移延性对于混凝土提供抗剪能力的折减效应，但这一系数的取值则略有不同。在计算抗剪钢筋提供的抗剪能力时，引入了一个角度来考虑不同的斜裂缝开展方向，而不是引入了一个确定的系数。

Sezen 等人提出的模型认为位移延性对于混凝土和抗剪钢筋提供的抗剪能力均有折减作用，并且认为轴压力的存在对于混凝土提供抗剪能力有提高作用。

UH 模型是在大量试验数据和参数分析基础之上提出的一个较为复杂的计算模型。其同样引入一个无量纲系数来考虑位移延性对于抗剪能力的折减作用，但计算略为复杂，考虑了箍筋率的影响。抗剪钢筋提供的抗剪能力计算公式是以箍筋率的形式来体现的。

我国《公路桥梁抗震设计细则》和《城市桥梁抗震设计规范》中的桥墩塑性铰区抗剪能力计算公式分别借鉴了美国 Caltrans 和 AASHTO 规范，并做出一些改进。其中前者分别计算混凝土和钢筋提供的抗剪强度并通过系数折减再进行组合。与 ACI 318M-05 规范一样，计算结果偏于保守。后者考虑了轴压力对于混凝土提供抗剪能力的增强作用，计算公式相对复杂，但是同样引入了折减系数。

日本桥梁抗震设计规范提出的抗剪能力计算公式中，通过 3 个无量纲系数分别考虑往复荷载作用、桥墩截面以及抗拉钢筋对于混凝土提供的桥墩抗剪能力的修正作用，钢筋提供抗剪能力计算与之前的模型类似，考虑了斜裂缝的开展方向。

总体上看，学者提出的计算公式更为复杂，考虑因素更多；而规范提出的计算公式较为简单，也偏于保守。这与二者的适用范围有关。本书将通过模型与试验数据的对比，讨论各个计算模型的合理性。

本书选取 5 个下载自太平洋地震工程中心（PEER）的试验桥墩作为实例，比较上文所列公式的准确性，5 个桥墩的参数见表 3.3-2。

表 3.3-2　各桥墩实例的参数

桥墩名称	剪跨比	轴压比	配筋率	破坏模式
Lynn_et_al__1998__3CLH18	3.22	0.089	0.030 3	剪切破坏
Lynn_et_al__1998__3CMH18	3.22	0.262	0.303	剪切破坏
Ohue_et_al__1985__4D13RS	2	0.153	0.026 5	弯剪破坏
Ono_et_al__1989__CA060C	1.5	0.616	0.021 3	弯剪破坏
Wight_and_Sozen_1973__No__25_033_West_	2.87	0.071	0.024 5	弯剪破坏

根据所列 9 个国内外抗剪能力计算公式分别计算桥墩抗剪能力曲线，并与试验所得需求曲线进行对比，结果如图 3.3-7 ~ 图 3.3-11 所示。

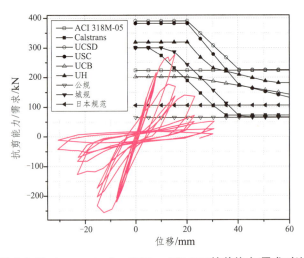

图 3.3-7　Lynn_et_al__1998__3CLH18抗剪能力/需求对比

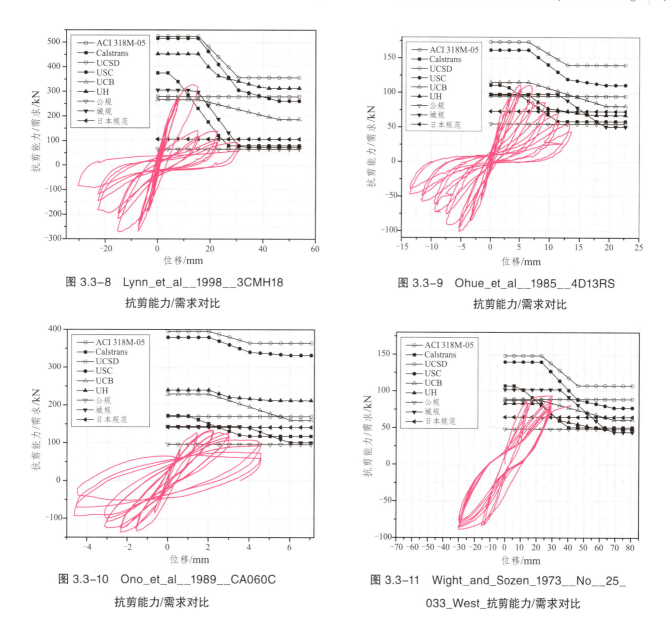

图 3.3-8　Lynn_et_al__1998__3CMH18
抗剪能力/需求对比

图 3.3-9　Ohue_et_al__1985__4D13RS
抗剪能力/需求对比

图 3.3-10　Ono_et_al__1989__CA060C
抗剪能力/需求对比

图 3.3-11　Wight_and_Sozen_1973__No__25_
033_West_抗剪能力/需求对比

　　上文所列的 5 个试验桥墩参数覆盖范围是：剪跨比 1.5 ~ 3.22、轴压比 0.071 ~ 0.616、配筋率 0.021 ~ 0.3，有一定的代表性。从图示可知，各抗剪计算公式对同一桥墩得到的计算结果差异很大，国内外学者提出的抗剪计算公式总体高估了桥墩的实际抗剪能力，而各国规范所提出的抗剪计算公式则偏于保守，加之折减系数的考虑，计算结果相较试验结果偏低。各国规范公式本身并不能准确反映桥墩抗剪能力随着延性增大的变化规律，这就导致试验桥墩在加载后期，计算结果与实际的抗剪能力差异越来越大。而且，现有计算公式多用一个与桥墩参数无关的系数来考虑桥墩抗剪能力随位移延性增大的变化趋势，并不能完整反映抗剪能力变化与桥墩位移延性增大的关系。对于不同的试验桥墩，同一抗剪计算公式计算结果趋势也并不完全一致，即同一抗剪公式对于不同参数桥墩的抗剪能力的适用性有待进一步研究。

　　综上，准确预测钢筋混凝土桥墩的抗剪能力对于桥墩能力设计思想的实现、保证桥墩具有相应的抗剪强度以及保证其在相应地震作用下发生预期的延性破坏都具有重要意义。

3.3.2.2 桥墩抗剪能力计算方法研究

基于截面分析的方法，并考虑剪跨比的影响，提出了桥墩抗剪能力计算公式。式中桥墩的抗剪能力 V 包括 3 部分内容：混凝土提供的抗剪能力 V_c、箍筋提供的抗剪能力 V_s，以及关于剪跨比的影响系数 k，具体形式为：

$$V = k(V_c + V_s) \tag{3.3-42}$$

1. 混凝土提供的抗剪能力

以同时受轴压力和侧向力作用的桥墩上某一混凝土单元的受力状态为例进行分析，如图 3.3-12 所示。

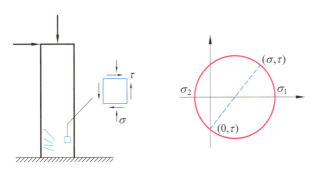

图 3.3-12　混凝土二维应力状态和莫尔应力圆表示

考虑混凝土单元同时受到压应力和剪应力作用，分别用 σ 和 τ 表示。根据二维应力状态下莫尔应力圆理论，可以计算该单元的两个主应力如下：

$$\sigma_1 = \frac{\sigma}{2} + \sqrt{\frac{\sigma^2 + 4\tau^2}{2}} \tag{3.3-43}$$

$$\sigma_2 = \frac{\sigma}{2} - \sqrt{\frac{\sigma^2 + 4\tau^2}{2}} \tag{3.3-44}$$

随着侧向力的增大，单元受力状态也会发生变化。两个主应力的绝对值随着莫尔应力圆直径的增大而增大，并最终到达混凝土单元的破坏面。考虑约束混凝土本构模型，可以计算得到混凝土的峰值抗压强度作为单元的受压破坏面。考虑二维应力状态下混凝土强度的软化效应，可取混凝土单元的受拉破坏面为：

$$f_t = 0.292 \times \sqrt{f_c'} \tag{3.3-45}$$

将 2 个破坏面代入主应力的计算公式，可以得到抗拉和抗压破坏时，正应力和剪应力的计算方法。

$$f_{cc} = \frac{\sigma}{2} + \sqrt{\frac{\sigma^2 + 4\tau^2}{2}} \tag{3.3-46}$$

$$f_t = \frac{\sigma}{2} - \sqrt{\frac{\sigma^2 + 4\tau^2}{2}} \tag{3.3-47}$$

联立式（3.3-45）和式（3.3-46），可解出单元应力状态分别达到 2 个破坏面时，剪应力的大小：

$$\tau_c = \sqrt{f_{cc}(f_{cc} - \sigma)} \tag{3.3-48}$$

$$\tau_t = \sqrt{f_t(f_t + \sigma)} \tag{3.3-49}$$

式中，τ_c 和 τ_t 分别代表了由抗压破坏面和抗拉破坏面控制的混凝土单元抗剪能力。

根据平面应力单元的主应力与各方向应力的关系，对于某一个混凝土单元，控制剪应力为 τ_c 和 τ_t 的较小值：

$$\tau_f = \min(\tau_c, \tau_t) \tag{3.3-50}$$

式中，τ_f 代表了某个混凝土单元所能承受的最大剪应力。桥墩中某一个截面的应力分布可通过应力分析得到。

矩形截面随着截面变形的增大，应变分布规律也发生变化，图 3.3-13 中 N.A. 为截面中性轴。中性轴以上表示截面受压区，中性轴以下表示截面受拉区。选取桥墩的临界截面，可通过确定桥墩截面的曲率，计算其应变分布，并通过本构关系分别计算钢筋和混凝土的应力分布。图中 C 表示截面受压区的高度，可通过截面内力平衡计算得到。

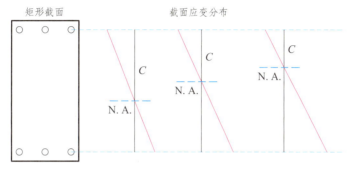

图 3.3-13　矩形截面应变分布规律

对于某一转角，通过二分法计算受压区高度能够快速收敛。在得到沿截面高度混凝土的应力分布之后，由混凝土的二维应力分析即可计算得到混凝土单元提供的抗剪能力，沿截面高度积分，就可得整个截面的抗剪能力。取混凝土单元的高度为 dz，则抗剪能力为：

$$v_c = \tau_f dz \tag{3.3-51}$$

沿截面高度积分：

$$V_c = b_w \int \tau_f dz \tag{3.3-52}$$

式中　V_c——混凝土提供的抗剪能力。

基于平面分析计算所得的抗剪能力，可追踪桥墩受力过程中抗剪能力的变化规律，相比于依据试验破坏桥墩数据所得的抗剪能力计算公式，物理意义更为明确。对截面应力的考察，也包含了轴压力对于桥墩的影响。通过对截面转角增量的选取，可控制计算步长和计算精度。

2. 箍筋提供的抗剪能力

既有抗剪计算公式和试验表明，箍筋提供的抗剪强度对于混凝土开裂之后的侧向承载力十分重要，且与平行于剪切方向的箍筋面积、箍筋屈服强度以及箍筋间距等有关。抗剪计算公式中对箍筋部分的考虑可总结为：

$$V_s = \alpha A_v f_y d / s \tag{3.3-53}$$

式中：A_v 为平行于侧向力方向的箍筋面积；f_y 为箍筋的屈服强度；d 为截面的有效高度；s 为箍筋间距；α 为箍筋提供抗剪能力的修正系数，用来考虑桥墩轴线与斜裂缝之间的夹角以及箍筋提供抗剪能力的折减。依据钢筋混凝土结构受剪桁架模型，取桥墩轴线与斜裂缝之间的夹角为30°。随着侧向力的增大，混凝土开裂和压碎伴随着箍筋的外鼓和拉断，而箍筋提供的抗剪能力也会减小。为简便考虑，引入系数 K_s 来表征 V_s 的折减：

$$K_{s} = \frac{V_{c}^{i+1}}{V_{c}^{i}} \tag{3.3-54}$$

式中，右侧表示混凝土提供的抗剪能力在受压区混凝土进入软化段之后的折减率。

$$\rho_{p} = A_{v} / (b_{w} \cdot s) \tag{3.3-55}$$

式中，ρ_p 定义为平行于侧向力方向的箍筋率，b_w 为垂直于加载方向截面宽度，将其代入式（3.3-53），最终箍筋提供的抗剪能力为：

$$V_{s} = K_{s} \rho_{p} b_{w} d f_{y} \cot \theta \tag{3.3-56}$$

式中，θ 取为30°。

3. 剪跨比影响系数 k 的研究

既有研究表明，剪跨比对桥墩的抗剪性能有重要影响，随着剪跨比的增大，桥墩抗剪能力逐渐减小。因此，剪跨比影响系数与剪跨比成反比。k 代表剪跨比影响系数，研究给出 k 值的计算公式如下：

$$k = \frac{1}{\beta \lambda + \gamma} \tag{3.3-57}$$

式中，β、γ 为常数，λ 为剪跨比。

通过试验数据的回归分析，利用最小二乘法，即可得到 β、γ 的值。回归分析所需数据如表 3.3-3 所示。

经过回归分析，最终 β 的估计值为 0.439 2，γ 的估计值为 0.083 4，相关系数为 0.763 5。从 3.2 节中拟静力试验结果可看出，试验桥墩弯剪破坏均发生在剪跨比小于 3.0 时，因此在计算桥墩抗剪强度时，仅在桥墩剪跨比 $1 \leqslant \lambda \leqslant 3$ 时，对桥墩的抗剪能力进行修正。

综上所述，基于截面分析的钢筋混凝土桥墩抗剪能力计算过程如下：

$$V = k(V_c + V_s) \tag{3.3-58}$$

$$k = \frac{1}{0.439\,2\lambda + 0.083\,4} \quad (1 \leqslant \lambda \leqslant 3) \tag{3.3-59}$$

$$V_{c} = b_{w} \int \min \left(\sqrt{f_{cc}(f_{cc} - \sigma)}, \sqrt{f_{t}(f_{t} + \sigma)} \right) \mathrm{d}z \tag{3.3-60}$$

$$V_{s} = K_{s} \rho_{p} b_{w} d f_{y} \cot 30° \tag{3.3-61}$$

根据试验结果分析可知，在截面面积和截面高度相等的情况下，圆端形桥墩的抗剪性能与矩形桥墩的抗剪性能基本相同，因此本公式不仅适用于矩形桥墩，也适用于圆端形桥墩。

表 3.3-3　回归分析数据

桥墩名称	V	V_c	V_s	k	λ
D1	382.33	90.27	49.15	2.742 2	1.5
C2	285.41	173.01	100.40	1.043 9	2
C3	387.55	103.96	180.53	1.362 2	2
E1	319.06	173.01	94.63	1.192 1	2
E2	344.76	159.35	86.76	1.400 8	2
F1	593.28	277.53	134.61	1.439 5	2
F2	291.79	98.01	78.63	1.651 9	2
G2	786.16	152.11	383.75	1.467 1	2
D4	249.08	173.01	102.66	0.903 5	2.3
Zhou_et_al__1985__No__1007	29.39	0.30	4.34	6.333 2	1
Zhou_et_al__1985__No__1309	23.65	0.66	9.88	2.243 1	1
Zhou_et_al__1985__No__806	22.80	1.01	14.84	1.438 9	1
Amitsu_et_al__1991__CB060C	404.48	61.70	333.35	1.023 9	1.16
Ono_et_al__1989__CA025C	103.98	10.28	96.82	0.970 9	1.5
Ono_et_al__1989__CA060C	107.02	24.22	108.08	0.809 0	1.5
Ohue_et_al__1985__2D16RS	81.10	9.93	102.23	0.723 1	2
Ohue_et_al__1985__4D13RS	88.47	10.24	103.98	0.774 6	2
Xiao_and_Martirossyan_1998__HC4_8L16_T6_0_1P	215.96	16.73	138.34	1.392 6	2
Xiao_and_Martirossyan_1998__HC4_8L16_T6_0_2P	250.69	26.73	221.52	1.009 8	2
Wight_and_Sozen_1973__No__25_033_West_	80.42	8.63	90.81	0.808 7	2.87
Wight_and_Sozen_1973__No__40_033a_East_	94.99	10.82	108.05	0.799 1	2.87
Wight_and_Sozen_1973__No__40_033a_West_	83.29	10.75	108.05	0.701 1	2.87
Wight_and_Sozen_1973__No__40_033_East_	75.38	8.23	86.50	0.795 8	2.87
Wight_and_Sozen_1973__No__40_033_West_	80.14	10.26	107.94	0.678 0	2.87
Wight_and_Sozen_1973__No__40_048_East_	99.48	8.17	121.37	0.767 9	2.87
Wight_and_Sozen_1973__No__40_048_West_	77.97	7.23	107.38	0.680 3	2.87
Wight_and_Sozen_1973__No__40_067_East_	92.32	7.46	144.33	0.608 2	2.87
Wight_and_Sozen_1973__No__40_067_West_	88.46	7.44	144.08	0.583 8	2.87
Wight_and_Sozen_1973__No__40_092_East_	115.89	8.20	196.39	0.566 5	2.87
Wight_and_Sozen_1973__No__40_092_West_	106.35	8.48	103.21	0.952 1	2.87
Lynn_et_al__1996__2SLH18	183.20	109.06	98.14	0.884 1	3.22
Lynn_et_al__1996__3SMD12	293.60	151.75	231.29	0.766 5	3.22
Lynn_et_al__1998__2CLH18	192.62	78.18	184.52	0.733 2	3.22
Lynn_et_al__1998__2CMH18	244.00	155.58	198.14	0.689 8	3.22
Sezen_and_Moehle_No__1	242.02	89.43	208.60	0.812 1	3.22
Sezen_and_Moehle_No__2	240.79	118.71	297.89	0.578 0	3.22
Sezen_and_Moehle_No__4	235.66	175.03	273.00	0.526 0	3.22

3.3.2.3　计算方法的准确性验证

　　本书根据上述基本原理，使用 Matlab 编写了程序对钢筋混凝土桥墩抗剪能力进行计算。本节选取太平洋地震工程中心 Column Database 上 20 个矩形截面钢筋混凝土桥墩，计算了其抗剪能力，并与试验数据进行对比。由于数据较多，仅选取 3 组桥墩数据结果进行对比，结果如图 3.3-14 ~ 图 3.3-16 所示。

　　利用本书提出的抗剪能力计算方法得到的桥墩抗剪能力曲线能够很好地反映桥墩的实际抗剪特性。尤其是在桥墩破坏后期，计算模型的结果与桥墩的力－位移曲线的下降段吻合度较高，能够反映加载后期的破坏过程中桥墩的抗剪能力的变化规律。与既有抗剪计算公式的对比也表明，该方法计算结果更为准确，同时对于加载后期桥墩的抗剪能力的变化规律也能更好地反映。

　　通过与 20 个参数分布广泛的桥墩试验数据进行对比，验证了本书所提出的计算模型能够准确计算桥墩的抗剪能力随着桥墩位移延性的变化规律。相比既有计算公式，计算原理更为合理，且计算结果更为准确。

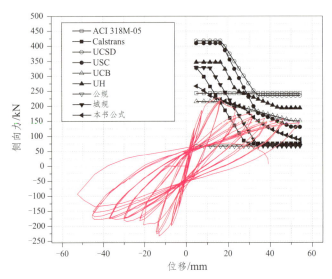

图 3.3-14　Lynn计算结果与试验结果的对比

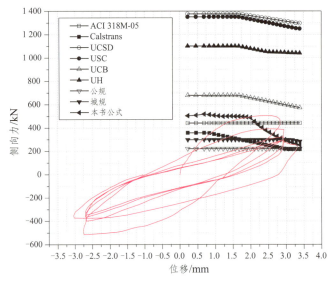

图 3.3-15　Amitsu计算结果与试验结果的对比

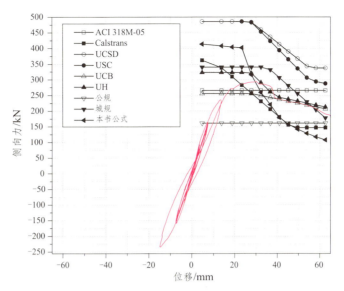

图 3.3-16　Sezen计算结果与试验结果的对比

3.4　中低桥墩塑性铰区抗剪设计方法

3.4.1　剪切破坏机理

对桥墩试件的箍筋应变值进行分析，得到了桥墩剪切破坏机理。通过分析发生弯剪破坏桥墩的箍筋应变值，得到了试验桥墩的总剪力以及各部分抗剪承载力随延性系数的变化规律图（以 D1 为例，参见图 3.2-27），对桥墩剪切破坏的机理进行了分析。

在加载至屈服位移之前，箍筋提供的抗剪能力很小，抗剪能力主要由混凝土提供；当加载至屈服位移之后，随着裂缝的开展，箍筋提供的抗剪能力逐渐增加，混凝土提供的抗剪能力逐渐减少；当箍筋屈服后，其对核心混凝土的约束作用迅速减弱，导致桥墩迅速破坏。

3.4.2　抗剪指标分析

钢筋混凝土铁路桥墩的抗剪性能受多种参数的影响，其中最重要的 4 个参数为纵向配筋率、配箍率、剪跨比和轴压比。根据试验和计算模拟及理论分析，可以得出以下结论：

（1）纵向配筋率对名义抗剪强度有显著的正向相关关系，随纵筋率提高，名义抗剪强度呈线性增加。

（2）剪跨比对名义抗剪强度呈负向影响，随剪跨比增加名义抗剪强度下降，两者呈倒数关系。从变剪跨比组试验结果可以看出：剪跨比为 1.5、2.0、2.3 的试件，位移延性较小，呈现明显的弯剪破坏；剪跨比为 2.5 的试件，剪切斜裂缝仍很明显；剪跨比为 3.0 的试件，呈现明显的弯曲破坏。《公路桥梁抗震设计细则》规定，剪跨比小于 2.5 的桥墩可只考虑进行强度验算。因此出于安全考虑，本书建议对于剪跨比小于 3.0 的桥墩，按规范相关规定进行强度验算。

（3）轴压比对名义抗剪强度的影响总体上先上升后下降，但铁路桥墩实际轴压比变化范围较小，在合理范围内对名义抗剪强度的影响仍然是显著的正向相关关系，但提高不明显，且延性能力会降低。

（4）配箍率对名义抗剪强度的影响呈正向相关关系，随配箍率增加，名义抗剪强度提高。当配箍率超过一定值后，试件将变为弯曲破坏，最大侧向承载力基本不变。

（5）宽高比对桥墩抗剪性能影响不大，在进行抗剪计算分析时可不考虑宽高比的影响。在截面面积和截面高度相等的情况下，可采用矩形截面桥墩代替圆端形截面桥墩进行抗剪计算分析。

3.4.3　抗剪能力计算方法

我国现行的《铁路工程抗震设计规范》中还没有对桥墩延性阶段进行抗剪验算的相关规定。而《公路桥梁抗震设计细则》则是借鉴《美国加州抗震设计准则》的抗剪强度计算公式，并对其进行了简化，使其不再考虑桥墩塑性区混凝土抗剪强度随延性增加而降低的现象。《城市桥梁抗震设计规范》则采用美国 AASHTO *Guide Specifications for LRFD Seismic Bridge Design* 中的抗剪强度计算公式进行桥墩抗剪设计。后两者虽然给出了公式，但是对其适用性缺乏合理的评价。

结合国内外研究现状，以铁路桥墩为背景，通过对混凝土受剪机理和破坏的分析研究，基于截面分析理论，得出铁路混凝土桥墩抗剪能力公式，该公式主要包括 3 部分内容：混凝土提供的抗剪能力、箍筋提供的抗剪能力，以及剪跨比的影响系数。

对于混凝土提供的抗剪能力，通过对临界截面进行截面分析，确定了临界截面上混凝土应力的分布情况，并在分别考虑混凝土单元可能发生抗压和抗拉破坏形式的基础上，给出混凝土单元能够承受的最大剪应力，再对其进行截面积分，即可计算出临界截面能够承受的剪力，继而得到了混凝土提供的抗剪能力的计算方法。

对于箍筋提供的抗剪能力，在分析既有桥墩抗剪能力计算公式的基础上，认为能够提供抗剪能力的钢筋是平行于侧向力的箍筋，箍筋提供的抗剪能力与箍筋的截面面积成正比，且与箍筋强度、箍筋间距有关。假定斜裂缝与桥墩轴线的夹角取 30°。为考虑箍筋的外鼓和拉断，对其引入折减系数 K_s，从而得出了箍筋提供的抗剪能力的计算方法。

以该铁路桥墩为背景，基于截面分析理论，得出铁路桥墩塑性铰区抗剪能力计算方法，具体如下：

$$V = k(V_c + V_s) \tag{3.4-1}$$

式中　V_c——混凝土提供的抗剪能力；

　　　V_s——箍筋提供的抗剪能力；

　　　k——剪跨比影响系数。

$$k = \frac{1}{0.439\,2\lambda + 0.083\,4} \quad (1 \leqslant \lambda \leqslant 3) \tag{3.4-2}$$

$$V_c = b_w \int \min\left(\sqrt{f_{cc}(f_{cc} - \sigma)}, \sqrt{f_t(f_t + \sigma)}\right) \mathrm{d}z \tag{3.4-3}$$

$$V_s = K_s \rho_p b_w d f_y \cot 30° \tag{3.4-4}$$

通过对既有试验数据进行计算分析，结果表明本研究所提公式计算值与试验值比值的均值为 1.000 9，方差为 0.087 1，公式计算结果离散性较低，验证了本研究所提公式的准确性和可靠性，为我国铁路钢筋混凝土桥墩塑性铰区抗剪能力计算提供了有效的方法。

本试验变宽高比组研究结果表明，宽高比对桥墩抗剪性能影响不大，因此在采用上述公式进行抗剪计算分析时可不考虑宽高比的影响。

铁路混凝土桥梁高墩延性性能试验研究

4.1 概　述

4.1.1 铁路高墩抗震特点

空心高墩相比实体墩有节省材料、减轻结构自重及减小地震惯性力等优点，在桥梁结构中得到广泛应用。我国中西部多属山区、丘陵地带，其主要特征是地势高、地表高差大，铁路线路桥梁比重高，高桥墩多，这类铁路桥梁多穿越地震频发区和高烈度地震区。

铁路空心墩壁厚比、剪跨比和薄壁的宽厚比是影响其抗震能力的主要几何因素。几何非线性和高阶振型是桥墩抗震设计需要考虑的主要因素。随着桥墩的不断增高，结构越来越柔，桥墩高阶振型参与系数越来越大，几何非线性和高阶振型已不可忽略。由于高桥墩结构存在显著的几何非线性效应，按通常线弹性方法计算其结构承载力将会带来很大的误差。同时，随着墩高的增加，地震激发高阶振型逐渐增多。设计中如何考虑非线性和高阶振型的影响，是铁路桥梁抗震中的重要研究课题。进行正确有效的高墩抗震设计，解决高墩抗震性能问题，有利于提高桥墩的抗震能力，完善桥梁设计理论。

对于高墩桥梁的抗震设计，国内外的规范都有很大局限性。美国 Caltrans、AASHTO 规范以及我国的《公路桥梁抗震设计细则》，均只给出了适用于墩高在 40 m 以下的规则桥梁的设计方法，《铁路工程抗震设计规范》虽未明确规定墩高的适用范围，但其简化公式中未考虑几何非线性因素影响，给高墩桥梁抗震设计造成一定障碍，为结构寿命安全带来震害隐患。

4.1.2 铁路高墩抗震研究现状

高墩桥梁的抗震研究取得了一定进展，小震阶段的弹性抗震设计问题已基本解决，但强震下抗震设计的关键问题由于研究不够深入仍没有得到解决。高墩桥梁由于其墩身质量大、结构周期长、桥墩自身的惯性力和高阶振型的贡献不可忽略，结构的动力特性相对一般的低墩桥梁更加复杂。对于强震作用下的某些高墩桥梁，可能产生较大墩顶位移，从而引起梁体碰撞、落梁。

桥墩抗震性能的主要指标是强度和延性。以往的研究表明，在震区桥墩全寿命周期内，遭遇更多的是多遇地震或设计地震，而遭遇罕遇地震的可能性非常小，因此，罕遇地震下强调保持桥墩弹性状态的强度设计方法，既不经济也不合理。此时，延性设计方法便可以更好地满足桥墩的抗震性能需求。桥墩延性抗震设计的实质就是要求塑性铰区能够提供足够的延性能力。

试验模拟作为桥墩抗震研究的一种方法，得益于经济条件的改善和工业制造水平的提高，一大批高水平的试验基地（或平台）陆续建成，为进行大量的桥墩模型试验提供了先决条件。在早期的试验研究中，重点在于探讨钢筋混凝土桥墩的滞回特性、破坏模式以及影响延性的各种因素；近期的研究重点则放在验证规范规定的合理性、既有混凝土结构抗震性能评估以及双向地震荷载作用对桥墩抗震性能的影响方面。

国内外文献可见的有限个矩形空心墩抗震试验数据，研究参数涉及配筋率、配箍率、轴压比、剪跨比、壁厚比和薄壁宽厚比等。总体而言，对高墩抗震能力的研究较少，空心墩的研究仍需加强。从已有研究成果可以看出，国内外学者对于高墩桥梁抗震设计的研究无论是设计理论还是设计方法，均缺乏成熟的理论基础，因此高墩桥梁是国内外桥梁抗震设计规范的盲区。现有的抗震规范一般是基于低墩规则桥梁，既有规范分析桥墩位移延性能力的方法主要是基于截面的弯矩 – 曲率分析和静力推倒分析方法，不能考虑高阶振型对桥墩位移延性能力的影响。现有规范中，对于桥墩的设计和抗震验算，均将其等效为单自由度体系或者单一振型为主的多自由度体系，这对高墩桥梁已不再适用。

我国《铁路工程抗震设计规范》（GB 50111—2006）在规条 3.0.1A 中将墩高大于等于 40 m 的桥梁划分为 B 类铁路工程，在罕遇地震下需进行专门非线性时程分析。在规条 7.2.3 给出反应谱曲线时指出其仅适用于结构自振周期小于 2 s，且阻尼比为 0.05 的结构。而高墩桥梁很可能不符合上述条件，需另行研究。规范在 2009 年进行局部修订时，对墩高大于等于 40 m 的桥梁考虑到结构的重要性及修复难度，对其抗震设计标准进行适度提高，由 2006 版规范的 1.4 提高为 1.5；对于客货共线铁路中墩高大于 30 m、小于 40 m 的桥梁，考虑其修复困难，对其抗震设计标准进行适度提高，重要性系数由 2006 版规范的 1.0 提高到 1.1。从上述规定可以看出，对高墩桥梁需进行更为妥善的抗震设计，规范仅适用于跨度小于 150 m 的钢梁及跨度小于 120 m 的铁路钢筋混凝土和预应力混凝土等梁式桥，没有明确指出墩高的适用范围。对于特殊桥墩，要求采用非线性时程分析方法进行下部结构分析。

国内外的桥梁抗震设计规范的方法大多只适用于实体墩，空心墩的抗震设计目前尚无明确的规范可寻，一般都是参考现行规范中实体墩的相关设计方法，这种做法具有一定的盲目性和随意性。目前各国学者对桥墩的抗震性能和延性抗震所进行的大量试验主要集中于中、低墩，对高墩的抗震试验尚不充分，我国现行的铁路工程抗震设计规范缺乏适用于高墩桥梁的抗震设计方法。

4.1.3　高墩延性性能的研究路径

开展铁路高墩桥梁的拟静力试验研究，以桥墩为研究对象，主要通过研究高墩梁桥的地震响应规律，提出合理的高墩延性抗震设计参数。除拟静力试验外，还进行地震模拟振动台试验，可以较好地重现地震时程响应，能够认识桥梁震害损伤机理、评估桥梁的抗震性能、发展抗震设计理论。

为了探明铁路空心高墩的延性抗震性能，结合我国高烈度区铁路桥梁空心墩的工程实际，以在建铁路为工程背景，选取代表性桥墩的设计参数，以轴压比、配箍率为参数，设计制作了 5 个拟静力试验模型，研究铁路圆端形空心墩的破坏模式、损伤机理、抗震延性性能。结合已有文献成果，发展适合铁路空心桥墩的抗震设计方法（抗震性能指标、等效塑性铰长度公式、有效刚度公式、塑性铰区约束箍筋设计用量公式等），同时以配箍率为参数设计制作了 3 个振动台试验模型，分析振动台模型的开裂模式和损伤机理。

针对高墩桥梁结构进行系统深入的拟静力和振动台的抗震试验，不仅可以研究高墩桥梁在强震下的破坏模式、滞回耗能特性、抗力及延性性能，还可以研究高阶振型对桥梁高墩的地震响应和位移延性能力的影响、近断层效应对高墩地震响应的影响规律。通过研究高墩在罕遇地震荷载作用下进入塑性的部位与桥墩结构参数、地震荷载特性间的关系，验证既有高墩梁桥抗震设计的合理性和安全性，提出合理的高墩延性抗震设计参数，完善桥墩抗震设计理论和方法。开展此项工作，对于提升空心桥墩的抗震性能和丰富我国铁路高墩桥梁的抗震设计方法研究具有重要意义。

4.2 高墩延性抗震试验方案

为研究地震区铁路圆端形空心墩的延性抗震性能，运用拟静力试验和振动台试验分别研究。

针对拟静力试验，制作 5 个 1 : 6 缩尺模型，进行了低周往复加载试验，分析圆端形空心墩的损伤行为和塑性铰演化机理，探讨不同设计参数桥墩的滞回性能、位移延性、强度 / 刚度及等效阻尼比等。结合损伤状态，基于位移延性对圆端形空心墩抗震性能目标进行量化，并通过回归分析建立强度 / 刚度退化与圆端形空心墩性能目标的联系，得出基于试验数据的等效阻尼比公式。为了配合拟静力试验，以配箍率为参数，设计制作了 3 个 1 : 6 桥墩模型，通过振动台试验了解圆端形空心墩的地震行为和损伤机理，分析不同配箍率桥墩的地震非线性灾变行为的影响规律，结合动力特性、混凝土和钢筋应变、加速度观测等因素研究桥墩的地震响应规律，结合试验结果，探讨空心墩的抗震构造设计。

4.2.1 模型设计

选取简支梁桥墩高 30 ~ 45 m 范围内的代表性桥墩为原型。桥墩设计具体参数及构造图如表 4.2-1 和图 4.2-1 所示。在进行模型设计时，将桥墩墩底固结，并考虑墩顶质量的影响。

表 4.2-1 原型铁路空心高墩设计参数

墩高 H/m	t/cm	D/cm	B/cm	纵筋面积 /cm²	配筋率 /%	配箍率 /%
30	62	487	180	1 088	1.032	0.740
35	68	512	180	1 088	0.917	0.677
40	88	557	180	1 135	0.704	0.550
45	93	582	180	1 183	0.669	0.705

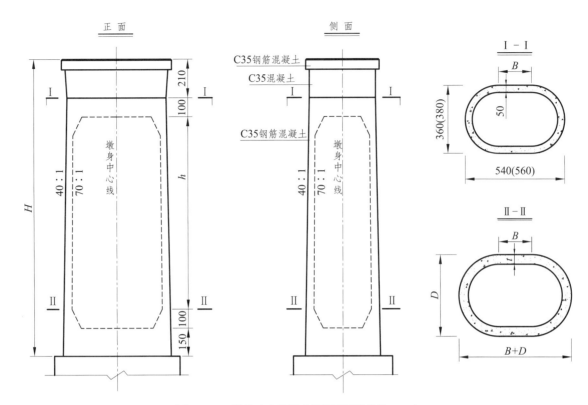

图 4.2-1　铁路空心高墩立面及截面(单位：cm)

拟静力试验模型原型墩高为 30 m，根据相似比理论，取 1 ：6 进行缩尺模型设计。模型墩高为 5 m，空心墩身为变截面，外壁坡度为 40 ：1，内壁 70 ：1，墩底倒角处壁厚 11.3 cm，墩顶倒角处壁厚 7.4 cm，所有模型的混凝土强度等级为 C35，纵筋采用直径 12 mm 的 HRB400 带肋钢筋，箍筋为直径 6 mm 的 HPB300 光圆钢筋。模型设计时，着重考虑配箍率和轴压比对于铁路圆端形空心墩抗震性能的影响。另外，考虑到缩尺后墩身性能的对称性和配筋的可实施性，缩尺模型的配筋率与原型桥墩略有差异。综上，进行拟静力试验研究的桥墩模型参数如表 4.2-2 所示。缩尺桥墩模型设计如图 4.2-2 所示。

表 4.2-2　桥墩拟静力试验缩尺模型参数

模型编号	墩高 /m	剪跨比	墩底截面尺寸 /(m×m)	墩颈截面尺寸 /(m×m)	配筋率 /%	配箍率 /%	轴压比
SA-1	5.0	6.06	0.825×1.125	0.6×0.9	0.906	0.325	0.10
SA-2	5.0	6.06	0.825×1.125	0.6×0.9	0.906	0.91	0.10
SA-3	5.0	6.06	0.825×1.125	0.6×0.9	0.906	1.51	0.10
SB-1	5.0	6.06	0.825×1.125	0.6×0.9	0.906	0.91	0.20
SB-2	5.0	6.06	0.825×1.125	0.6×0.9	0.906	0.91	0.15

为了验证拟静力试验结果的合理性，以配箍率为参数，以 40 m 单线铁路空心墩为原型，设计制作了 3 个 1：6 的圆端形桥墩模型，模型高度 6.67 m。试件尺寸是试验模型设计的首要环节，直接影响到后面的试验设计。在地震模拟振动台加载能力范围内，在满足试验目的的前提下尽量取较大的尺寸，以力求接近原型。同时，桥墩模型的材料与原桥墩一样，以保证 SE = 1。缩尺桥墩模型设计如图 4.2-3 所示，桥墩模型参数如表 4.2-3 所示。

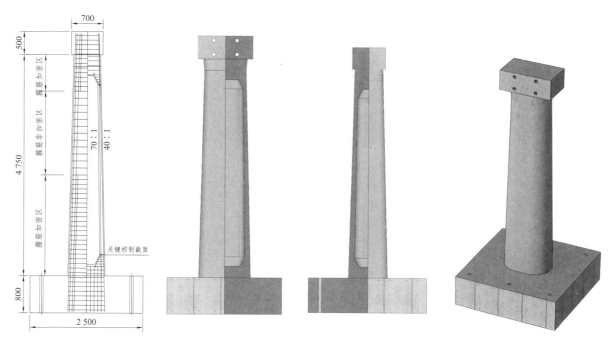

图 4.2-2 拟静力试验桥墩缩尺模型（单位：mm）

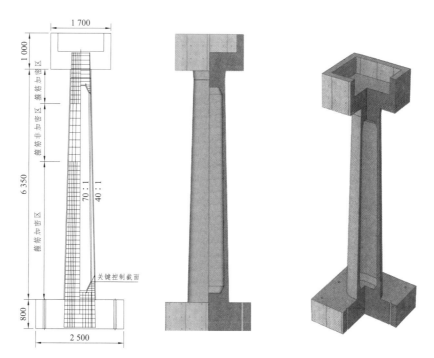

图 4.2-3 振动台试验桥墩缩尺模型（单位：mm）

表 4.2-3 桥墩振动台试验模型参数

模型编号	墩高 /m	剪跨比	墩底尺寸 /(m×m)	墩颈截面尺寸 /(m×m)	纵筋率 /%	配箍率 /%	墩顶压重 /t
DB-1	6.67	7.37	0.905×1.205	0.6×0.9	0.602	0.27	16.7
DB-2	6.67	7.37	0.938×1.238	0.6×0.9	0.602	0.63	16.7
DB-3	6.67	7.37	0.938×1.238	0.6×0.9	0.602	1.268	16.7

　　考虑到桥墩缩尺后的壁厚在试验过程中难以承受包括自重、地震荷载等引起的应力，经过精细化有限元分析，发现在未达到墩身承载力极限状态之前，的确存在局部混凝土提前压溃的风险，同时也存在质量挂架竖向振型的影响。为此，将墩身质量降低为足额配重的1/2，即配重质量为墩身质量的2倍。同时为保证桥墩高阶振型不受影响，配重块质量根据墩身相应部位的缩尺计算得到，如图4.2-4所示。对模型本身及配重采取保护措施，以保证试验过程中人员的安全及设备的完好。根据振动台试验的特点，采用非接触式支架设计，支架尺寸根据桥墩模型尺寸和振动台基坑大小确定。综合考虑安全、经济和方便施工等原则，采用贝雷桁架拼装保护支架，如图4.2-5所示。

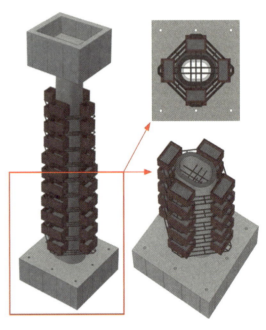

图 4.2-4　墩身配重实施

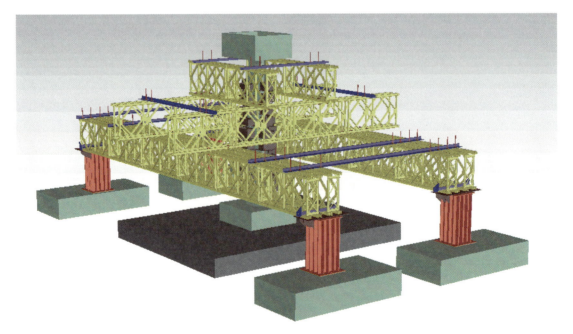

图 4.2-5　保护支架立体效果

4.2.2 加载系统和加载制度

4.2.2.1 拟静力试验

试验采取拟静力加载设备进行，试验装置包括加载控制系统、数据采集系统、100 t电液伺服高性能作动器、反力架等。竖向荷载通过单向液压作动器施加在模型顶部，液压作动器安装滚动支座用来保证作动器随模型水平移动，水平荷载用MTS拟静力试验机施加，加载装置如图4.2-6所示。

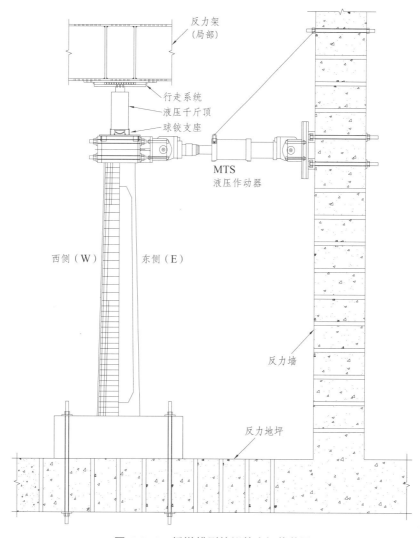

图 4.2-6 桥墩模型的拟静力加载装置

试验的加载进程由试验人员控制，可以在试验过程中进行细致的变形、应变及裂缝的量测。加载历程可分为3个阶段：开裂前、屈服前、屈服后。其中，墩底截面开裂前的位移水平按弹性理论计算，屈服前的位移水平包括2个开裂到纵筋首次屈服的位移水平和1个近似于纵筋首次屈服的位移水平（Δ_y），屈服后的位移水平按理论屈服位移的倍数确定。位移模式均采用三角波加载，在$1\Delta_y$位移水平前（包括$1\Delta_y$），加载速率设定为1 mm/s；在$1\Delta_y$位移水平后，加载速率设定为3 mm/s。在每一位移水平上，反复循环加载3次，直至模型抗力下降至最大抗力的85%时，定义为模型破坏，终止试验。加载波形为三角波，加载波形变化如图4.2-7所示。

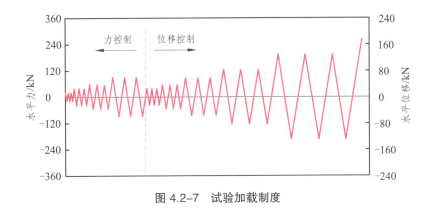

图 4.2-7　试验加载制度

试验流程如下：

（1）加载之前，在试件表面用白石灰打底，待风干后用红色记号笔在墩身上打 10 cm×10 cm 的网格，以便确定裂缝开展及塑性铰开展位置。

（2）开启应变采集系统，采集空载时钢筋应变值，按设计轴力施加模型轴向力，控制力精度为 1 kN，加载完成后再次采集钢筋应变值。

（3）开启作动器控制系统，进入墩顶位移加载模式，屈服前采用力控制模式，加载速度为 5.0 kN/s；屈服后以 3 mm/s 的速率加载至指定位移等级，然后暂停加载，记录数据、观察裂纹发展、绘制裂缝趋势图及墩身损伤图并拍照。

（4）以 3 mm/s 的速率反向加载，达到峰值后暂停加载，记录数据、观察裂纹发展、绘制裂缝趋势图及墩身损伤图并拍照。

（5）以 3 mm/s 的速率卸载至 0 位置，完成首次循环加载；然后以相同的方式完成第 2 次循环及第 3 次循环加载。

（6）调整位移峰值，重复第（3）~（5）步的操作，进行下一位移水平循环加载。

如此按设定的位移进行循环，直至桥墩模型破坏。加载现场如图 4.2-8 所示。

图 4.2-8　试验加载现场

4.2.2.2　振动台试验

地震模拟振动台双台阵系统由 8 m×10 m 主台和 3 m×6 m 副台组成，其主要参数如表 4.2-4 所示。

表 4.2-4　实验室振动台性能参数

性能参数	性能指标
台面尺寸	8 m×10 m
台面最大负载	160 t
控制自由度	6 自由度
额定行程	800 mm
额定速度	水平 1.2 m/s，竖向 1.0 m/s
额定加速度	水平 1.2g，竖向 1.0g
工作频率范围	0.1 ~ 50 Hz
额定抗倾覆力矩	6 000 kN·m

振动台试验工况设计包括主要试验阶段、地震激励选择、地震激励输入顺序等内容。振动台试验一般根据试验考察目的，抗震规范、规程等的要求，划分为设防烈度相应的多遇地震、基本烈度地震、罕遇地震等几个主要试验阶段。在制定试验工况时，考虑了以下内容：

在地震激励开始阶段和弹性极限状态时，以白噪声扫频获得结构自振频率、阻尼比、振型等动力特性，振动台工况如表 4.2-5 所示。

构件模型的每条地震波 PGA 水平依次为 0.05g、0.1g、0.15g、0.2g、0.25g、0.3g、0.35g、0.4g···，直至构件发生破坏，达到等效屈服点左右，振动台停止加载过程。

以地震危险性分析得到基岩加速度反应谱作为目标谱，选择桥址基岩场地地震动参数，50 年超越概率分别为 63%、10%、2% 和 100 年超越概率分别为 63%、10%、2% 的水平，得到场地基岩地震加速度放大系数反应谱或基岩设计加速度反应谱（阻尼比为 5%）。并根据桥墩地震模拟振动台试验的需要，对桥址场安评地震波进行基线修正。

表 4.2-5 振动台试验加载工况（g）

序号	桥墩编号	地震水准	规范	缩尺换算	设定值	实测值
1		白噪声			0.05	
2		7度多遇	0.05	0.1	0.1	
3		8度多遇1	0.07	0.14	0.15	0.155
4		8度多遇2	0.1	0.2	0.2	0.189
5		9度多遇	0.14	0.28	0.3	0.291
6	DB-1	7度设计2	0.15	0.3	0.3	0.291
7		8度设计1	0.2	0.4	0.4	0.386
8		8度设计2	0.3	0.6	0.6	0.627
9		7度罕遇2	0.32	0.64	0.65	0.639
10		8度罕遇	0.38	0.76	0.75	0.74
11		9度设计	0.4	0.8	0.8	0.8
12		白噪声			0.05	
1		白噪声			0.05	
2		7度多遇	0.05	0.1	0.1	0.118
3		8度多遇1	0.07	0.14	0.15	0.153
4		8度多遇2	0.1	0.2	0.2	0.222
5		9度多遇	0.14	0.28	0.3	0.325
6	DB-2	7度设计2	0.15	0.3	0.3	0.325
7		8度设计1	0.2	0.4	0.4	0.453
8		8度设计2	0.3	0.6	0.6	0.63
9		7度罕遇2	0.32	0.64	0.65	0.688
10		8度罕遇	0.38	0.76	0.75	0.807
11		9度设计	0.4	0.8	0.8	0.83
12		白噪声			0.05	
1		白噪声			0.05	
2		7度多遇	0.05	0.1	0.1	0.117
3		8度多遇1	0.07	0.14	0.15	0.162
4		8度多遇2	0.1	0.2	0.2	0.214
5		9度多遇	0.14	0.28	0.3	0.293
6		7度设计2	0.15	0.3	0.3	0.293
7	DB-3	8度设计1	0.2	0.4	0.4	0.374
8		8度设计2	0.3	0.6	0.6	0.584
9		7度罕遇2	0.32	0.64	0.65	0.627
10		8度罕遇	0.38	0.76	0.75	0.721
11		9度设计	0.4	0.8	0.8	0.816
12		超烈度		0.9	0.9	0.909
13		白噪声			0.05	

4.2.3 测试方案

4.2.3.1 拟静力试验

传感器截面及墩身布置如图 4.2-9 ~ 4.2.10 所示。为量测试验过程中桥墩模型的墩身抗力、弯曲变形、曲率、钢筋及混凝土的力学行为，布置各类传感器和应变计：

（1）试验选用传感器类型：激光位移传感器、混凝土应变片、钢筋应变片。

（2）按预期试验结果布置传感器。在预期给出模型宏观反应沿高度的分布时，传感器应沿模型高度均匀布置，且平面布置位置应基本一致。

（3）在预期给出模型关键构件的反应时，传感器宜在局部进行布置，如在塑性铰区混凝土表面布置大量混凝土应变片，以测试混凝土应变，在此区域纵向钢筋、箍筋、拉筋上布置钢筋应变片，以测试各种钢筋的应变情况，通过箍筋、拉筋的应变信息分析塑性铰区约束混凝土效应。

（4）墩顶水平位移和荷载的记录采用作动器上的位移传感器。

（5）承台两端分别布置测量上下位移和水平位移的传感器，用来对桥墩试验结果修正。

（6）为了得到桥墩墩底滑移及截面曲率特性，在桥墩两侧塑性铰区域内，沿墩高布置 6 组 IL600 激光位移传感器。

（7）在试件平行于加载方向的侧面的塑性区域内，布置 3 组激光位移传感器，测量桥墩剪切变形量。

（8）在试件墩底最外侧及计算塑性铰区域高度范围内部钢筋安装应变计，以了解试件模型纵筋是否屈服、试件钢筋首次屈服以及墩身塑性区分布。

（9）在桥墩两个加载面上沿塑性铰高度布置应变计，在加载面侧面布置应变花，捕捉混凝土开裂前的应变变化规律。

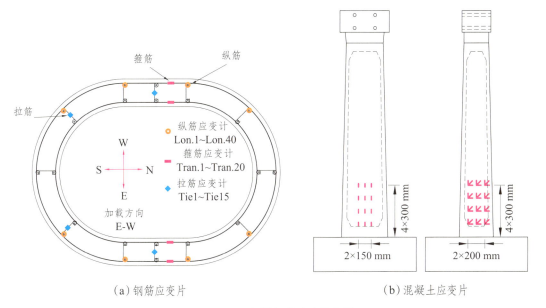

（a）钢筋应变片　　　　　　　　（b）混凝土应变片

图 4.2-9　桥墩钢筋应变片布置

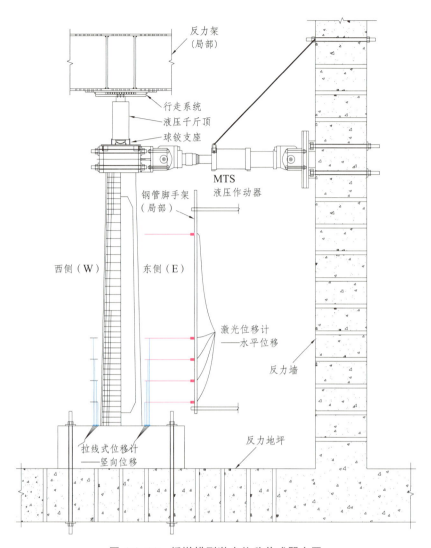

反力架
（局部）

行走系统

液压千斤顶

球铰支座

MTS
液压作动器

钢管脚手架
（局部）

西侧（W）　　东侧（E）

激光位移计
——水平位移

反力墙

拉线式位移计
——竖向位移

反力地坪

图 4.2-10　桥墩模型激光位移传感器布置

试验中采用 MTS Areopro 数据采集系统记录试验过程中桥墩位移、混凝土应变、钢筋应变等数据。

4.2.3.2　振动台试验

在模型结构上布置一定数量的传感器，以获得振动台试验反应数据。传感器的布置原则应考虑：

（1）从宏观上把握墩身的加速度响应规律，在墩顶中心处、台面上、墩身按照一定规律布置一定数量加速度传感器，用以监测振动台台面的输出。墩身传感器布置如图 4.2-11 所示。

（2）按测试需要布置应变传感器。为了研究潜在塑性铰区混凝土及钢筋的应力、应变情况，根据精细化有限元分析结果，在此区域及墩身中上部区域最不利纵向钢筋、箍筋和拉筋上布置应变片，监测地震荷载下该部分钢筋的应力、应变情况，同时在塑性铰区弯曲破坏和剪切破坏区的混凝土表面分别布置应变片，测试试验过程中混凝土的应变情况。应变片布置如图 4.2-12 所示。

（3）为了把握地震下墩身的变形，沿墩高对应墩顶、配重铁盒、承台、台面垂直向分别布置高精度激光位移传感器，激光位移传感器固定在防倒塌支架上，用以监测试验过程中的墩身变形，台面竖向激光位移传感器则用于测试台面的竖向位移情况。在承台对角处，分别布置差动式位移传感器，以测量试验过程中承台可能发生相对台面的转动和位移。台面相对基础的水平位移则通过两个连接基础和台面的拉线式位移传感器进行测量。

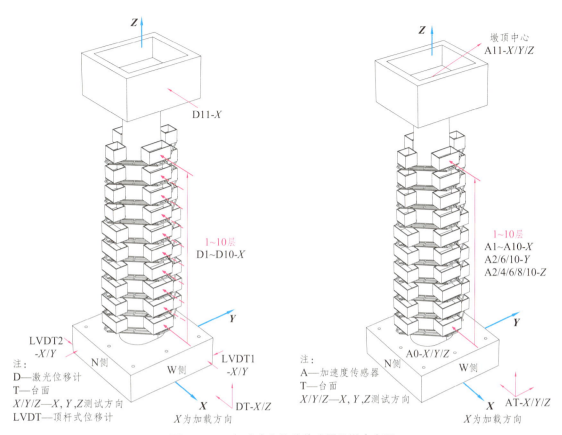

图 4.2-11　加速度和位移传感器沿墩高布置

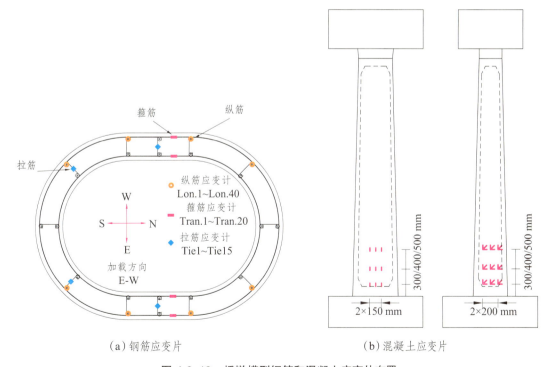

（a）钢筋应变片　　　　　　　　（b）混凝土应变片

图 4.2-12　桥墩模型钢筋和混凝土应变片布置

桥墩模型需要的测试传感器的数量如表 4.2-6 所示。试验中直接测得的响应包括由加速度传感器测得的底座处加速度、墩顶加速度和梁体加速度以及由激光位移传感器测得的墩顶位移和梁体位移等，由以上加速度响应和位移响应可间接计算得到支座剪力、支座位移等响应。

表 4.2-6　模型传感器布置数量（个）

模型	纵筋应变片	箍筋应变片	拉筋应变片	混凝土应变片	位移传感器	加速度传感器	合计
DB-1							
DB-2	40	40	18	30	20	24	172
DB-3							

4.3　试验现象描述

4.3.1　拟静力模型的试验现象

根据试验结果和现象判断 5 个试件都发生了弯曲破坏，均经历了混凝土开裂、钢筋屈服、混凝土保护层初始剥落、混凝土保护层大面积剥落和纵筋的屈曲或断裂等过程，并按预期形成了塑性铰。由于 5 个试件的试验现象和过程发展趋势基本类似，在此仅列出较有代表性的 SA-3 墩在不同加载阶段的破坏历程及最终破坏形态，同时给出各试件的最终裂缝分布模式，以便对比分析。

4.3.1.1　桥墩破坏现象

SA-3 墩测点布置如图 4.3-1 所示，在力控制阶段，当水平荷载为 120 kN 时，桥墩正面受拉时在距墩底 27 cm、42 cm 及 127 cm 处出现 3 条弯曲裂缝，而反面受拉时在截面高度 30 cm 出现一条短裂缝。

图 4.3-1　水平荷载120 kN作用下SA-3墩身开裂情况（正面）

位移控制阶段，侧向位移为 29 mm 时，正面增加了一条裂缝，而在反面在距墩底高度 93 cm 和 110 cm 处新增水平弯曲裂缝。原有弯曲裂缝继续延伸，正面和反面裂缝有所增，如图 4.3-2 ~ 图 4.3-3 所示。

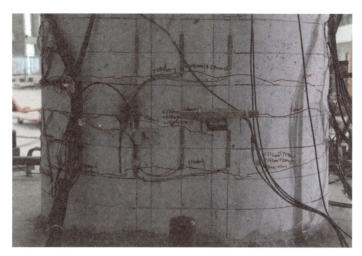

图 4.3-2　水平位移荷载29 mm下SA-3墩身开裂情况（正面）

图 4.3-3　水平位移荷载29 mm下SA-3墩身开裂情况（反面）

当位移为 58 mm 时，桥墩空心段的水平弯曲裂缝数量急剧增加，如图 4.3-4 ~ 图 4.3-5 所示。正反面均新增 8 条主裂缝及部分小裂缝；同时已有弯曲裂缝和新生成的部分裂缝开始延伸至侧面扩展为斜向裂缝，加载正面和背面部分斜裂缝开始相交，通过应变分析，截面最外层钢筋已屈服（屈服位移 43 mm）。

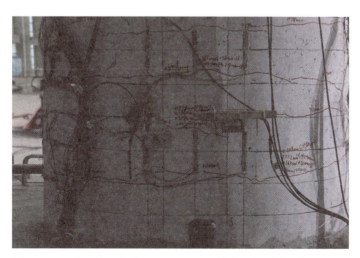

图 4.3-4　水平位移荷载58 mm下SA-3墩身局部裂缝分布（正面）

图 4.3-5　水平位移荷载58 mm反向加载SA-3墩身裂缝分布（反面）

位移为 87 mm 时，在桥墩正面的中上部新出现 3 条裂缝，如图 4.3-6 ～ 图 4.3-7 所示，而反面几乎没有新的弯曲裂缝产生，该位移水平的主要特征为已有弯曲裂缝宽度的增加，侧面斜向剪切裂缝继续延伸而形成网格状，尤其是墩底空心倒角处网格最密集，为弯矩、剪力和轴力共同作用的复杂受力区域，桥墩明显进入塑性状态。

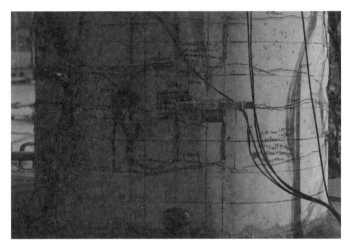

图 4.3-6　水平位移荷载87 mm下SA-3墩身局部裂缝分布（正面）

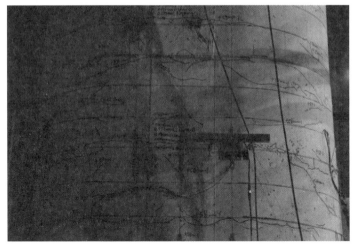

图 4.3-7　水平位移荷载87 mm下SA-3墩身局部裂缝分布（反面）

位移达到 116 mm 时，如图 4.3-8 所示，试件正面及背面仅有少量的裂缝产生，原有裂缝宽度继续扩大，尤其是墩底倒角附近裂缝宽度较大，裂缝处钢筋与混凝土滑移现象明显；桥墩上部新出现些许竖向裂缝，已有裂缝附近分出一些短小裂缝，受压侧混凝土出现"起皮"现象。

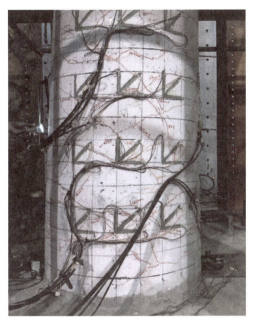

图 4.3-8　水平位移荷载116 mm下SA-3墩身侧向裂缝分布

当位移水平为 145 mm 时，桥墩模型几乎没有出现新的裂缝，主要损伤为裂缝宽度的扩大，使得斜裂缝穿过中性轴后仍有较大裂缝宽度，两侧裂缝相交形成更多的交叉，在原有裂缝基础上有竖向和斜向裂缝小分枝的出现，同时墩底塑性区已有少量混凝土骨料脱落；在 +145 mm 位移工况时，达到最大正向承载力 229.5 kN，在 - 145 mm 加载时达到反向最大承载力 - 268.2 kN，如图 4.3-9 所示。

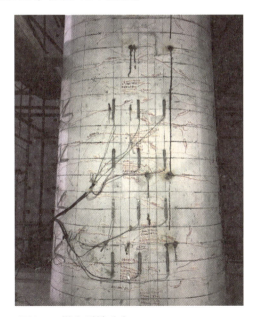

图 4.3-9　水平位移荷载145 mm下SA-3墩身裂缝分布

位移水平为 174 mm 时，反面和正面混凝土均发生了不同程度的局部剥落，箍筋和纵筋裸露出来，两侧承载力均略微下降，如图 4.3-10 所示。

图 4.3-10　水平位移荷载174 mm下SA-3墩身正反面裂缝分布

位移 203 mm 第 1 次加载时，正面和反面塑性区域均出现了大面积的混凝土压溃，纵筋则出现了屈曲，如图 4.3-11 所示，承载力出现大幅下降；位移 203 mm 第 2 次循环加载时，反面和正面混凝土保护层大面积剥落，核心区混凝土压溃，正面剥落情况最为严重，钢筋出现严重屈曲，受拉侧钢筋断裂，正向承载力下降至最大值的 67.8%，反向承载力下降至最大值的 27.9%，结束试验加载。试验过程中试件 SA-3 墩底倒角段附近混凝土压溃剥落和钢筋裸露屈曲。

图 4.3-11　桥墩SA-3混凝土剥落与纵筋屈曲

4.3.1.2　墩身裂缝分布性态

根据试验结果，将各桥墩试件加载过程中关键状态的裂缝分布图绘制如图 4.3-12 ～图 4.3-16 所示。分析可知，桥墩由于墩底倒角处混凝土压溃剥落、钢筋屈曲或拉断而发生弯曲破坏，墩身弯曲裂缝范围约占墩高的 0.61 ～ 0.75；墩底实体段、倒角过渡段和墩身变截面的共同影响使得塑性铰区域延长并整体上移；随着配箍率增加，桥墩延性有较大提升；在一定范围内增大轴压比可以提高桥墩抗弯能力，但过大的轴压会使墩底混凝土提前压溃而降低延性性能；表明按规范设计的桥墩具有较好的抗震安全性。

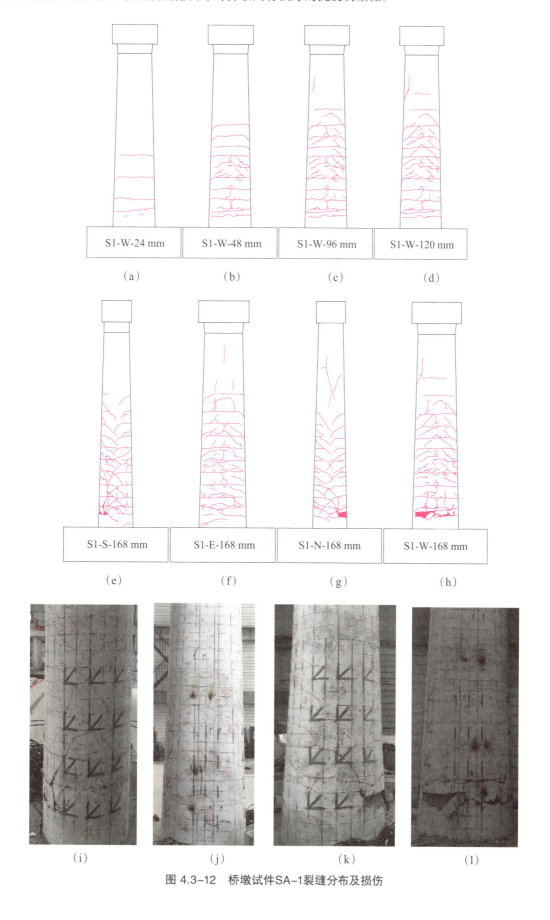

图 4.3-12　桥墩试件SA-1裂缝分布及损伤

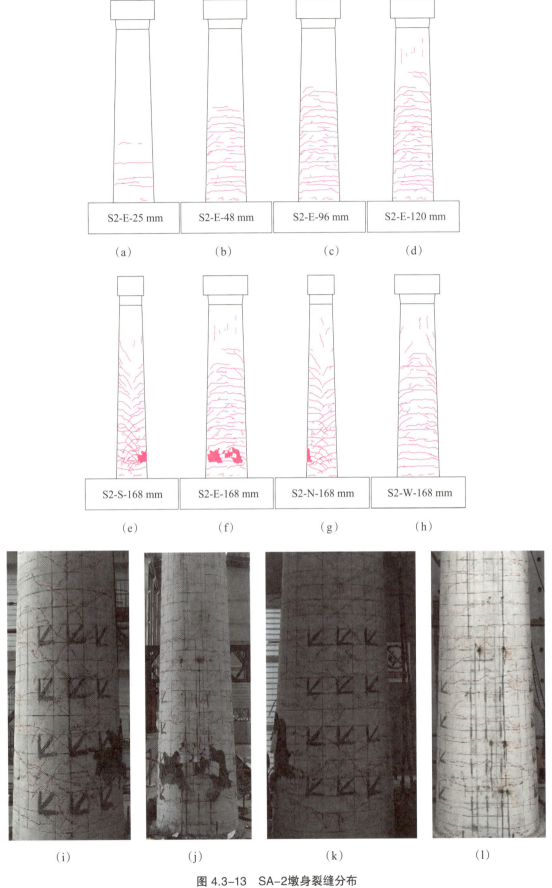

图 4.3-13　SA-2墩身裂缝分布

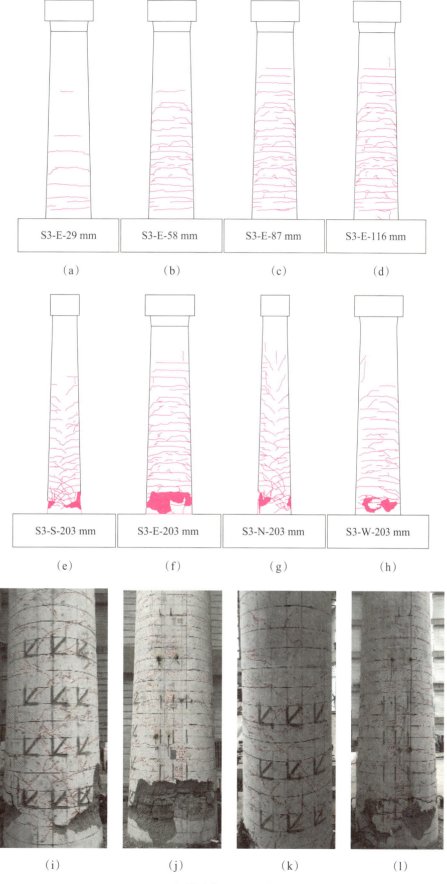

图 4.3-14　桥墩试件SA-3裂缝分布及损伤

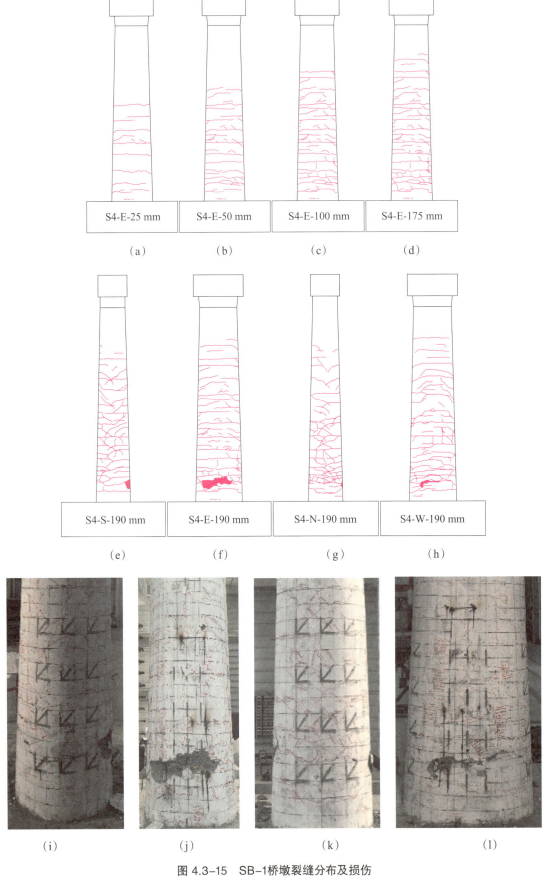

图 4.3-15　SB-1桥墩裂缝分布及损伤

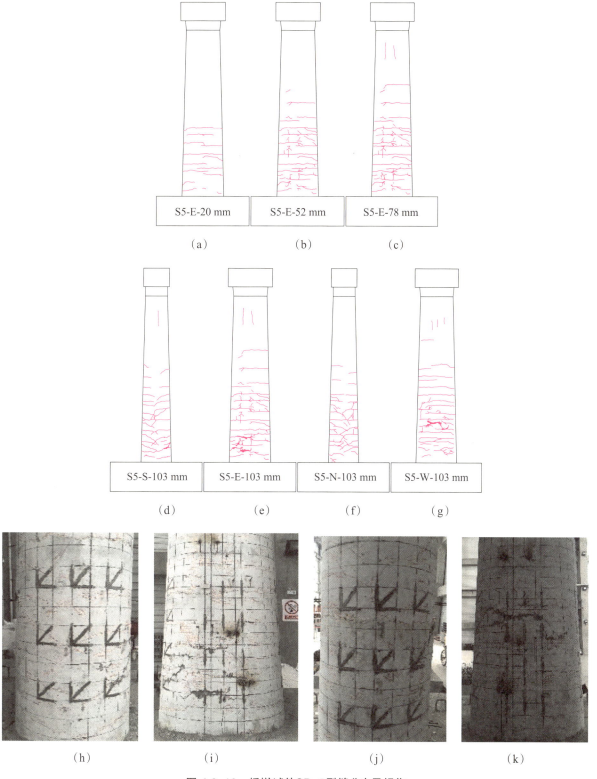

图 4.3-16　桥墩试件SB-2裂缝分布及损伤

4.3.2　振动台模型的试验现象

1. DB-1墩试验现象

墩身中部出现类似塑性铰（高阶振型的影响）的区域，在9度设计地震（PGA为0.8g）试验完成后，对桥墩模型 DB-1 损伤进行了观测并将其裂缝用红色记号笔勾出，图 4.3-17 给出了震后试件 DB-1 墩身裂缝分布及墩底损伤情况。由图可知，裂缝主要为弯曲裂缝，沿整个墩身分布且较为均匀，大多数裂缝已经环向贯通，桥墩底部和顶部倒角出现了明显的竖向裂缝。

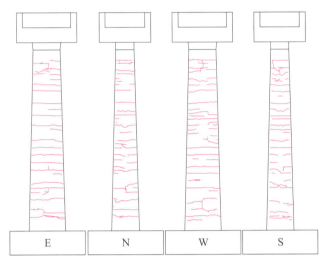

（a）E　　　　　　　　（b）N　　　　　　　　（c）W　　　　　　　　（d）S

图 4.3-17　DB-1裂缝分布及损伤

2. DB-2 墩试验现象

图 4.3-18 给出了 9 度设计地震（PGA 为 0.8g）下试件 DB-2 墩身裂缝分布及墩底损伤情况。由图可知，裂缝仍主要为弯曲裂缝，沿整个墩身分布，且大多数裂缝已经环向贯通。与试件 DB-1 不同的是，其裂缝分布不均，主要集中于桥墩底部 2/3 的高度范围内。竖向裂缝出现在桥墩底部倒角和中部，侧面有部分斜裂缝产生，部分墩底混凝土压溃剥落。

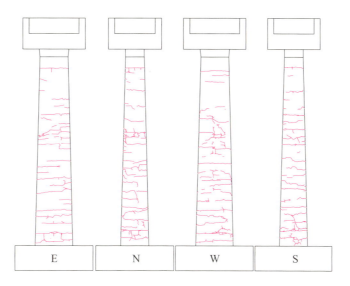

（a）E　　　　　　　（b）N　　　　　　　（c）W　　　　　　　（d）S

图 4.3-18　DB-2裂缝分布及损伤

3. DB-3 墩试验现象

图 4.3-19 为超烈度设计地震（0.9g）工况下试件 DB-3 墩身裂缝分布及墩底损伤情况。该模型墩身裂缝明显少于试件 DB-1 和试件 DB-2，同时裂缝的间距较大，在桥墩底部和顶部均有竖向裂缝产生。

 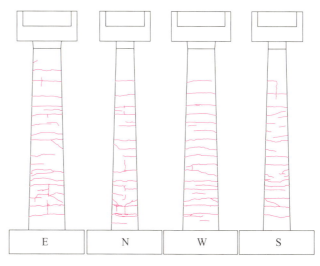

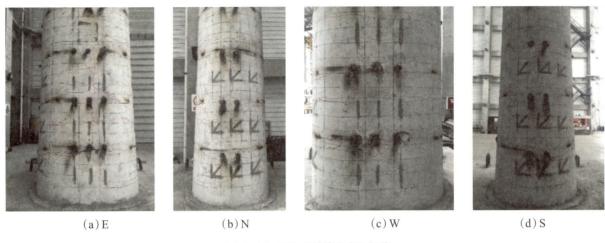

|（a）E|（b）N|（c）W|（d）S|

图 4.3-19　DB-3裂缝分布及损伤

4.4　试验结果分析

4.4.1　拟静力试验

滞回曲线也称为回复力曲线，根据试验过程中记录的力和位移数据，绘制出试验桥墩的滞回曲线，滞回曲线既能反映桥墩的试验过程中的力－位移关系，又能反映结构在反复受力过程中的变形特征、刚度退化和能量消耗，是确定回复力模型和进行非线性地震反应分析的重要依据。

滞回曲线的典型形状一般有四种：梭形、弓形、反S形和Z形。梭形说明滞回曲线的形状非常饱满，反映出整个结构或构件的塑性变形能力很强，具有很好的抗震性能和耗能能力。弓形具有"捏缩"效应，显示出滞回曲线受到一定的滑移影响，该滞回曲线的形状比较饱满，但饱满程度比梭形要低，反映出整个结构或构件的塑性变形能力比较强。反S形反映了更多的滑移影响，滞回曲线的形状不饱满，说明该结构或构件延性和吸收地震能量的能力较差。Z形反映出滞回曲线受到了较大滑移影响，具有滑移性质。如图 4.4-1 所示，SA-1 的滞回曲线属于弓形，具有较好的塑性耗能能力，但在较大位移荷载下，墩身钢筋发生了滑移。

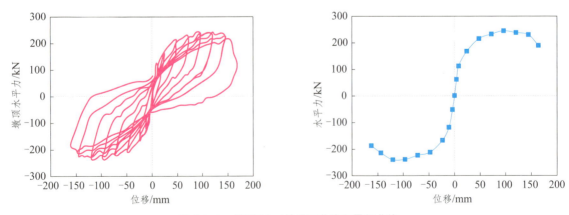

图 4.4-1　模型SA-1的滞回曲线和骨架曲线

同方向（拉或压）加载的应力－应变曲线中，超过前一次加载最大应力的区段平移相连后得到的曲线称为骨架曲线，也可表述为滞回曲线上同向（拉或压）各次加载的荷载极值点依次相连得到的包络曲线。骨架曲线是每次循环加载达到的水平力最大峰值的轨迹，反映了构件受力与变形的各个不同阶段及特性（强度、刚度、延性、耗能及抗倒塌能力等），也是确定回复力模型中特征点的重要依据。

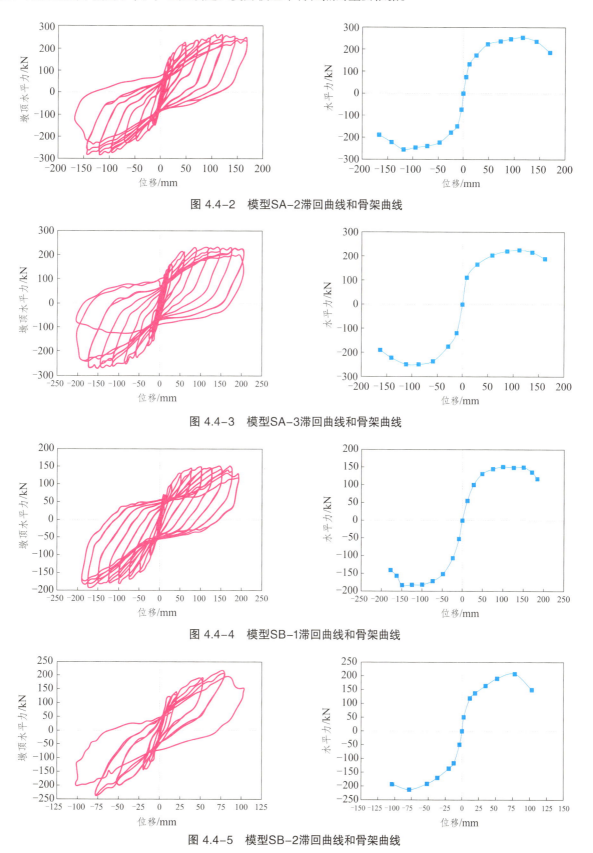

图 4.4-2　模型SA-2滞回曲线和骨架曲线

图 4.4-3　模型SA-3滞回曲线和骨架曲线

图 4.4-4　模型SB-1滞回曲线和骨架曲线

图 4.4-5　模型SB-2滞回曲线和骨架曲线

由图 4.4-2 ～图 4.4-5 可知，与 SA-1 类似，SA-2、SA-3、SB-1、SB-2 的滞回曲线属于弓形，具有较好的塑性耗能能力，但在较大位移荷载下，墩身钢筋发生了滑移。

通过观察 5 个试件的滞回曲线，可以得到如下规律：

（1）桥墩开裂以前，加载与卸载曲线近似直线，同时经历完整的一次循环加载后滞回环所包围的面积很小，因此可认为其处于弹性状态。

（2）桥墩开裂后，试件的截面刚度与整体刚度逐渐下降，滞回环的面积开始逐渐扩大，当力卸载为 0 时，出现残余位移，并且该位移随着加载循环周次的增加而急剧增大。

（3）随着纵筋屈服、塑性铰的形成，滞回环愈发饱满，体现出良好的滞回耗能特性。

（4）当水平荷载达到峰值以后，由于纵筋的屈曲、断裂、滑移及混凝土保护层脱落等原因，桥墩承载力开始下降，同时滞回曲线开始出现"捏拢"效应。

不同设计参数的桥墩滞回曲线有较大差异，上述分析只是定性地描述了各桥墩的滞回特性。因此，需要对滞回曲线进行进一步处理，以便定量地描述各设计参数与桥墩强度、位移 / 延性等抗震性能指标的关系。综合 5 个桥墩的试验结果，可见桥墩均发生了弯曲破坏。破坏形式总结如表 4.4-1 所示。

表 4.4-1　试验构件累积耗能能力

编号	配箍率	轴压比	累积耗能能力 /（kN·m）	破坏形式
SA-1	0.325	0.15	310	弯曲破坏
SA-2	0.91	0.15	375	弯曲破坏
SA-3	1.51	0.15	466	弯曲破坏
SB-1	0.91	0.1	327	弯曲破坏
SB-2	0.91	0.2	86	弯曲破坏

在以往的空心墩试验中，空心墩初始裂缝的发展与混凝土的压溃主要集中于墩底，这不仅是由于该截面本身就是薄弱截面，还可能是因为墩底与承台连接处施工缝的影响。但是工程中裂缝的产生与桥墩的破坏不一定从墩底开始，导致这一差异的原因之一是现有试验大多忽略了墩身底部的实体段，直接将空心段与承台相接，且大多为等截面构件。通过对试验中圆端形空心墩的观测可以发现，其初始裂缝虽同以往空心墩试验结果相同（产生于墩底），但塑性铰的产生却不是从墩底截面开始的；试验构件在墩底空心倒角截面附近，裂缝产生较早且较多，这也是试验前预测的塑性铰区；从裂缝宽度的发展也可看出，距墩底约 42 cm 处裂缝发展最快且宽度最大，最终破坏时，最不利截面也是集中在墩底空心截面倒角附近，这再次说明空心墩破坏不一定是从墩底截面展开的。因此，在对空心墩展开试验时，考虑墩底实体段和变截面构造更有利于还原实际工程中桥墩的破坏过程，从而更准确地对其进行抗震性能研究。

试验过程中，通过裂缝宽度测量仪可对裂缝宽度进行测量，试验测量的裂缝宽度为每一荷载等级第一次循环的值，每个构件均选取了 3 ~ 5 个典型弯曲裂缝进行测量，详细裂缝宽度值见表 4.4-2 ~ 表 4.4-6（发生混凝土剥落后，主裂缝宽度未做记录）。

表 4.4-2　SA-1典型裂缝宽度记录

模型编号	荷载等级 /mm	裂缝宽度 /mm		
		距墩底 40 cm 处	距墩底 70 cm 处	距墩底 130 cm 处
SA-1 背面	−72	2.847	2.316	—
	−48	1.842	1.895	1.053
	−24	1.316	1.263	—
	−12	0.368	—	1.842
SA-1 正面	12	0.158	—	—
	24	0.737	—	0.368
	48	1.789	—	1.316
	72	2.765	—	1.632

表 4.4-3　SA-2典型裂缝宽度记录

模型编号	荷载等级 /mm	裂缝宽度 /mm			
		墩底截面	距墩底 30 cm	距墩底 50 cm（42 cm）	距墩底 60 cm
SA-2 背面	−96	0.806	0.605	2.620	—
	−72	0.450	0.481	2.140	—
	−48	0.248	0.357	0.915	—
	−24	0.124	0.109	0.450	—
	−15	—	—	0.124	—
SA-2 正面	15	0.031	—	0.062	—
	24	0.186	0.279	0.295	0.233
	48	0.376	0.326	0.512	0.450
	72	0.827	0.434	1.054	0.791
	96	1.178	—	2.000	1.318

表 4.4-4　SA-3典型裂缝宽度记录

模型编号	荷载等级 /mm	裂缝宽度 /mm			
		距墩底 30 cm	距墩底 42 cm	距墩底 127 cm	距墩底 93 cm
SA-3 背面	−87	—	1.258	—	—
	−58	0.345	0.503	—	0.452
	−29	0.218	0.163	—	0.231
	−20	0.190	0.116	—	0.027
	−11	0.026	0.026	—	—
SA-3 正面	11	0.018	0.053	0.079	—
	20	0.163	0.218	0.190	—
	29	0.272	0.286	0.272	—
	58	0.408	0.933	0.408	—
	87	0.667	2.245	0.599	—

表 4.4-5　SB-1 典型裂缝宽度记录

模型编号	荷载等级 /mm	裂缝宽度 /mm			
		墩底截面	距墩底 42 cm	距墩底 80 cm	距墩底 75 cm
SB-1 背面	−150	—	4.820	—	2.837
	−125	0.853	4.140	—	2.589
	−100	0.502	3.225	—	2.388
	−75	0.295	1.721	—	1.597
	−25	0.222	0.254	—	0.476
	−18	0.143	0.143	—	0.286
SB-1 正面	18	—	0.258	0.286	—
	25	0.238	0.429	0.333	—
	50	0.286	0.762	0.413	—
	75	0.465	2.620	1.302	—
	100	0.527	3.225	1.38	—
	125	0.605	4.636	1.86	—
	150	0.651	5.163	2.016	—

表 4.4-6　SB-2 典型裂缝宽度记录

模型编号	荷载等级 /mm	裂缝宽度 /mm		
		距墩底 32 cm 处	距墩底 40 cm 处	距墩底 115 cm 处
SB-2 背面	−78	—	0.790	核心混凝土剥落
	−52	—	0.326	0.884
	−20	—	0.279	0.419
	−10	—	0.047	0.121
SB-2 正面	10	0.016	—	0.109
	20	0.155	—	0.310
	52	0.430	—	0.760
	78	0.677	—	1.070

分析测量结果可发现，在低水平荷载下裂缝扩展缓慢，钢筋屈服前后，裂缝宽度成倍增加，当接近最大侧向力时，裂缝宽度继续增加；从表 4.4-1 ～ 表 4.4-6 可看出发展最迅速且宽度最大的裂缝均距墩底 42 cm 左右（除 SB-2 外），且该截面附近的最终破坏程度也最大，该处裂缝发展情况如图 4.4-6 所示。

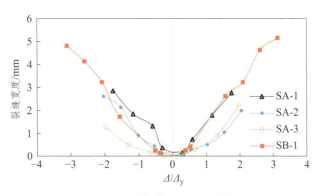

图 4.4-6　特征截面裂缝宽度发展

构件的骨架曲线能很好地反映其在循环往复荷载下的承载能力和延性性能。试验中，通过 MTS 数据采集系统能记录各级水平加载下加载点（墩顶）的力与位移，将各等级下的数据汇总为圆端形空心墩的滞回曲线，选取该滞回曲线的外包络线作为试验构件的力 – 位移骨架曲线，如图 4.4-7 所示。

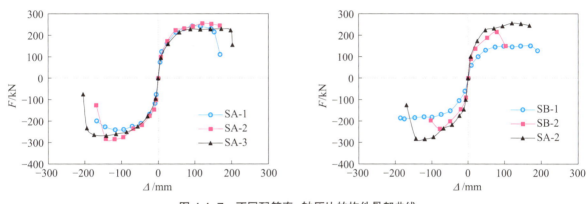

图 4.4-7　不同配箍率、轴压比的构件骨架曲线

通过骨架曲线可看出，配箍率对骨架曲线的影响主要集中在构件屈服后的高水平荷载作用阶段。屈服后 3 个构件均表现出较好的延性，配箍率最低（0.325%）的构件，也具有一段较长的平直段且产生了较大的塑性变形；配箍率高的构件塑性变形更大、骨架曲线平直段也更长，这说明提高配箍率能提高圆端形空心墩的延性；但观察其最大侧向力可发现，增加配箍率对承载能力的增强作用不大。通过图 4.4-7 骨架曲线可以看出，轴压比不同的 3 个构件，在承载能力及延性性能上差距较大，SB-1 相对 SA-2 最大侧向力下降了 40% 左右，但 SB-1 首次屈服点相对 SA-2 出现较早且平直段较长、塑性变形较大，其延性性能更好。由此可见，降低轴压比虽能提高圆端形空心墩的延性能力，但却极大削弱了其承载力。

4.4.2　振动台试验

4.4.2.1　加速度时程曲线

图 4.4-8 ~ 图 4.4-10 为 DB-1、DB-2、DB-3 试件在不同水准地震（以 0.2g、0.4g 和 0.8g 为代表）下墩顶的加速度时程曲线，可以看出，相同地震波下墩顶加速度反应有显著差异，尤其是台面激励结束时桥墩在自身惯性力作用下的加速度曲线。配箍率最高的试件 DB-3 在 0.4g 和 0.8g 的位移时程曲线末段加速度降低段为典型的低阻尼自由振动曲线。

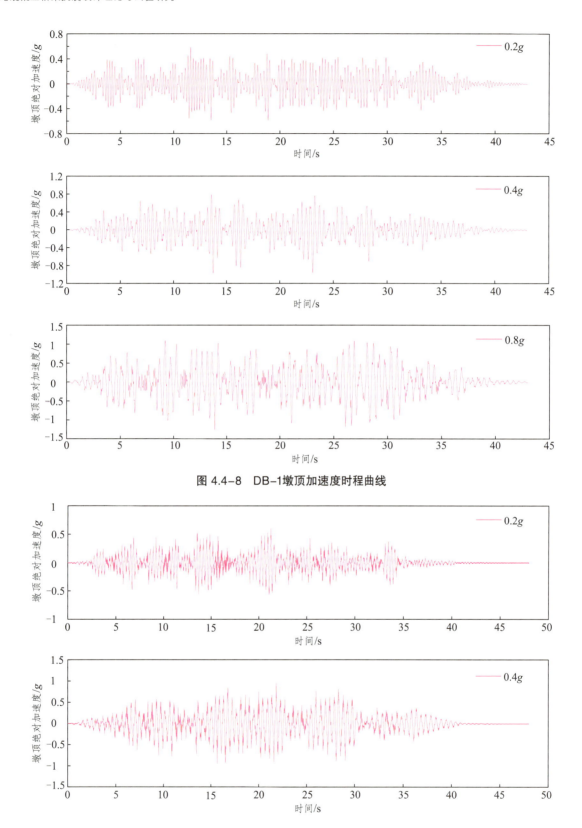

图 4.4-8 DB-1墩顶加速度时程曲线

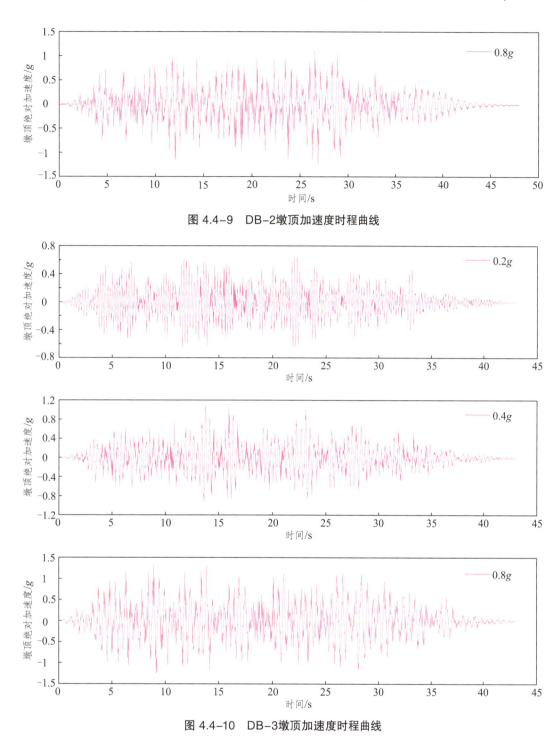

图 4.4-9 DB-2墩顶加速度时程曲线

图 4.4-10 DB-3墩顶加速度时程曲线

4.4.2.2 墩身加速度放大系数

将布置在台面的加速度传感器加速度峰值作为该地震水准下的实测值 A_0，同时定义加速度放大系数为不同墩身高度加速度峰值与实测值 A_0 的比值，由此可以得到同一工况下不同墩身高度的加速度放大系数。图 4.4-11 ~ 图 4.4-13 为不同水准地震下 3 个试件的墩身动力放大系数包络曲线。

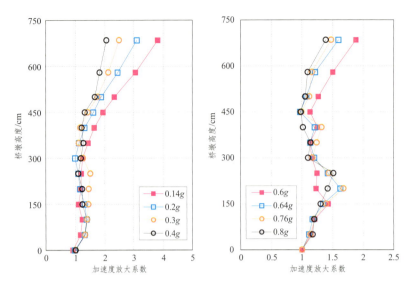

图 4.4-11 DB-1不同水准地震作用下墩身加速度放大系数包络曲线

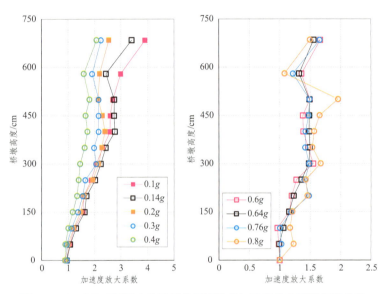

图 4.4-12 DB-2不同水准地震作用下墩身加速度放大系数包络曲线

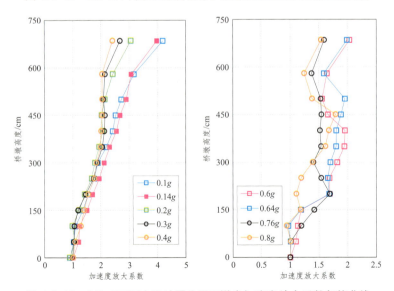

图 4.4-13 DB-3不同水准地震作用下墩身加速度放大系数包络曲线

将各墩在不同水准地震作用下的墩顶加速度和动力放大系数汇集在一起,如图 4.4-14 ~ 图 4.4-15 所示。

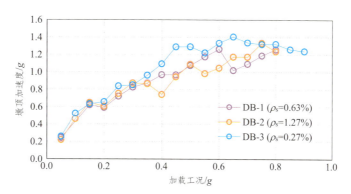

图 4.4-14　不同水准地震作用下墩顶加速度变化

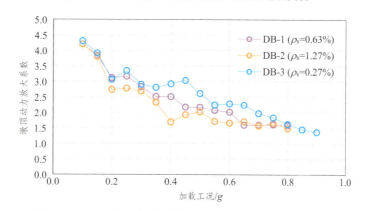

图 4.4-15　不同水准地震作用下墩顶加速度放大系数变化

由图 4.4-11 ~ 图 4.4-15 可以看出:

(1)随着台面输入加速度峰值的增加,墩身及墩顶的动力放大系数均有所降低,说明桥墩出现一定损伤后,墩身刚度出现下降,阻尼逐渐增大;各试件加载初期墩身动力放大系数包络曲线存在较大差异,而在加载后期差异逐渐缩小。

(2)各试件在 0.25g 以前墩顶加速度变化趋势接近,此时模型处理近似弹性状态,此后加速度峰值则变化较大;其中,在 0.2g 时各试件均出现首次墩顶加速度下降,同时加速度放大系数出现了骤降。

(3)试件 DB-3 配箍率最小(ρ_s = 0.27%),墩顶加速度值及动力放大系数在各工况下均最大,在 0.5g 和 0.55g 时加速度值略降,在 0.65g 时加速度达到最大,此后一直下降,进入弱非线性状态;而动力放大系数在 0.45g 后几乎一直降低。

(4)试件 DB-2 配箍率最大(ρ_s = 1.27%),在 0.4g、0.55g、0.7g 和 0.8g 时墩顶加速度均有下降,其中 0.4g 时下降最突出,在 0.75g 时达到加速度最大值;加速度动力放大系数则几乎最小,且 0.65g 以后下降趋于平缓,对于空心高墩地震响应是有利的。

(5)试件 DB-1(ρ_s = 0.63%)墩顶加速度仅在 0.2g 和 0.6g 时出现下降,且在最后工况达到最大值时并未下降;加速度放大系数介于 DB-2 和 DB-3 之间,从 0.65g 开始几乎与 DB-2 重合,表明提高桥墩配箍率能显著降低高烈度地震下空心高墩的动力放大系数,进而减小地震破坏力。

4.4.2.3　位移反应

桥墩模型的位移主要通过布置的激光位移传感器获得,将墩身与台面所测的绝对位移相减得到不同地震水平下的位移响应。

1. 墩顶位移反应

不同水准地震（以 0.2g、0.4g 和 0.8g 为代表）下桥墩模型的墩顶时程曲线如图 4.4-16 ~ 图 4.4-18 所示，模型在不同水准地震下的墩顶最大位移如表 4.4-7 所示，桥墩墩顶峰值位移变化如图 4.4-19 所示。

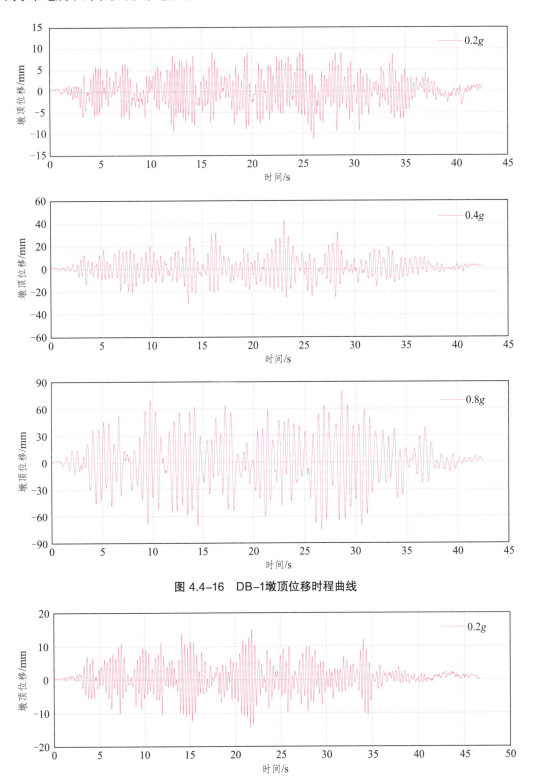

图 4.4-16　DB-1墩顶位移时程曲线

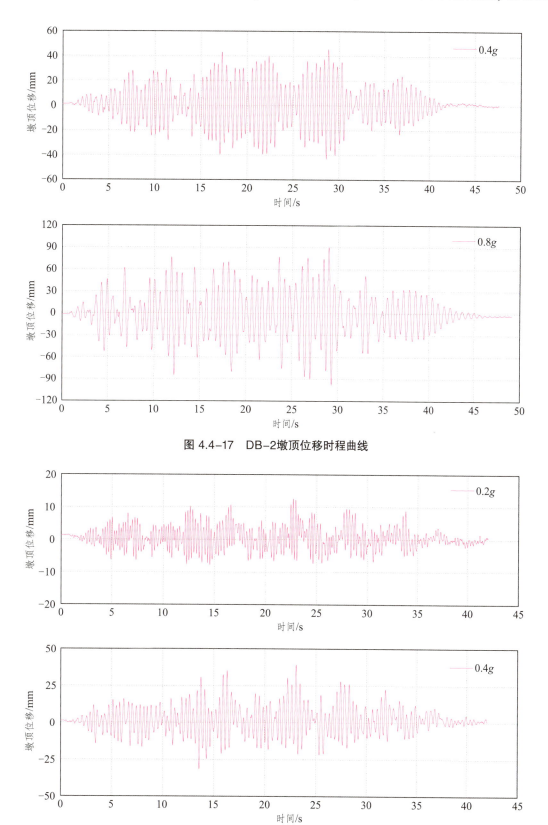

图 4.4-17　DB-2墩顶位移时程曲线

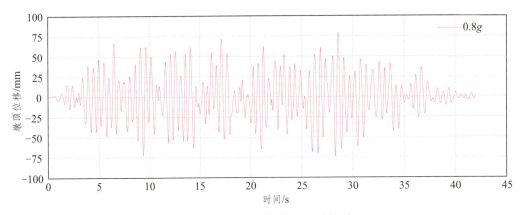

图 4.4-18 DB-3墩顶位移时程曲线

表 4.4-7 不同水准地震作用下桥墩墩顶位移最大值

工况	PGA/g	DB-1		DB-2		DB-3	
		W	E	W	E	W	E
7 度多遇	0.1			10.6	−8.8	6.1	−8.9
8 度多遇 1	0.15	10.8	−9.8	11.0	−11.3	7.1	−11.0
8 度多遇 2	0.2	11.4	−9.2	14.4	−15.1	7.8	−12.6
9 度多遇 /7 度设计 2	0.3	22.0	−19.0	22.6	−27.9	21.0	−20.5
8 度设计 I/7 度罕遇 1	0.4	30.9	−42.4	43.5	−45.3	31.7	−39.1
8 度设计 2	0.6	74.4	−68.8	68.4	−62.8	67.1	−69.6
7 度罕遇 2	0.65	63.6	−58.2	73.7	−67.3	72.3	−67.9
8 度罕遇	0.75	70.4	−70.2	93.1	−91.4	68.3	−68.8
9 度设计	0.8	75.4	−78.6	98.5	−90.0	74.5	−78.7

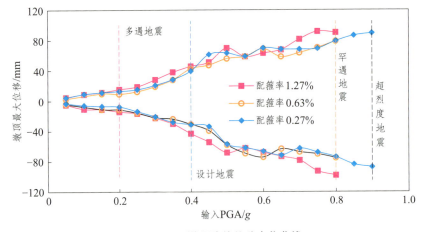

图 4.4-19 墩顶峰值位移变化曲线

2. 墩身位移反应

为全面了解墩身在地震动作用下的变形历程，沿墩身高度布置了 10 个激光位移传感器，按照不同加速度的位移时程和加速度时程进行加载。模型在不同加载等级下的墩身变形如图 4.4-20 ～图 4.4-22 所示。

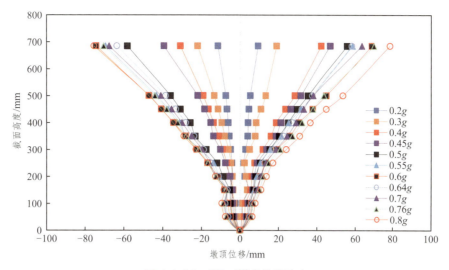

图 4.4-20　DB-1墩身位移响应

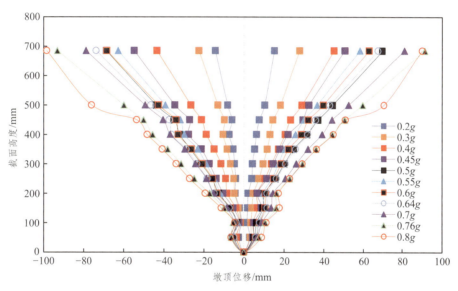

图 4.4-21　DB-2墩身位移响应

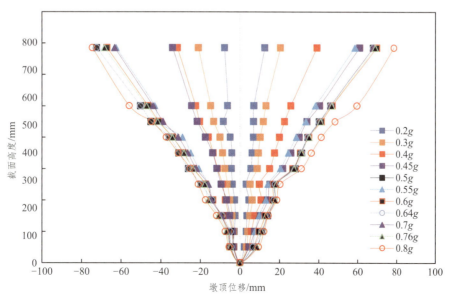

图 4.4-22　DB-3墩身位移响应

3. 墩身最大位移包络图

图 4.4-23 ~ 图 4.4-25 为多遇地震、设计地震和罕遇地震作用下桥墩位移包络图。

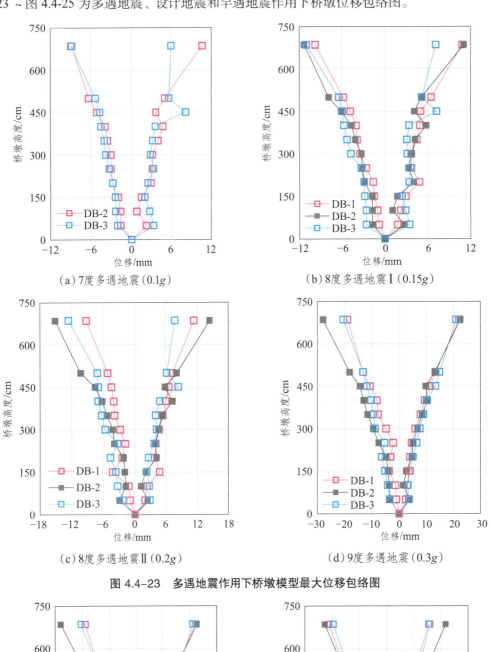

（a）7度多遇地震（0.1g）

（b）8度多遇地震 I（0.15g）

（c）8度多遇地震 II（0.2g）

（d）9度多遇地震（0.3g）

图 4.4-23　多遇地震作用下桥墩模型最大位移包络图

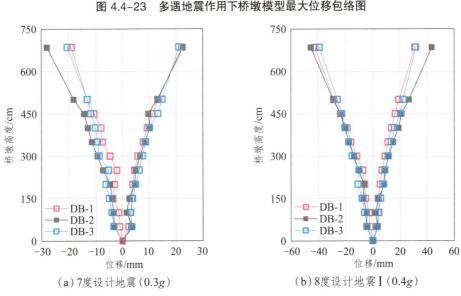

（a）7度设计地震（0.3g）

（b）8度设计地震 I（0.4g）

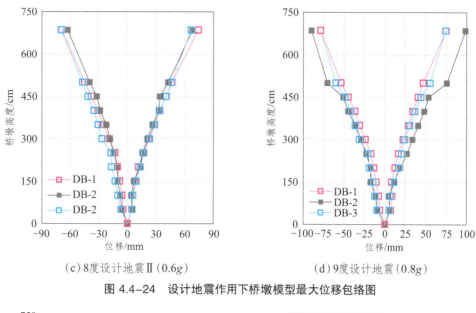

（c）8度设计地震Ⅱ（0.6g）　　　　　　　（d）9度设计地震（0.8g）

图 4.4-24　设计地震作用下桥墩模型最大位移包络图

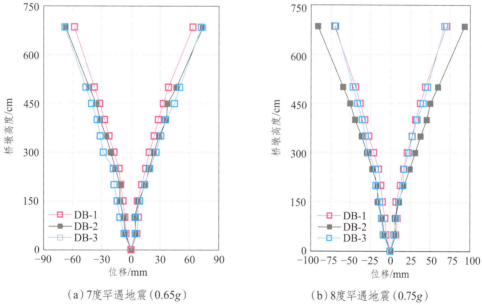

（a）7度罕遇地震（0.65g）　　　　　　　（b）8度罕遇地震（0.75g）

图 4.4-25　罕遇地震作用下桥墩模型最大位移包络图

由图 4.4-23 ~ 图 4.4-25 可知：

（1）与墩顶加速度情况类似，由于桥墩自身动力特性及损伤程度的不同，在最大工况下各试件的墩顶位移时程曲线也不尽相同；试件 DB-2 位移时程曲线的末段下降曲线仍较为规律，表明其在自由振动条件下具有相同衰减率的等效黏滞阻尼比。

（2）在 8 度设计地震Ⅰ时，DB-2 整体位移能力大于其余两者；在 8 度设计地震Ⅱ时，各试件墩身位移能力差距缩小；在 9 度设计地震下，DB-2 的位移能力最大，而 DB-1 和 DB-3 墩身最大位移接近，DB-3 在 0.9g 工况下侧向位移进一步增加，但仍小于试件 DB-2。

（3）通过比较不同工况下各试件的墩顶最大位移，试件 DB-2 的位移均最大，而试件 DB-1 和 DB-3 墩顶位移变化曲线接近，表明配箍率的提高可以显著增加桥墩的延性能力。

（4）从初始加载至 0.5g 工况，各试件墩顶最大位移变化趋势比较接近，而此后则逐渐表现出差异，且 0.55g 时墩顶位移甚至出现了降低，其可能的原因是桥墩本身配筋及 0.5g 工况以后损伤状态的不同。

（5）通过不同 PGA 工况下墩顶位移的比较可见，配箍率对墩顶位移响应的影响并不大。

4.4.2.4 应变反应

通过之前加速度、位移及内力分析，可以较为清晰地认识不同配箍率桥墩在地震作用下的抗震性能。而通过钢筋应变的分析，可以更进一步了解桥墩在动力作用下墩身的受力状态。

1. 纵筋应变

以试件 DB-2 为例，分析试件在代表工况 0.4g 和 0.8g 作用下关键位置的应变时程（图 4.4-26、图 4.4-27），以期认识圆端形空心墩地震作用下的受力状态。

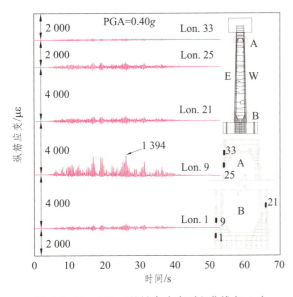

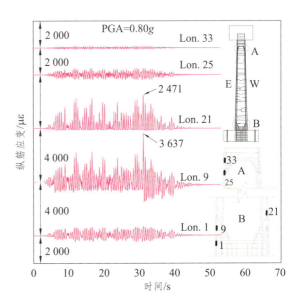

图 4.4-26　DB-2 关键点应变时程曲线（0.4g）　　　　图 4.4-27　DB-2 关键点应变时程曲线（0.8g）

在分析时程的基础上，进一步给出了不同 PGA 下 3 个试件关键位置的应变最大响应值，如图 4.4-28～图 4.4-30 所示。

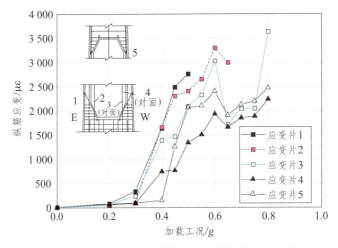

图 4.4-28　不同水准地震下 DB-1 关键点应变变化

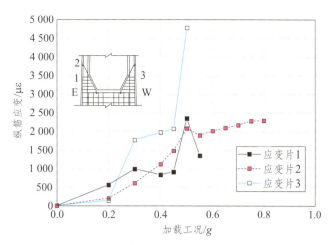

图 4.4-29　不同水准地震下DB-2关键点应变变化

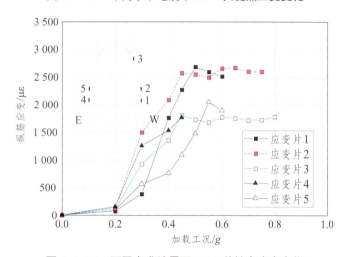

图 4.4-30　不同水准地震下DB-3关键点应变变化

通过 3 个模型试件的纵筋应变分析可知：

（1）试件 DB-1 和 DB-3 在 $0.45g$ 时墩底倒角处的纵筋首次屈服，试件 DB-2 纵筋屈服介于 $0.45g$ 和 $0.5g$ 之间。

（2）通过分析墩顶空心段的纵筋可见，尽管处于较高的位置，其应变值仍较大，DB-1 甚至接近屈服。

（3）试件 DB-1 在 $0.6g$ 时墩身高度内的纵筋应变均出现了下降，随后略有增加；而试件 DB-3 纵筋应变在 $0.5g$ 之后处于较稳定的值；试件 DB-2 由于钢筋应变片损坏较多，不便分析。

2. 箍筋及拉筋应变

为了监测地震过程中 3 个模型桥墩的塑性铰区混凝土的横向钢筋约束效应，对该区域内箍筋、拉筋的应变进行测试，图 4.4-31 ~ 图 4.4-33 所示为典型位置的应变。

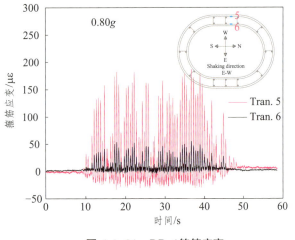

图 4.4-31　DB-1箍筋应变

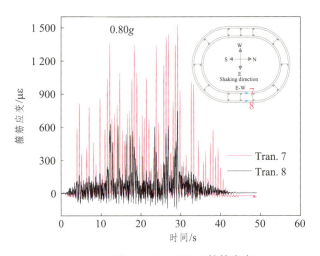

图 4.4-32　DB-2箍筋应变

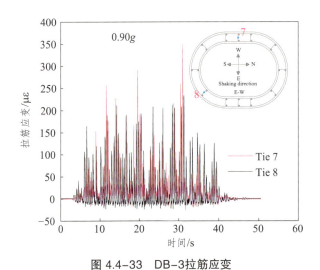

图 4.4-33　DB-3拉筋应变

　　分析图 4.4-31 ~ 图 4.4-33 可见，桥墩塑性铰区在地震过程中，箍筋、拉筋明显处于受拉状态，拉应变达到（130 ~ 360）με，对应应力达到 2.6 ~ 7.2 MPa，说明该区域混凝土受到了横向约束效应。

3. 混凝土应变

　　3 个桥墩模型的墩底混凝土应变反应如图 4.4-34 ~ 图 4.4-36 所示。

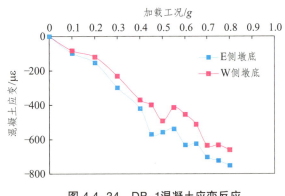

图 4.4-34　DB-1混凝土应变反应

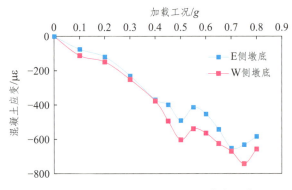

图 4.4-35　DB-2混凝土应变反应

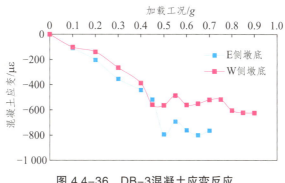

图 4.4-36　DB-3混凝土应变反应

从以上三图上不难发现：

（1）随着地震加速度等级的增加，纵向钢筋和混凝土的应变均变大，纵筋拉应变值明显大于混凝土压应变值。

（2）混凝土最大压应变接近 800με，但仍未达到压溃程度，DB-3 混凝土应变略大于 DB-2。

4.4.2.5　滞回特性

随着地震作用下动力荷载的增大，桥墩在逐步增加的往复位移下会出现裂缝，由弹性状态逐渐进入非线性状态，表现出一定的滞回特性，通常用回复力和位移描述。图 4.4-37 ~ 图 4.4-39 分别给出了试件 DB-1 ~ DB-3 在不同水准地震作用下墩底剪力与墩顶位移的滞回关系曲线，墩底剪力由各墩身高度绝对加速度与相应位置高度集中质量相乘所得惯性力之和得到。

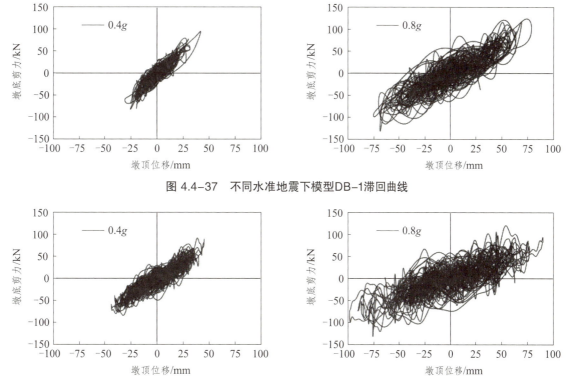

图 4.4-37　不同水准地震下模型DB-1滞回曲线

图 4.4-38　不同水准地震下模型DB-2滞回曲线

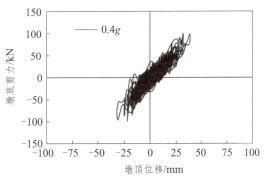 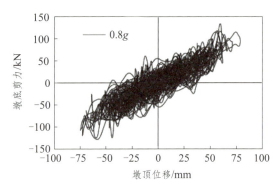

图 4.4-39　不同水准地震下模型DB-3滞回曲线

由各试件的惯性力时程曲线可以得到桥墩在不同水准地震作用下的最大墩底剪力及对应的位移，由此可以获得桥墩在动力作用下的骨架曲线，如图 4.4-40 ~ 图 4.4-42 所示，各试件屈服位移 / 剪力和最大位移 / 剪力如表 4.4-8 所示。

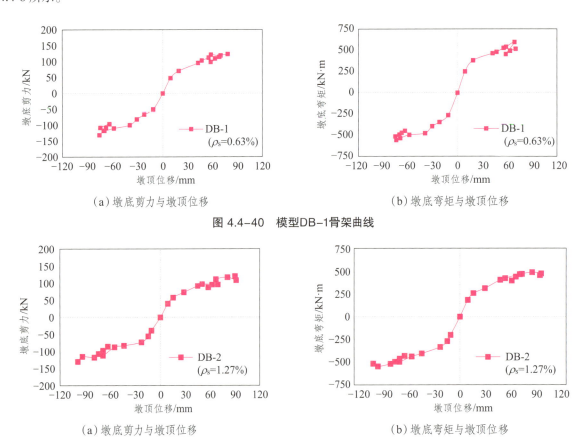

（a）墩底剪力与墩顶位移　　　　　　　　（b）墩底弯矩与墩顶位移

图 4.4-40　模型DB-1骨架曲线

（a）墩底剪力与墩顶位移　　　　　　　　（b）墩底弯矩与墩顶位移

图 4.4-41　模型DB-2骨架曲线

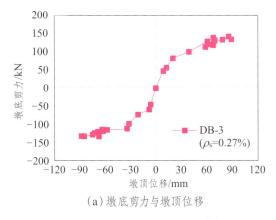

（a）墩底剪力与墩顶位移

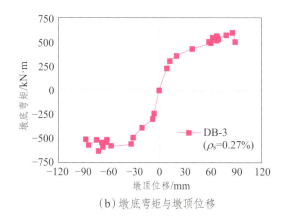

（b）墩底弯矩与墩顶位移

图 4.4-42　模型DB-3骨架曲线

表 4.4-8　桥墩位移及墩底剪力

编号	屈服位移 /mm	屈服剪力 /kN	最大位移 /mm	最大剪力 /kN
DB-1	47.1	103.5	78.6	123.6
DB-2	68.5	112.1	98.5	129.9
DB-3	60.9	129.3	89.1	134.9

由图 4.4-37~ 图 4.4-42 和表 4.4-8 可知：

（1）相较于拟静力试验所得规则滞回曲线，桥墩在动力作用下的滞回曲线较为波折无序，但曲线所包围的区域仍较有规律。

（2）在 8 度设计地震 I 时，桥墩的力 – 位移曲线所包含面积较小，随着地震峰值加速度的增加，滞回曲线所包围的面积逐渐扩大，在荷载为 0 时有明显的残余位移。试件 DB-3 在 0.4g 工况下力 – 位移曲线近似直线，表明其刚度较大，这对于桥墩滞回耗能是不利的；而配箍率较高的试件 DB-1 和 DB-2 滞回环较饱满，具有较好的耗能能力。

（3）随着地震加速度峰值的增加，模型墩底所承受的剪力和位移不一定增加，试件在达到某一位移或承载力后，其力和位移会突然降低，可能的原因是在损伤的累计下桥墩逐渐进入非弹性。试件 DB-3 的位移从 0.4g 时的 39.1 mm 突增为 0.45g 时的 60.1 mm，且在最大工况 0.9g 下出现了承载力的下降，这在抗震设计中是应该避免的，以防止桥墩发生脆性破坏。试件 DB-2 屈服位移大于试件 DB-3，但其所受地震力反而较小，在 9 度设计地震下，DB-2 位移远大于 DB-3，其地震力同样小于 DB-3，充分表明高配箍率对于桥墩抗震性能有重要影响。

（4）DB-1 屈服位移、屈服剪力和最大剪力均最小，其合理性值得商榷，需要进一步研究。

将桥墩力 – 位移滞回曲线所围成的面积作为其滞回耗散的能量。对于动力试验而言，桥墩模型的滞回曲线往往波折无序，难以同拟静力滞回曲线一样求出各位移等级下的滞回能量。故此，笔者将不同加速度峰值工况下桥墩滞回曲线所包围面积作为其名义滞回耗能，图 4.4-43 给出了各试件名义耗能值随加速度峰值的变化曲线。由图可知，相同地震水准下试件 DB-2 滞回耗能能力明显强于其余两者，在强震作用下耗能效果更为明显。

桥墩在试验过程中同时承受轴力、剪力和弯矩，随着桥墩往复循环次数的增加而出现较多的裂缝，桥墩会慢慢进入非线性状态，在损伤累积到一定程度后会出现承载力的下降。图 4.4-44 为试件墩底空心段倒角处截面弯矩 – 墩顶位移的骨架曲线，在最大输入加速度峰值工况下，试件 DB-3 弯矩及剪力已经明显下降，表明其已经出现了较严重的损伤；尽管试件 DB-1 和 DB-2 剪力处于下降阶段，但是其关键截面的弯矩已有减小，说明其即将进入严重损伤状态。

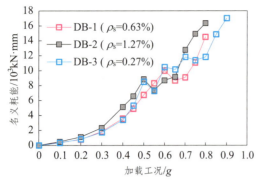

图 4.4-43 桥墩名义滞回耗能

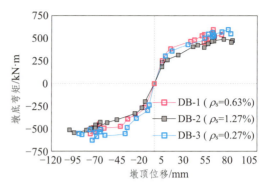

图 4.4-44 DB-1~DB-3墩底弯矩-位移曲线

5

铁路混凝土桥梁高墩延性性能理论分析和设计方法

5.1 概　述

根据 4.1.3 节所述研究路径，除进行室内试验外，借助数值模拟可以较好地再现试验现象，分析并量化构件设计参数对其力学行为的影响，并为理论研究提供量化依据。

单个抗震性能指标体现在材料、截面和构件 3 个层次上：材料层次的抗震性能指标采用材料的应力、应变，因此往往需要精细化的计算模型；截面层次常用截面的弯矩、曲率；构件层次常用位移、转角作为性能指标。所以，材料的应力、应变，截面的弯矩、剪力、曲率及构件的位移、转角等都可以作为性能指标予以考核。

因此，可以在截面或构件层次上，采用不同的分析软件研究试验桥墩模型的抗震性能：截面层次上的分析软件通常采用 Xtract，这种软件可以考虑截面配筋、钢筋和混凝土材料非线性、约束混凝土效应等影响因素，能够较准确地模拟关键截面抗弯性能；构件层次的分析可以借助 OpenSees，考虑构件中钢筋和混凝土材料非线性、钢筋混凝土滑移，通过 Pushover 方法得到构件抗弯能力和滞回特性，当然也可以通过非线性时程分析，研究地震力下构件的非线性行为，进而得到桥墩动力行为。

为了深入探讨结构地震损伤机理，基于 ABAQUS 的混凝土损伤本构模型，模拟铁路圆端形空心墩在拟静力荷载下的损伤行为。通过 SAP2000 软件，采用增量动力分析方法，分析结构在不同地震动水平下的响应规律，为发展桥墩抗震设计理论奠定基础。

基于理论分析，结合试验数据，可以得到铁路圆端形空心墩抗震性能的位移延性比量化指标，给出等效塑性铰长度计算公式、有效刚度及有效阻尼计算公式，同时得到塑性铰区约束箍筋用量公式，这些公式基本构成了铁路圆端形空心墩延性抗震设计方法体系，可以为铁路桥梁空心墩的抗震设计提供参考。

5.2 铁路高墩位移延性分析

5.2.1 基于Xtract的截面能力计算

借助有限元软件 Xtract 和 SAP2000 对桥墩可能的设计参数进行分析，预测在试验过程中桥墩最不利截面

（墩底空心截面）的受力性能。选择高 5.0 m 的模型（原型墩高 30.0 m，模型缩尺 1∶6），进行承载力计算。桥墩截面网格划分如图 5.2-1 所示，构件抗震性能分析结果如表 5.2-1 所示。

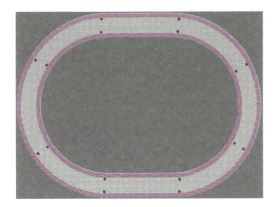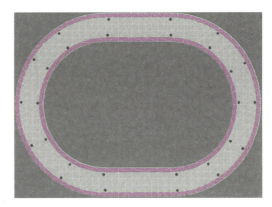

图 5.2-1 桥墩截面配筋及纤维单元网格

表 5.2-1 拟静力模型（缩尺比1∶6）抗震性能分析

模型编号	配箍率 /%	轴压比	首次屈服弯矩 /（kN·m）	等效屈服弯矩 /（kN·m）	极限曲率	塑性铰极限转角	最大水平力 /kN	墩顶水平位移 /mm
SA-1	0.325	0.10	885	1101	0.021 0	0.012 3	221	96
SA-2	0.91	0.10	808	1183	0.010 9	0.006 4	202	103
SA-3	1.51	0.10	885	1101	0.021 0	0.012 3	221	123
SB-1	0.91	0.15	808	1183	0.010 9	0.006 4	202	104
SB-2	0.91	0.20	885	1101	0.021 0	0.012 3	221	60

注：墩高 5.0 m；截面面积 0.298 4 m²；配筋率 0.906%。

根据 Xtract 的 M-φ 分析结果，结合《公路桥梁抗震设计细则》关于墩顶位移的计算方法：

$$\Delta\mu = \Delta_y + \Delta_p = \frac{1}{3}H^2\varphi_y + \left(H - \frac{L_p}{2}\right)\theta_u \tag{5.2-1}$$

式中 Δ_y——屈服位移；

Δ_p——塑性位移；

H——桥墩高度；

θ_u——桥墩的塑性转角；

φ_y——屈服曲率；

L_p——塑性铰长度。

5.2.2 非线性Pushover方法

非线性 Pushover 分析方法是基于性能抗震设计中最具有代表性的分析方法。它是按一定的水平荷载加载方式，对结构施加单调递增的水平荷载，逐步将结构推至一个给定的目标位移来研究分析结构的非线性性能，从而判断结构及构件的变形受力是否满足设计要求。利用此分析方法能够计算出结构从线弹性、屈服，直至极限倒塌状态的内力、变形、塑性铰的位置和转角，找出结构的薄弱环节。

Pushover 分析方法的假定条件：

（1）结构（一般为多自由度体系 MDOF）的反应与该结构的等效单自由度体系（SDOF）的反应是相应的，这表明结构的反应由结构的第一振型控制；

（2）在每一加载步内，结构沿高度的变形由形状向量表示，在这一步的反应过程中，不管变形大小，形状向量保持不变。

Pushover 分析方法的基本实施过程为：

（1）在 OpenSees 中建立变截面圆端形空心墩的计算模型，要考虑结构自重和上部结构恒载；

（2）特征值分析控制，对模型运行分析，查看其模态的振型参与质量是否达到 90%，并在 RC 设计中输入已有配筋；

（3）Pushover 主控数据定义：定义初始荷载、收敛条件，设置刚度折减率；

（4）Pushover 荷载工况定义：采用位移控制法，输入节点的初始目标位移，采用适合结构的水平侧向力荷载分布模式，对结构进行水平逐步加载；

（5）运行分析，得到基底剪力与位移曲线，确定其容许位移。

5.2.3 动力特性分析

结构的动力特性是指一些不受外荷载影响的结构固有特征，如自振频率、阻尼比、振型等。在试验开始与结束时对结构施加 0.05g 白噪声，以识别圆端形空心墩未损伤、损伤后的自振频率和阻尼比。对比两次识别值可发现，圆端形空心墩损伤后，其自振频率减小，阻尼比增大。通过 OpenSees 与 Midas Civil 对动力试验构件进行模拟，可得出其自振频率、振型以及各阶振型的参与系数。通过表 5.2-2 ~ 表 5.2-4 可发现，两种数值模拟得出的基本自振频率与试验值吻合较好。

表 5.2-2　DB-1阻尼比、自振频率与振型

振型阶数	阻尼比		频率 /Hz					振型参与系数 /%
	白噪声 I	白噪声 II	白噪声 I	白噪声 II	OpenSees 计算值	Midas 计算值	两数值模拟误差 /%	
1 阶	0.034	0.113 1	4.214	1.856	4.37	4.29	1.8	44.37
2 阶	—	—	—	—	25.57	28.48	11.4	12.69
3 阶	—	—	—	—	79.36	70.71	12.2	6.14
4 阶	—	—	—	—	148.47	139.80	6.2	1.46
5 阶	—	—	—	—	268.03	253.08	5.9	2.13
6 阶	—	—	—	—	400.87	370.70	7.5	8.81
7 阶	—	—	—	—	448.86	500.12	11.4	17.41

表 5.2-3 DB-2阻尼比、自振频率与振型

振型阶数	阻尼比		频率 /Hz					振型参与系数
	白噪声 I	白噪声 II	白噪声 I	白噪声 II	OpenSees 计算值	Midas 计算值	两数值模拟误差 / %	/ %
1 阶	0.055	0.075 6	4.524	1.646	4.64	4.46	5.2	48.81
2 阶	—	—	—	—	21.50	26.13	21.5	11.33
3 阶	—	—	—	—	66.80	65.12	2.52	5.73
4 阶	—	—	—	—	122.64	108.75	12.8	2.95
5 阶	—	—	—	—	224.41	248.67	9.8	2.1
6 阶	—	—	—	—	336.42	359.44	6.4	9.26
7 阶	—	—	—	—	446.63	472.06	5.8	12.61

表 5.2-4 DB-3阻尼比、自振频率与振型

振型阶次	阻尼比		频率 /Hz					振型参与系数
	白噪声 I	白噪声 II	白噪声 I	白噪声 II	OpenSees 计算值	Midas 计算值	两数值模拟误差 / %	/ %
1 阶	0.030 9	0.094 7	4.36	1.765	4.46	4.44	0.5	43.34
2 阶	—	—	—	—	26.14	28.66	9.6	12.91
3 阶	—	—	—	—	81.12	70.98	14.3	6.38
4 阶	—	—	—	—	151.80	139.84	8.6	1.47
5 阶	—	—	—	—	274.01	253.34	8.2	2.18
6 阶	—	—	—	—	409.82	370.97	10.5	9.01
7 阶	—	—	—	—	458.85	500.25	9.0	17.72

除此之外，OpenSees 与 Midas Civil 得出的振型出现顺序一致，如图 5.2-2 所示，3 个试验墩振型出现顺序和各阶振型形状均一致，各振型对应的频率也较吻合。通过 Midas Civil 得出的各振型参与系数可看出，此圆端形空心墩一阶振型参与系数不足 60%，高阶振型将对其动力响应产生不可忽视的影响。

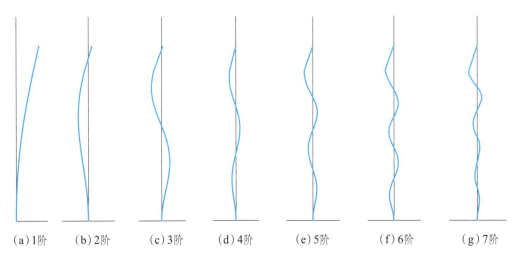

(a) 1阶　(b) 2阶　(c) 3阶　(d) 4阶　(e) 5阶　(f) 6阶　(g) 7阶

图 5.2-2 DB-1、DB-2、DB-3桥墩模型振型

5.2.4 Pushover分析

　　静力试验构件的 Pushover 曲线如图 5.2-3 所示，通过比较各墩的数值模拟与试验结果可发现：在弹性及弱非线性状态下，试件的数值模拟结果与试验骨架曲线十分吻合，这主要是由于箍筋在此阶段下应变还较小，构件的剪切效应还不明显，此阶段下构件的变形主要受滑移与弯曲控制。当进入强非线性后，SB-1 的数值模拟结果与试验结果仍吻合较好，其余墩的数值模拟结果相比试验结果在强度及延性上均偏低。但总地来说，在考虑滑移影响的基础上，Pushover 分析在弹性及弱非线性阶段，强度及变形均吻合较好；进入强非线性后，吻合程度减弱，但也具有较高精度。上述结果表明拟静力试验桥墩均具有较强的抗震能力和较好的位移延性，同时试验和计算结果的比较也说明当前 Pushover 方法是合理有效的。

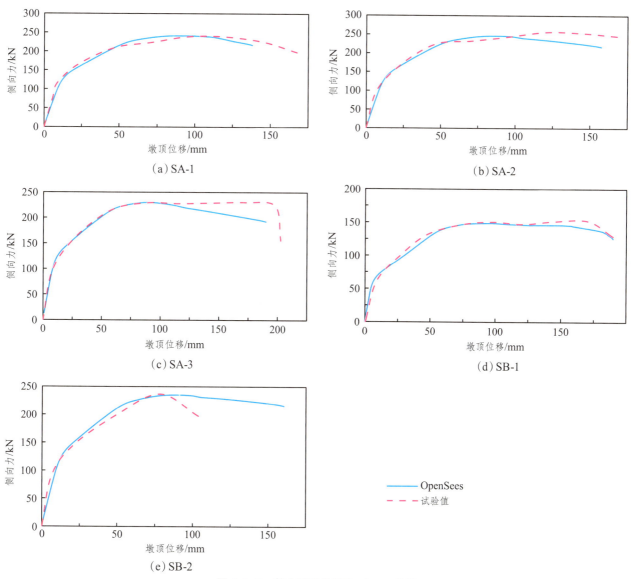

图 5.2-3　静力试验构件Pushover曲线

　　动力试验构件的 Pushover 曲线如图 5.2-4 所示。通过对比各墩的 Pushover 曲线可看出：试验构件在弹性与弱非线性阶段，3 个墩的变形与受力均较一致；进入强非线性后，其强度与变形能力均有一定差异，但各墩变形能力的差异更明显。其中 DB-1 位移延性能力最好，DB-3 位移延性能力最低；DB-2 虽配箍率最高，但其混凝土强度与初始弹模均较低，综合两者的影响，其位移延性能力居中。

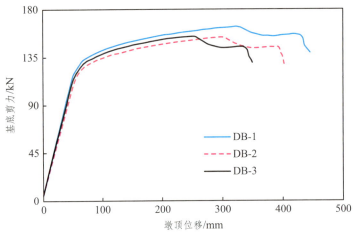

图 5.2-4　动力试验构件Pushover曲线

　　动力试验构件采用 Pushover 分析得出的圆端形空心高墩位移延性能力见表 5.2-5。对比 Pushover 结果与公式计算结果可发现：两者得出的试验墩位移延性能力的总体趋势相同，规律为 DB-1>DB-2>DB-3；但 Pushover 分析结果比公式估算结果小，其值更加保守。

表 5.2-5　动力试验构件位移延性能力计算（静力法）

编号	等效屈服位移 /mm	极限位移 /mm	位移延性能力 （IDA）	位移延性能力 （Pushover）	位移延性能力 （公式法）
DB-1	68	304	4.47	6.19	7.28
DB-2	75	272	3.62	5.29	6.48
DB-3	68	225	3.31	4.80	6.32

5.3　铁路高墩损伤演化过程分析

　　为了模拟钢筋混凝土圆端形空心墩的损伤破坏过程，建立了 ABAQUS 的三维有限元模型，基于损伤本构的桥墩实体单元模型，分析了桥墩在混凝土开裂、钢筋首次屈服，以及极限状态下的损伤机理和损伤演化规律，如图 5.3-1 所示。根据试验工况逐步施加拟静力荷载（PGA），可以准确预测桥墩的损伤部位，如计算表明实体和空心截面倒角处是桥墩的易损部位，这与实测结果一致，同时 ABAQUS 模型还准确预测出首次开裂、纵向钢筋首次屈服等状态。

　　采用 SAP2000 对 2 种配重方法、3 种模拟方式进行计算，分析了不同墩高、配筋率下墩底空心截面弯矩、塑性转角、墩顶最大位移和加速度、墩底剪力等随 PGA 增加的变化规律。以非线性动力时程分析为基础，根据具体试验工况，将各试验墩 IDA 分析的 PGA 增幅设置为 0.05g。改变 PGA 进行非线性动力时程分析，并记录相关结果。每个动力模型的墩顶位移、加速度与特征截面弯矩、曲率随 PGA 的变化情况如图 5.3-2 ~ 图 5.3-11 所示。

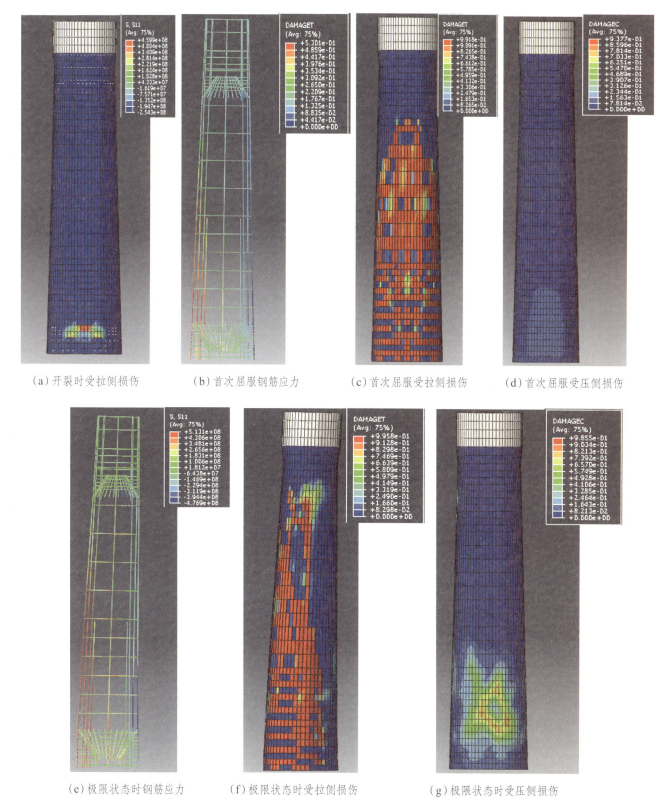

（a）开裂时受拉侧损伤　　　（b）首次屈服钢筋应力　　　（c）首次屈服受拉侧损伤　　　（d）首次屈服受压侧损伤

（e）极限状态时钢筋应力　　　（f）极限状态时受拉侧损伤　　　（g）极限状态时受压侧损伤

图 5.3-1　SA-1混凝土开裂、钢筋首次屈服和极限状态下损伤演化过程

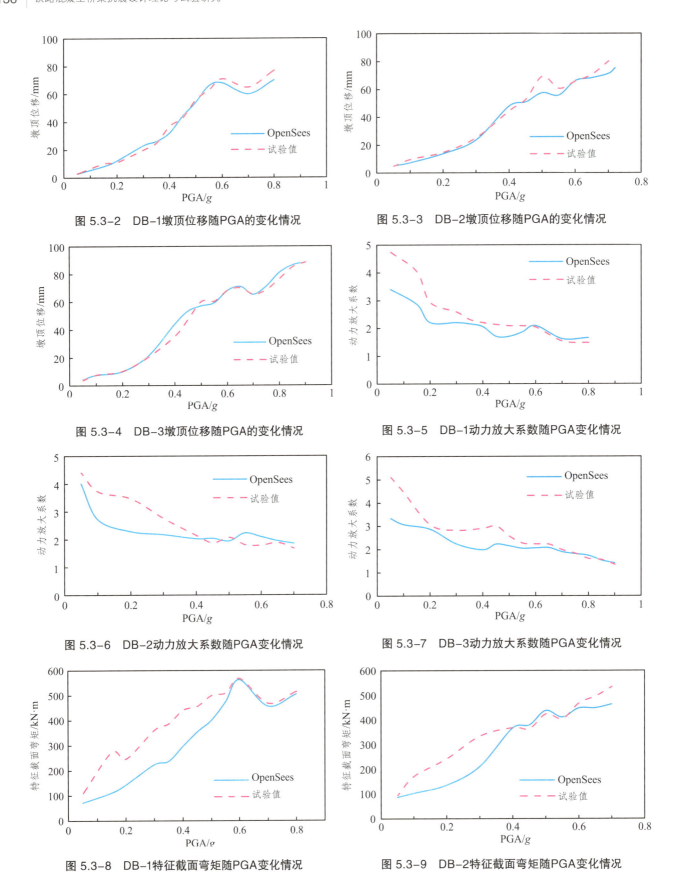

图 5.3-2　DB-1墩顶位移随PGA的变化情况

图 5.3-3　DB-2墩顶位移随PGA的变化情况

图 5.3-4　DB-3墩顶位移随PGA的变化情况

图 5.3-5　DB-1动力放大系数随PGA变化情况

图 5.3-6　DB-2动力放大系数随PGA变化情况

图 5.3-7　DB-3动力放大系数随PGA变化情况

图 5.3-8　DB-1特征截面弯矩随PGA变化情况

图 5.3-9　DB-2特征截面弯矩随PGA变化情况

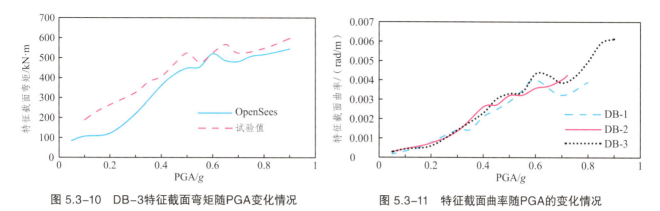

图 5.3-10　DB-3特征截面弯矩随PGA变化情况　　　图 5.3-11　特征截面曲率随PGA的变化情况

（1）分析图 5.3-2～图 5.3-4、图 5.3-11 可发现：各墩数值模拟得出的墩顶位移响应在中低荷载强度下随 PGA 的增大而增大，当达到一定 PGA 会出现墩顶位移随 PGA 增大而减小（或保持平稳）的现象，随后墩顶位移又继续增加；除此之外，各 PGA 下的墩顶位移试验值与数值模拟值均吻合较好。

（2）分析图 5.3-5～图 5.3-7 可发现：各墩数值模拟得出的动力放大系数整体趋势为随 PGA 的增大而减小，这一变化规律与试验规律一致。但其各 PGA 下的动力放大系数，在中低荷载强度下（PGA 大概范围为 $0.05g$～$0.5g$）与试验值有一定差异，数值模拟值小于试验值；在 PGA 较大时（$0.55g$～$0.9g$）其吻合程度较好。

（3）分析图 5.3-8～图 5.3-10 可发现：在中低荷载强度下，特征截面（墩底空心倒角上沿截面）弯矩随 PGA 的增大而增大；当达到一定 PGA 后，弯矩值会出现随 PGA 的增大而减小或增大幅度明显减小的现象（弯矩值保持平稳），继续增大 PGA 其又会恢复快速增长趋势，这一现象与试验现象一致；但同动力放大系数的规律一样，数值模拟得到的特征截面弯矩在中低荷载强度下比试验值小，在 PGA 较大时数值模拟结果与试验值又吻合较好。

（4）总地来说，3 个圆端形空心高墩的分析结果与试验结果均吻合较好，说明通过 OpenSees 建立的非线性动力时程模型适用于圆端形空心高墩的抗震性能分析。

5.4　高墩延性性能设计方法

5.4.1　抗震性能目标量化

我国《铁路工程抗震设计规范》（2009 年版）中给出的普通铁路桥梁总体抗震性能要求和目标在 2.2.2 节已有论述。

钢筋和混凝土材料的应力、应变可以定量描述材料的性能状态，能从材料层面反映结构或构件的性能水平，可作为结构的性能指标。弹性时应变与应力为一一对应关系，规范中常以应力为指标进行强度验算。但当钢筋混凝土结构或钢结构材料屈服后，外载增加而钢筋应力增幅很小，此时应力作为性能指标就不能较好地反映结构或构件的损伤状态，而应变（钢筋拉应变、混凝土压应变）则可以较好地描述结构的损伤状态，反映结构的延性变形能力。要直接得到结构在地震作用下的材料应变需要建立相对较精细的纤维截面梁单元计算模型，此外还要处理众多钢筋与混凝土纤维的应变数据，计算效率往往较低。

为方便计算和设计，一般采用易于获取的性能指标表征抗震性能目标，如曲率、位移等。高墩受高阶振型的影响，墩顶位移与桥墩截面中的应变没有严格的对应关系，墩顶位移不能作为抗震性能指标，此时需要采用截面层次的曲率作为抗震性能指标。位移延性系数指标及曲率延性系数指标则分别是位移与曲率指标的延伸。

目前，国内外多数桥梁抗震设计规范中采用墩顶位移作为结构弹塑性性能指标。这是因为位移与曲率、应变相比较为宏观，用它描述桥梁的损伤程度比较便利。规范适用的桥梁反应中以一阶振型的贡献为主，多在墩底出来一个塑性铰区。通过试验引入等效塑性铰长度的概念，对曲率两次积分可以得到墩顶位移。位移指标可以说是曲率指标在一定条件下的转化。因此，对于一阶振型为主的普通桥梁，墩顶出现最大位移的时刻也是墩底塑性铰区截面出现最大曲率及材料的最大应变的时刻，桥墩材料的应力－应变关系与截面的弯矩－曲率关系一一对应，两者又与墩顶的力－位移关系一一对应，因此此位移性能指标与应变或曲率指标是一致的，现行规范将位移作为桥墩弹塑性的抗震性指标是合理的。对于发生剪切破坏的构件，则以截面层次的剪力作为抗震性能指标。

采用损伤指数 DI 评估强震作用下结构的损伤程度，不同的损伤指数值代表结构不同的破坏状态。损伤指数 DI 范围为 [0，1]，DI = 0 对应无损伤状态，DI = 1 对应结构完全破坏极限状态，DI 介于 0 与 1 之间对应结构不同程度的损伤状态。表 5.4-1 给出了 5 种损伤等级划分标准：无损伤、轻微损伤、中等损伤、严重损伤和局部失效或倒塌，并建议取 DI = 0.4 作为可修复损伤状态与不可修复状态的临界值。

表 5.4-1　桥墩损伤状态分类

状　态	指　数	描　述
无损伤	DI<0.1	无破坏或仅在局部出现微小裂缝
轻微损伤	0.1 ≤ DI<0.25	微小裂缝广泛分布
中等损伤	0.25 ≤ DI<0.4	严重开裂、局部保护层剥落
严重损伤	0.4 ≤ DI<1.0	混凝土压溃、受力钢筋外露
局部失效或倒塌	DI ≥ 1	倒塌

钢筋混凝土空心墩的性能水平是指其在地震作用下限定的预期损伤状态。在国内外学者研究的基础上，结合空心墩模型试验结果，根据其破坏状态与地震损伤性能目标，将空心墩的损伤程度划分为 5 个等级：

（1）基本无损坏：出现微裂缝；

（2）轻微损伤：局部出现贯通的微裂缝，纵筋屈服；

（3）中等损伤：裂纹显著发展，混凝土保护层开始脱落；

（4）严重损伤：裂纹急剧变宽，混凝土保护层局部完全剥落；

（5）倒塌破坏（或接近倒塌）：受压区核心混凝土压碎，纵筋拉断、压屈或箍筋断裂。

对应上述损伤等级众多学者给出不同定量化描述，部分既有研究成果如表 5.4-2 所示。结合损伤指标、试验现象和公式计算结果，对比分析各损伤评估的合理性。

表 5.4-2　不同损伤等级对应的损伤指数范围

损伤程度	基本完好	轻微损伤	中等损伤	严重损伤	倒塌
Park-Wen	0 ~ 0.1	0.1 ~ 0.25	0.25 ~ 0.40	0.40 ~ 0.80	≥ 0.8
Bracci	0 ~ 0.33		0.33 ~ 0.66	0.66 ~ 1.00	≥ 1.0
牛荻涛	0 ~ 0.2	0.2 ~ 0.4	0.4 ~ 0.65	0.65 ~ 0.90	>0.9
李军旗	0 ~ 1.0				1
于海祥	0 ~ 0.1	0.1 ~ 0.25	0.25 ~ 0.55	0.55 ~ 0.90	>0.9
陈星烨	0 ~ 0.1	0.1 ~ 0.25	0.25 ~ 0.60	0.60 ~ 0.90	≥ 0.9

根据文献分析，在《铁路工程抗震设计规范》中确定的性能目标基础上进行定性描述，建议铁路钢筋混凝土圆端形桥墩的抗震性能水准分为 3 类，如表 5.4-3 所示。

表 5.4-3　抗震性能水准

性能水平	使用功能	损伤状态	破坏特征
Ⅰ	桥梁基本功能不受影响	基本完好	截面大部分受拉钢筋没有屈服
Ⅱ	基本功能受到影响	损伤可修	保护层混凝土刚开始剥落或轻微剥落
Ⅲ	基本功能不存在	损伤严重	塑性铰区充分形成、约束混凝土（核心混凝土）出现损坏

具体到空心桥墩，在不同设防水准地震下的抗震性能目标，建议量化如表 5.4-4 所示。

表 5.4-4　空心墩的量化性能目标

设防水准	损伤状态	破坏特征	使用功能	量化指标（应力或弯矩）	延性指标 曲率延性	延性指标 位移延性
多遇地震	基本完好	截面大部分受拉钢筋没有屈服	可通行	$\sigma \leq [\sigma]$ 或 $M < M_{eq}$	—	—
设计地震			不验算			
罕遇地震	损伤可修	保护层混凝土开始剥落或轻微剥落	稍作修复后可通行	—	7	3

确定了试件的性能水准划分标准后，还需要根据构件破坏形式选取合适的性能目标。因试验构件主要发生的是弯曲破坏，所以可基于强度退化性能曲线选取性能目标；对于作为延性构件的桥墩，规范对其位移延性能力与构件变形能力（墩顶位移限值）都有相应要求，采用位移延性比对桥墩性能进行量化有很大的工程指导意义，且在过去的桥墩性能目标量化分析中位移延性系数作为量化指标已经被广泛使用，作为弯曲破坏试验构件的量化指标。首先根据试验构件的损伤特点，将各墩典型损伤状态下对应的位移延性比进行统计，如表 5.4-5 所示，接着结合试验墩的性能水准划分标准对其进行五水准量化。

表 5.4-5　试验构件性能量化结果

状态描述	位移延性比 SA-1	SA-2	SA-3	SB-1	汇总
混凝土初始开裂	0.13	0.15	0.16	0.2	0.13 ~ 0.2
钢筋首次屈服	0.56	0.55	0.65	0.42	0.42 ~ 0.65
混凝土开始剥落	1.12	1.1	1.29	1.75	1.1 ~ 1.75
荷载峰值	2.7	2.73	3.16	3.35	2.7 ~ 3.35
强度下降到85%	3.58	3.82	4.42	4.4	3.58 ~ 4.42

注：表中位移延性为对应状态的墩顶位移与屈服位移的比值。

整理已有的性能目标量化成果，并结合其各阶段的损伤量化特征与性能目标划分标准，将其与试验墩结果对比，如表 5.4-6 所示。通过对比可发现：构件在第 Ⅴ 水准下的位移延性比较以往统计值偏小，这是由于以往统计值是基于大多数实体墩与少量空心墩得出的，而本书的数值是基于试验圆端形空心墩数据得出的；构件在第 Ⅳ 水准、第 Ⅲ 水准下的位移延性比均在已有统计量化范围内；构件在第 Ⅱ 水准、第 Ⅰ 水准下位移延性比相对学者刘艳辉的量化值偏低，这是由于各自选取的损伤界限有一定差异，刘艳辉是选取塑性铰的屈服作为 Ⅰ、Ⅱ 水准的分界标准，而本书是选取钢筋首次屈服作为这两级的分界标准。

表 5.4-6 基于位移延性的目标量化

水准	总体描述	加州规范	刘艳辉（城市高架桥墩）	罗征（矩形墩）	宋晓东（箱形墩）	圆端形空心墩
第 I 水准	功能良好	—	0 ~ 1	—	—	0.13 ~ 0.42
第 II 水准	微小损伤	—	1 ~ 1.2	<1	<1	0.42 ~ 1.1
第 III 水准	中等损伤	1 ~ 2	1.2 ~ 3	>1.45	<3	1.1 ~ 2.7
第 IV 水准	严重损伤	2 ~ 4	3 ~ 4	>1.95	<4	2.7 ~ 3.58
第 V 水准	接近倒塌	4 ~ 6	4 ~ 6	5.4	—	3.58 ~ 4.42

5.4.2 桥墩等效塑性铰长度

等效塑性铰长度的计算准确性对于桥墩抗震性能的评估至关重要，直接影响到墩顶位移计算值的大小。现有规范中等效塑性铰长度的计算公式大多是基于实体墩试验得到的，鉴于空心墩与实体墩的差异，既有等效塑性铰长度计算模型对空心墩的适用性尚有待深入研究。通过不同设计参数的铁路圆端形空心墩的拟静力试验，观测墩底塑性铰区域的破坏情况，研究轴压比和配箍率对墩顶极限位移的影响。通过现行国内外等效塑性铰长度经验计算公式与试验结果进行对比分析，探究轴压比和配箍率对空心墩等效塑性铰长度的影响，研究等效塑性铰长度计算模型对空心墩的适用性。

表 5.4-7 塑性铰区长度计算公式

编号	公式来源	模型公式	截面
M1	Mattock	$L_p = 0.5h + 0.05L$	
M2	Bae 和 Bayrak	$\dfrac{L_p}{h} = \left[0.3\left(\dfrac{P_u}{P_k}\right) + 3\left(\dfrac{A_s}{A_g}\right) - 0.1\right]\left(\dfrac{L}{h}\right) + 0.25 \geqslant 0.25$	实体（矩形、方形）
M3	Berry	$L_p = 0.05L + 0.1 f_y d_b / \sqrt{f_c'}$	
M4	李贵乾	$L_p = 0.65 \times \left(5.65\rho_l L + 0.325D + 0.09\dfrac{f_y d_b}{\sqrt{f_c'}}\right)$	实体（圆形）
M5	Eurocode 8	$L_p = 0.1L + 0.015 f_y d_b$	
M6	JRA	$\begin{cases} L_p = 0.2L + 0.1h \\ 0.1h \leqslant L_p \leqslant 0.5h \end{cases}$	实体（矩形、方形、圆形）
M7	《细则》	$\begin{cases} L_p = 0.08L + 0.022 f_y d_b \geqslant 0.044 f_y d_b \\ L_p = \dfrac{2}{3}h \end{cases}$	
M8	Mander	$L_p = 0.06L + 32\sqrt{d_b}$	
M9	Priestley 和 Park	$L_p = 0.08L + 6d_b$	
M10	孙治国	$L_p = 0.10L - 0.165h + 7.32d_b$	实体/空心（矩形、方形、圆形）
M11	Paulay 和 Priestley、Caltrans、AASHTO、《城规》	$L_p = 0.08L + 0.022 f_y d_b \geqslant 0.044 f_y d_b$	
M12/M13	Telemachos	$L_p = 0.12L + 0.014\alpha_d f_y d_b$	

注：L 为桥墩计算高度，h 为截面有效高度，d_b 为纵筋直径，f_y 为纵筋抗拉强度，f_c' 为混凝土抗压强度，P_u 为构件的轴向力，$P_k = 0.85 f_c'(A_g - A_s) + f_y A_s$（其中 A_s 为受拉钢筋的面积，A_g 为毛截面面积），ρ_l 为纵筋率，α_d 考虑纵筋拔出效应时取为 1（不考虑纵筋拔出效应时取为 0）；Telemachos 模型回归时样本中还包含了少量混凝土梁及剪力墙，M12 为不考虑钢筋拔出效应的 Telemachos 模型，M13 为考虑钢筋拔出效应的 Telemachos 模型。

通过对表 5.4-7 分析发现，现有等效塑性铰长度计算公式大多源于实体墩，这些公式能否直接适用于圆端形空心墩、现有少数空心墩计算公式的适用范围，都有待深入研究。根据所测墩身竖向位移可以计算得到各节段平均曲率，如图 5.4-1 所示。随着墩顶位移的不断增加，墩身各节段区域的平均曲率也随之增大。但是，墩身曲率分布与等截面实体墩存在显著差异，墩底倒角所在的区域 2 处平均曲率 ϕ_2 明显大于区域 1 处平均曲率 ϕ_1。而随着截面高度的增加，在区域 3 处的平均曲率 ϕ_3 与 ϕ_2 相比急剧减小，区域 4 处曲率 ϕ_4 略小于 ϕ_3，由此可知除区域 2 外墩身其余部分塑性程度相对较低。

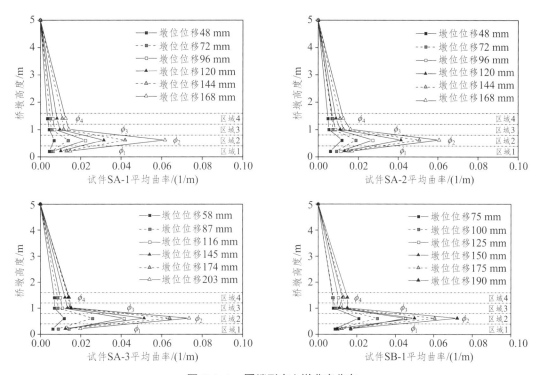

图 5.4-1　圆端形空心墩曲率分布

为阐明圆端形空心墩试件开裂行为、塑性铰机理及曲率分布特性，图 5.4-2 给出了各试件发生首次屈服位移工况及最大位移工况下的裂缝分布。由于墩底倒角上缘薄壁处的 M/W 最大，其附近区域是出现第一条明显弯曲裂缝的位置，即各试件中的弯曲裂缝 C1。与此同时，该区域理论压应力也最大，最大位移工况下混凝土保护层的压溃剥落、纵向钢筋的屈曲断裂均发生在墩底空心段及墩底倒角附近。因此桥墩塑性变形集中在墩底倒角及空心段附近，塑性铰相对普通等截面实体墩整体上移，故区域 2 平均曲率 ϕ_2 最大。空心段截面刚度 EI_0 的变化使得墩底倒角以上一定区域 L' 内的理论 M/W 也较大，导致桥墩最终裂缝分布也主要集中在该范围内，约占墩身高度的 2/3。

由上述分析可知，在进行圆端形空心墩抗震设计时，应尤为注意空心段的底部及顶部连接处构造细节，防止强震作用下墩底形成塑性铰后因混凝土的压溃剥落或纵筋屈曲拉断而导致侧向承载力的急剧下降。

基于试验观测的塑性区域长度通常具有一定的主观性，需要根据实测位移和曲率反算 L_p。等截面实体桥墩的等效塑性铰简化模型，如图 5.4-3（a）所示，假定 L_p 范围内的塑性曲率为常数，此时由式（5.4-1）可以确定墩顶极限容许位移。将式（5.4-1）变换为式（5.4-2），即可利用试验所测位移和曲率计算桥墩等效塑性铰长度试验值。

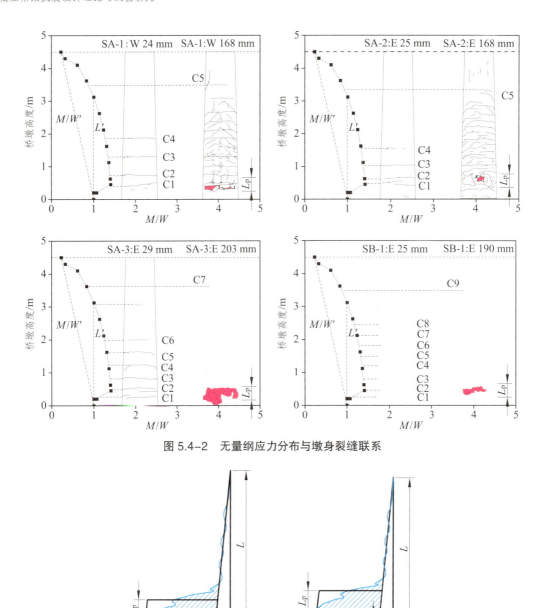

图 5.4-2　无量纲应力分布与墩身裂缝联系

（a）等截面实体墩　　　　　　（b）变截面圆端形空心墩

图 5.4-3　等效塑性铰长度定义

鉴于铁路圆端形空心墩在塑性演化及曲率分布方面与等截面实体墩存在较大差异，不能直接套用式（5.4-2）计算 L_p 试验值。故根据墩身曲率分布将原简化模型修正如图 5.4-3（b）所示，此时由式（5.4-3）计算圆端形空心墩墩顶位移，由式（5.4-4）得圆端形空心墩等效塑性铰长度试验值。

$$\varDelta_u = \varDelta_y + \varDelta_p = \frac{\phi_y L^2}{3} + (\phi_u - \phi_y) \cdot L_p \cdot (L - 0.5L_p) \tag{5.4-1}$$

$$L_p = L - \sqrt{L^2 - 2(\varDelta_u - \varDelta_y)/(\phi_u - \phi_y)} \tag{5.4-2}$$

$$\varDelta_u = \varDelta_y + \varDelta_p = \frac{\phi_y L^2}{3} + (\phi_u - \phi_y) \cdot L_p \cdot (L - L_s - 0.5L_p) \tag{5.4-3}$$

$$L_p = (L - L_s) - \sqrt{(L - L_s)^2 - 2(\Delta_u - \Delta_y)/(\phi_u - \phi_y)} \qquad (5.4\text{-}4)$$

根据《铁路工程抗震设计规范》，采用最外层纵筋屈服时的墩顶位移作为屈服位移，同时取承载力下降至峰值承载力 80% 时的位移作为极限位移，结合实测曲率与位移，计算等效塑性铰长度如表 5.4-8 所示。

表 5.4-8　桥墩等效塑性铰长度

试件	混凝土裂缝范围 /m		混凝土剥落范围 /m		墩顶位移 /cm		实测塑性铰区域高度
	E	W	E	W	Δ_y	Δ_u	L_p/mm
SA-1	3.1	3.5	—	0.25	2.2	15.8	592
SA-2	3.4	3.2	0.42	—	2.3	16.8	577
SA-3	3.6	3.1	0.53	0.38	2.5	19.7	571
SB-1	3.8	3.8	0.27	0.18	2.0	19.0	581

用表 5.4-7 中公式 M1 ~ M12 计算 4 个桥墩模型的等效塑性铰长度，其中桥墩计算高度扣除了墩底实体段高度。各模型塑性铰长度计算结果与实测值的比较如图 5.4-4 所示，两者比值的平均值和变异系数如表 5.4-9 所示。分析可知：

（1）各模型塑性铰长度计算值介于 200 mm 至 650 mm 之间，将实测值包含在内，说明由于构件类型、设计参数、加载方式等不同，加之各模型中因素取舍不一，所得出公式计算结果存在较大差异。

（2）M1（Mattock）和 M12（Telemachos）计算值远大于试验值，可能会高估桥墩的极限容许变形能力，使得桥墩抗震设计偏于不安全。

（3）其余大多数模型预测值均在不同程度上小于试验值，表明相较于一般等截面实体桥墩，变截面的圆端形空心墩塑性铰区域在上移的同时，其塑性演化范围也在增大。

（4）模型 M2（Bae 和 Bayrak）计算结果最为保守，其可能的原因是该模型的推导源于高轴压比（η 为 0.2 和 0.5）及高配筋率（ρ_1 为 1.25%）的实体截面，而铁路圆端形空心墩模型的轴压比和纵筋率相对较小，使得等效塑性铰长度计算值始终为 0.25h。

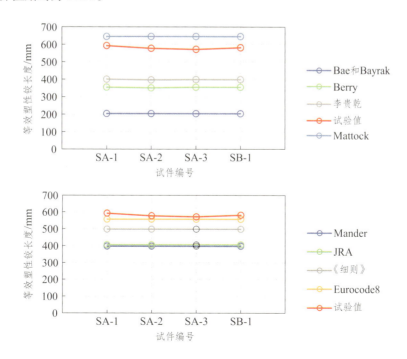

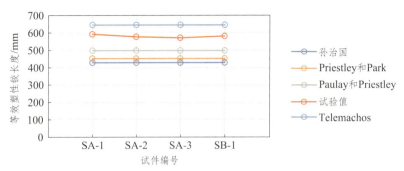

图 5.4-4　等效塑性铰长度计算值与试验值比较

表 5.4-9　L_p 计算值与试验值比值平均值和变异系数

编号	M1	M2	M3	M4	M5	M6	M7	M8	M9	M10	M11	M12
平均值	1.11	0.35	0.61	0.68	0.96	0.70	0.86	0.68	0.78	0.74	0.86	1.11
变异系数	0.015	0.015	0.015	0.015	0.015	0.015	0.015	0.015	0.015	0.015	0.015	0.015

　　M5（Eurocode8）模型能够较好地评估铁路单线圆端形空心墩的塑性铰长度，从抗震设计安全、经济的角度出发，可以用于铁路圆端形空心墩的抗震设计。其余模型对圆端形空心墩的等效塑性铰长度计算值差异较大，这些模型均源于实体规则截面，与圆端形空心截面的受力和塑性特性具有显著差异，同时未考虑到空心墩所设置的倒角过渡段，因此其适用性须审慎处之。

5.4.3　有效刚度

　　在地震荷载作用下，钢筋混凝土桥墩通常处于带裂缝工作状态，使得桥梁结构的抗弯刚度下降。在桥梁抗震验算中，桥墩整体有效刚度的取值对桥梁构件及桥梁整体的响应需求计算和延性能力估计都有较大的影响。

　　影响桥墩有效刚度的因素主要有：纵筋率、纵筋直径、轴压比、墩高、剪跨比（长细比）、配箍率、纵筋屈服强度以及混凝土抗压强度等。配筋情况、几何尺寸、材料性能及截面受力特性和内力状态有关。

　　由此可见，轴压比、剪跨比是桥墩有效刚度的控制因素。剪跨比对刚度的影响如图 5.4-5 所示。

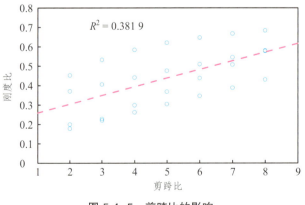

图 5.4-5　剪跨比的影响

　　基于上述分析，给出有效刚度关于轴压比、剪跨比的待定参数模型：

$$\frac{EI_{\text{eff}}}{E_{\text{c}}I_{\text{g}}} = F(\mu, \lambda) \triangleq f(\mu) + f(\lambda) + \beta \leqslant 1.0 \tag{5.4-5}$$

式中，$f(\mu)$ 是轴压比 μ 的函数，$f(\lambda)$ 是剪跨比 λ 的函数，β 为待定参数。

采用全部桥墩中 22 个实体墩的拟静力试验数据对式（5.4-5）进行待定参数标定，通过多元回归得到实体墩有效刚度比的计算公式如下：

$$\frac{EI_{\text{eff}}}{E_{\text{c}}I_{\text{g}}} = 0.6\eta_{\text{k}} + 0.049\lambda + 0.12 \geqslant 0.10 \tag{5.4-6}$$

根据上述研究思路，基于全部桥墩中的 28 个空心墩试验结果，通过多元非线性回归得到空心墩有效刚度比的计算公式如下：

$$\frac{EI_{\text{eff}}}{E_{\text{c}}I_{\text{g}}} = 0.467\eta_{\text{k}} - 0.002\,3\lambda^2 + 0.058\,3\lambda + 0.12 \geqslant 0.10 \tag{5.4-7}$$

以下分别将回归公式（5.4-6）、（5.4-7）称为公式 I、公式 II。为了检验公式 I、公式 II 的合理性及有效性，作者采用剩余 67 个桥墩（其中实体墩 38 个、空心墩 29 个）的试验结果分别对回归公式进行评估，并与已有公式计算结果进行比较。

实体墩、空心墩回归公式有效刚度比计算值与试验值的比较结果如图 5.4-6、表 5.4-10 所示。由计算与试验结果的对比分析可知，公式 I、公式 II 对应的线性相关系数分别为 0.921 和 0.821，而实体墩较空心墩的计算结果更好，公式 I、公式 II 计算结果与试验值较为接近。

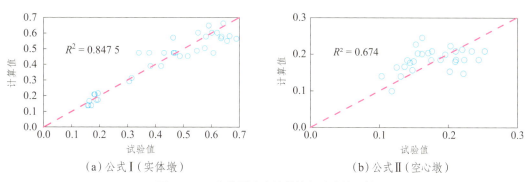

（a）公式 I（实体墩）　　　　　　（b）公式 II（空心墩）

图 5.4-6　有效刚度比计算值与试验值比较

表 5.4-10　有效刚度比的计算值与试验值之比的统计结果

参数	实体墩		空心墩	
	公式 I	郑罡公式 II	公式 II	郑罡公式 I
最小值	0.725	0.641	0.666	0.802
最大值	1.392	1.505	1.518	1.750
均值	0.977	1.020	1.073	1.266
标准差	0.141	0.253	0.225	0.264
变异系数	0.144	0.248	0.210	0.209

根据《铁路工程抗震设计规范》（2009 年版）的规定，钢筋首次屈服时的刚度作为桥墩有效刚度，测试有效刚度及修正系数计算结果如表 5.4-11 所示。

表 5.4-11　测试有效刚度及修正系数

编号	屈服位移/mm	屈服荷载/kN	有效刚度/（N·m²）	初始刚度/（N·m²）	刚度比
SA-1	21.60	160	1.90×10^8	6.58×10^8	0.469
SA-2	22.62	170	2.54×10^8	6.62×10^8	0.473
SA-3	25.40	168	2.35×10^8	6.58×10^8	0.419
SB-1	22.00	102	1.50×10^8	6.62×10^8	0.418
SB-2	19.52	137	1.70×10^8	6.58×10^8	0.444

国外公式及规范公式计算结果如表 5.4-12、图 5.4-7、图 5.4-8 所示。

表 5.4-12　现有公式计算效果对比

来源	SA-1	SA-2	SA-3	SB-1	SB-2	均值	R
试验值	0.469	0.473	0.419	0.418	0.444	0.445	1.000
Paulay	0.539	0.649	0.539	0.514	0.538	0.556	1.250
Mehanny	0.738	0.900	0.738	0.657	0.736	0.754	1.693
Panagiotako	0.200	0.200	0.200	0.200	0.200	0.200	0.451
Khuntia	0.954	0.877	0.954	0.972	0.955	0.942	2.127
Elwood 06	0.200	0.350	0.200	0.200	0.200	0.230	0.514
Haselton	0.410	0.499	0.410	0.390	0.409	0.424	0.952
Berry	0.641	0.490	0.456	0.489	0.490	0.513	1.153
Elwood 09	0.915	0.622	0.556	0.620	0.622	0.667	1.495
李贵乾	0.326	0.369	0.326	0.277	0.325	0.325	0.729
郑罡 I	0.314	0.381	0.314	0.291	0.314	0.323	0.725
郑罡 II	0.314	0.395	0.314	0.296	0.314	0.327	0.734
FEMA356	0.500	0.500	0.500	0.500	0.500	0.500	1.128
ASCE41	0.341	0.492	0.341	0.307	0.340	0.364	0.816
ACI318 I	0.700	0.700	0.700	0.700	0.700	0.700	1.579
ACI318 II	0.500	0.500	0.500	0.500	0.500	0.500	1.128
公式 I	0.482	0.573	0.482	0.462	0.482	0.496	1.116
公式 II	0.442	0.513	0.442	0.426	0.442	0.453	1.020
JTG/T 2231-01—2020	0.248	0.243	0.230	0.205	0.190	0.223	0.502

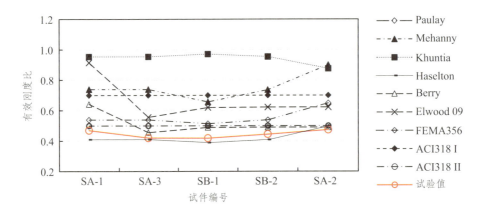

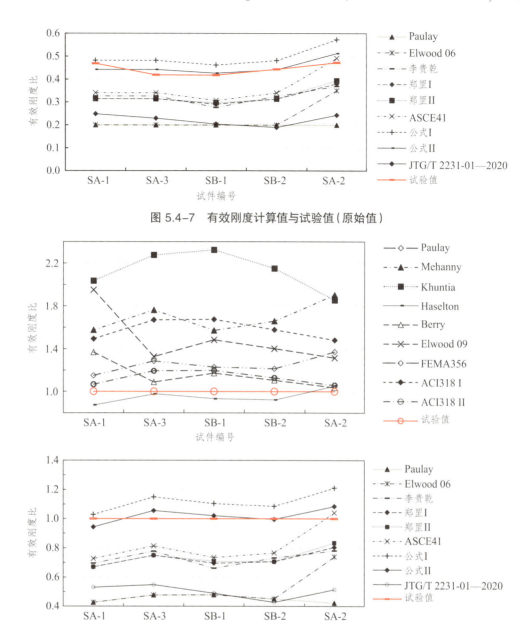

图 5.4-7　有效刚度计算值与试验值（原始值）

图 5.4-8　有效刚度计算公式（计算值/试验值）

既有公式一般都是在对某种特定受力状态或几何特征的试件进行有限个试验模型研究的基础上提出来的，往往只是适用于某种特定几何条件和受力状态的构件，在使用上存在较大局限性。本次试验模型是圆端形空心混凝土桥墩，现有公式和规范计算结果与试验结果有较大差异。通过对表 5.4-12、图 5.4-7、图 5.4-8 中圆端形空心墩有效刚度估计结果对比分析，试验结果与各公式计算值变化差异较大，但总体上呈现一定规律。公式 Ⅱ 和郑罡公式 Ⅰ 计算值均较接近于试验值；与主要考虑了轴压比及剪跨比影响的郑罡公式 Ⅱ 相比，考虑轴压比、剪跨比、纵向配筋率、纵筋直径、纵筋抗拉强度及混凝土抗压强度等多因素综合影响的郑罡公式 Ⅰ 计算效果更好。综上，公式 Ⅱ、郑罡公式 Ⅰ 对于圆端形空心墩有效刚度的估计效果相对较好。

5.4.4　有效阻尼

结构的真实阻尼往往难以定量，一般采用等效阻尼比 ξ_{eq} 来估算，即将结构的非线性滞回耗能等效为黏滞耗能以得到等效阻尼比：

$$\xi_{\mathrm{eq},i} = \frac{1}{2\pi} \cdot \frac{E_{\mathrm{d}i}}{(0.5 \cdot V_i^+ \cdot \Delta_i^+ + 0.5 \cdot V_i^- \cdot \Delta_i^-)} \tag{5.4-8}$$

式中 $\xi_{\mathrm{eq},i}$——第 i 级循环的等效阻尼比；

$\quad\quad E_{\mathrm{d}i}$——第 i 级循环滞回环的面积；

$\quad\quad V_i，\Delta_i$——第 i 级循环滞回环的峰值力和对应位移。

关于混凝土构件等效阻尼比计算的部分代表模型如表 5.4-13 所示。其中，Kowalsky 和 Priestley 是基于滞回模型的理论公式，Iwan-Guyader 和 Hwang 为基于多种滞回模型和地震波时程分析的统计公式，而 Elmenshawi 和 Cassese 则是基于试验的拟合公式。

表 5.4-13 等效阻尼比计算模型

编号	模型名称	等效阻尼比 ξ_{eq}
M1	Kowalsky	$\xi_0 + \dfrac{1}{\pi}\left(1 - \dfrac{1-\alpha}{\sqrt{\mu}} - \alpha\sqrt{\mu}\right)$
M2	Priestley	$\xi_0 + \dfrac{0.95}{\pi}\left(1 - \dfrac{1}{\sqrt{\mu}}\right)$
M3	Iwan-Guyader	$\xi_0 + 0.058\,7(\mu-1)^{0.371}$
M4	Hwang	$\xi_0 + \left\{\dfrac{2(1-\alpha)(1-1/\mu)}{\pi[1+\alpha(\mu-1)]}\right\}\dfrac{\mu^{0.58}}{6-10\alpha}$
M5	Elmenshawi	$0.072\,3 + 0.061\ln\mu$
M6	Cassese	$\xi_0 + \dfrac{0.5}{\pi}\left(1 - \dfrac{1}{\mu^{2.9}}\right)$

注：ξ_0 为弹性阻尼比（混凝土构件取 0.05），α 为屈后刚度与弹性刚度比值（取 0.05）。

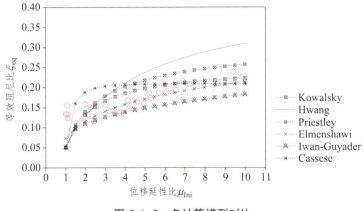

图 5.4-9 各计算模型对比

利用表 5.4-13 中公式计算圆端形空心墩等效阻尼比，并与试验结果比较，如图 5.4-9 所示。分析可知各公式计算等效阻尼比均随位移延性比增加而增大，在位移延性比为 1.0 时均低估了桥墩的等效阻尼比；在延性较大时，Hwang 和 Priestley 模型过高估计了桥墩的等效阻尼比，而 Iwan-Guyader 的计算值较为保守，其余模型的计算值与试验值较为接近。鉴于现有计算模型无法直接用于圆端形空心墩等效阻尼比估算，本书根据现有试验数据回归分析得到等效阻尼比公式如下，其建议模型如图 5.4-10 所示。

$$\xi_{eq} = \begin{cases} 0.05\mu_{lni} + 0.12 & (1.0 \leqslant \mu_{lni} < 3.0) \\ 0.082\ln\mu_{lni} + 0.045 & (\mu_{lni} \geqslant 3.0) \end{cases} \tag{5.4-9}$$

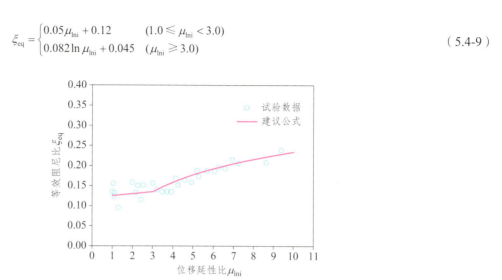

图 5.4-10　等效阻尼比建议模型

5.4.5　约束箍筋用量

以曲率延性系数为抗震指标的约束箍筋用量研究受到众多学者认可，且研究成果众多。国内外学者在大量试验基础上，基于不同的考量，提出了混凝土桥墩不同曲率延性水平的塑性铰区约束箍筋用量计算公式，总结如表 5.4-14 所示。

表 5.4-14　约束箍筋用量计算公式（曲率）

公式来源	塑性铰区箍筋用量
Paulay	$\rho_s = k\dfrac{f'_c}{f_{yt}}\dfrac{A_g}{A_c}(\eta - 0.08)$
刘庆华	$\alpha\omega_{wd} = 7.6\mu_\varphi\eta_k\varepsilon_{sy}(1.3 + 2.8\eta_k)\dfrac{A_g}{A_c},\ 0.1 \leqslant \eta < 0.5$ $\alpha\omega_{wd} = 7.6\mu_\varphi\eta\varepsilon_{cu}(2.1 - 1.4\eta)\dfrac{A_g}{A_c},\ 0.5 \leqslant \eta \leqslant 0.75$
吕西林	$\lambda_{cv} = 0.0355\dfrac{A_g}{A_{cor}}\eta\mu_{c\varphi} - 0.04$
Watson TNZ 95	圆形　$\rho_s = 1.4\dfrac{A_g}{A_c}\dfrac{(\mu_\varphi - 33\rho_t m + 22)}{111}\dfrac{f'_c}{f_{yh}}\dfrac{\eta}{\phi} - 0.008$ 矩形　$\rho_s = \dfrac{A_g}{A_c}\dfrac{(\mu_\varphi - 33\rho_t m + 22)}{111}\dfrac{f'_c}{f_{yh}}\dfrac{\eta}{\phi} - 0.006$

续表

公式来源	塑性铰区箍筋用量
Sheikh	井字箍筋 $\rho_s = \dfrac{\alpha}{29}(\mu_\phi)^{1.15}(1+13\eta^5)$ 矩形箍筋 $\rho_s = \alpha(6\eta-1.4)\dfrac{\mu_\phi}{18} \geqslant \alpha\dfrac{\mu_\phi}{18}$ 通常 $\alpha=2.7$；低轴压比 $1+13\eta^5 \approx 1.0$ 时，$\alpha=2.5$
Li	矩形 $\rho_s = \dfrac{A_g}{A_c}\dfrac{(\mu_\varphi-33\rho_l m+22)}{\lambda}\dfrac{f_c'}{f_{yh}}\dfrac{\eta}{\phi}-0.006$ $\lambda=117,\ f_c'<70\ \text{MPa};\quad \lambda=0.05(f_c')^2-9.54f_c'+539.4,\ f_c' \geqslant 70\ \text{MPa}$ 圆形 $\rho_s = \dfrac{A_g}{A_c}\dfrac{(\mu_\varphi-33\rho_l m+22)}{111}\dfrac{f_c'}{f_{yh}}\dfrac{\eta}{\phi}\alpha-0.006\alpha$ $\alpha=1.1,\ f_c'<80\ \text{MPa};\quad \alpha=1.0,\ f_c' \geqslant 80\ \text{MPa}$ 高强混凝土矩形 $\rho_s = \dfrac{A_g}{A_c}\dfrac{(\mu_\varphi-30\rho_l m+22)}{91-0.1f_c'}\dfrac{f_c'}{f_{yh}}\dfrac{\eta}{\phi}$ 高强混凝土圆形 $\rho_s = \dfrac{A_g}{A_c}\dfrac{(\mu_\varphi-55\rho_l m+25)}{79}\dfrac{f_c'}{f_{yh}}\dfrac{\eta}{\phi}$
AASHTO（05） 取大值	圆形 $\rho_s = 0.45\left(\dfrac{A_g}{A_c}-1\right)\dfrac{f_c'}{f_{yt}}$ 或 $\rho_s \geqslant 0.12\dfrac{f_c'}{f_{yt}}$ 矩形 $\rho_s = 0.30\left(\dfrac{A_g}{A_c}-1\right)\dfrac{f_c'}{f_{yt}}$ 或 $\rho_s = 0.12\dfrac{f_c'}{f_{yt}}$
ACI 318-08 取大值	圆形 $\rho_s = 0.45\left(\dfrac{A_g}{A_c}-1\right)\dfrac{f_c'}{f_{yt}}$ 或 $\rho_s \geqslant 0.12\dfrac{f_c'}{f_{yt}}$ 矩形 $\rho_s = 0.30\left(\dfrac{A_g}{A_c}-1\right)\dfrac{f_c'}{f_{yt}}$ 或 $\rho_s = 0.09\dfrac{f_c'}{f_{yt}}$
Caltrans 06 取大值	圆形 $\rho_s = 0.45\dfrac{f_c'}{f_{yt}}\left(\dfrac{A_g}{A_c}-1\right)(0.5+1.25\eta),\ D \leqslant 914\ \text{mm}$ 或 $\rho_s = 0.12\dfrac{f_c'}{f_{yt}}(0.5+1.25\eta),\ D>914\ \text{mm}$ 矩形 $\rho_s = 0.30\dfrac{f_c'}{f_{yt}}\left(\dfrac{A_g}{A_c}-1\right)(0.5+1.25\eta)$ 或 $\rho_s = 0.12\dfrac{f_c'}{f_{yt}}(0.5+1.25\eta)$
Eurocode 8（98） 取大值	矩形 $\omega_{wd,r} \geqslant 1.74\dfrac{A_g}{A_c}(0.009u_c+0.17)\eta-0.07 \geqslant \omega_{w,\min}$ 圆形 $\omega_{wd,c}=1.40\omega_{wd,r}$ 或 $\omega_{wd}=\rho_s\dfrac{f_{yt}}{f_c'}$ 其中，$u_c \geqslant 13,\ \omega_{w,\min} \geqslant 0.12$
CSA-A23.3-04	$\rho_s \geqslant 0.45\left(\dfrac{A_g}{A_c}-1\right)\dfrac{f_c'}{f_{yh}}$

其中：k 是与曲率延性系数相关的系数，$\omega_{wd}=\rho_s f_{yh}/f_c'$，$\alpha$ 为箍筋有效约束系数，η 为轴压比，$\lambda_{cv}=\rho_v f_{yh}/f_c'$，$A_g$、$A_c$ 分别为全截面面积和核心混凝土面积，$m=f_{yh}/0.85f_c'$，φ 为强度安全系数，"圆形"表示圆形截面，"矩形"表示矩形截面，以下各表中符号的意义相同。

　　上述公式的最大特点是以曲率延性系数作为性能指标，具有形式简单、便于工程实际应用等诸多优点。但部分学者认为以位移延性系数作为延性指标更能直接反映桥墩的抗震水平，针对不同地震危险性给出了框架柱约束箍筋用量的设计方法，总结如表 5.4-15 所示。

表 5.4-15　约束箍筋用量计算公式（位移）

来源	塑性铰区箍筋用量
卓卫东	$\omega_{\mathrm{wd}} = 0.004\,86\mu_{\Delta}(1+4\eta)+4.17(\eta-0.1)(\rho_l-0.01)-0.004$
Brachmann	$\rho_{\mathrm{vol}} = c_{\mathrm{max,p}}\dfrac{f_{\mathrm{c}}'}{f_{\mathrm{yh}}}\left(1-\sqrt{1-\dfrac{DR_{\mathrm{lim}}}{DR_{\mathrm{max,p}}}}\right) \geqslant 0.12\dfrac{f_{\mathrm{c}}'}{f_{\mathrm{yh}}}$
罗征	$\mu_{\Delta}=4,\ 0.004 \leqslant \rho_{\mathrm{s}} = \dfrac{f_{\mathrm{c}}'}{f_{\mathrm{yh}}}\left[0.055+0.064\eta-1.74\times(\eta-0.1)(\rho_l-0.01)\right] \leqslant 0.04$ $\mu_{\Delta}=5,\ 0.004 \leqslant \rho_{\mathrm{s}} = \dfrac{f_{\mathrm{c}}'}{f_{\mathrm{yh}}}\times\left[0.061+0.080\eta-1.74\times(\eta-0.1)(\rho_l-0.01)\right] \leqslant 0.04$ $\mu_{\Delta}=6,\ 0.004 \leqslant \rho_{\mathrm{s}} = \dfrac{f_{\mathrm{c}}'}{f_{\mathrm{yh}}}\times\left[0.067+0.096\eta-1.74\times(\eta-0.1)(\rho_l-0.01)\right] \leqslant 0.04$
《细则》	圆形 $\rho_{\mathrm{v}} = \left[0.14\eta+5.84(\eta-0.1)\times(\rho_l-0.01)+0.028\right]\dfrac{f_{\mathrm{c}}'}{f_{\mathrm{yt}}} \geqslant 0.004$ 矩形 $\rho_{\mathrm{s}}' = \left[0.1\eta+4.17(\eta-0.1)\times(\rho_l-0.01)+0.02\right]\dfrac{f_{\mathrm{c}}'}{f_{\mathrm{yt}}} \geqslant 0.004$

其中：$\mu_{\Delta}=1+3(\mu_{\phi}-1)(l_{\mathrm{p}}/l)[1-0.5(l_{\mathrm{p}}/l)]$，$DR_{\mathrm{max,p}}=(4-4.5\eta)/100$，$c_{\mathrm{max,p}}=0.2+0.3\eta_{\mathrm{k}}$，$\mu_{\Delta}=(1+1.5\eta)\times DR_{\mathrm{lim}}$。

尽管以上公式得到诸多认可，但仍有学者认为桥墩极限位移角具有定义简单且可以直接测量等优点，其与曲率延性、位移延性系数有很好的对应关系，进而相继提出了以极限位移角作为量化指标的约束箍筋用量计算公式，总结如表 5.4-16 所示。

表 5.4-16　约束箍筋用量计算公式（转角）

来源	塑性铰区箍筋用量
熊朝晖	$\rho_{\mathrm{v}} = 1\,400\mu_N'(\theta+0.004)/f_{\mathrm{yh}}$
张国军	$\lambda_{\mathrm{cv}} = \left(\dfrac{A_{\mathrm{g}}}{A_{\mathrm{cor}}}-1\right)\theta\cdot(0.1236-0.0668\eta)^{-1}$ $\lambda_{\mathrm{cv}} = \left(\dfrac{A_{\mathrm{g}}}{A_{\mathrm{cor}}}-1\right)^2\theta^2\cdot(0.0553-0.0359\eta)^{-2}$ $\lambda_{\mathrm{cv}} = (0.18+0.25\eta)\left(1-\sqrt{1-\theta/(0.062-0.033\eta)}\right)$
孙治国	极限位移角为 0.02 时： 圆形 $\rho_{\mathrm{s}} = \dfrac{1}{2.81}\dfrac{f_{\mathrm{c}}'}{f_{\mathrm{yh}}}(1.3-\rho_l m)\eta\dfrac{A_{\mathrm{g}}}{A_{\mathrm{c}}} \geqslant 0.004$ 矩形 $\rho_{\mathrm{s}} = \dfrac{1}{3.94}\dfrac{f_{\mathrm{c}}'}{f_{\mathrm{yh}}}(1.3-\rho_l m)\eta\dfrac{A_{\mathrm{g}}}{A_{\mathrm{c}}} \geqslant 0.004$ 极限位移角为 0.03 时： 圆形 $\rho_{\mathrm{s}} = \dfrac{1}{1.73}\dfrac{f_{\mathrm{c}}'}{f_{\mathrm{yh}}}(1.3-\rho_l m)\eta\dfrac{A_{\mathrm{g}}}{A_{\mathrm{c}}} \geqslant 0.004$ 矩形 $\rho_{\mathrm{s}} = \dfrac{1}{2.42}\dfrac{f_{\mathrm{c}}'}{f_{\mathrm{yh}}}(1.3-\rho_l m)\eta\dfrac{A_{\mathrm{g}}}{A_{\mathrm{c}}} \geqslant 0.004$

注：$m=f_{\mathrm{yh}}/0.85f_{\mathrm{c}}'$，$\mu_N'=N/[f_{\mathrm{cc}}'(A_{\mathrm{cor}}-A_{\mathrm{s}})+f_{\mathrm{y}}A_{\mathrm{s}}]$。

上述基于曲率、位移及转角的三类公式存在以下特点：

（1）上述公式给出了箍筋用量最小值，无法准确给出实际桥墩的配箍定量；

（2）对于给定箍筋用量的既有桥墩，无法通过箍筋用量直接预测墩的位移延性；

（3）既有公式没有考虑剪跨比及空心截面形式的影响。

为此，基于 14 个空心墩及 7 个实体墩（部分设计参数如表 5.4-17 所示）拟静力试验研究配箍率、配筋率、剪跨比及截面形式对位移延性系数的影响，并结合文献数据，对于空心、实体桥墩分别给出位移延性系数关于轴压比、剪跨比、纵筋及混凝土强度、配筋率及配箍率的表达式。各构件轴压比统一为 0.05，采用 C40 混凝土，纵向钢筋 HRB400，箍筋及拉筋 HRB335。基于实测滞回曲线得到骨架曲线，确定屈服点；以试件侧向承载能力下降到最大侧向承载能力的 85% 时定义为其极限状态。根据设计参数分组情况，将两种墩型位移延性、剪跨比、配筋率的变化情况分别绘于图 5.4-11 中。其中，空心墩和实体墩位移延性的对比结果如图 5.4-11（a）所示；图 5.4-11（b）给出相同截面形式、配筋率和箍筋率情况下位移延性随剪跨比的变化趋势；图 5.4-11（c）、（d）分别给出位移延性随配箍率、配筋率的变化趋势。

表 5.4-17　拟静力试验桥墩模型设计参数

编号	墩高 /mm	截面尺寸 /（mm×mm）	壁厚 /mm	ρ_l/%	ρ_s/%	λ	μ_Δ	μ_φ
A1	1 950	500×500	—	1.79	2.35	4	3.870	8.69
A2	2 950	500×500	—	1.79	2.35	6	3.209	9.84
A3	3 950	500×500	—	1.79	2.35	8	3.435	11.09
B1	2 950	500×500	—	1.79	2.82	6	3.300	9.30
B2	2 950	500×500	—	1.79	1.36	6	3.231	8.20
C1	2 950	500×500	—	1.13	2.35	6	4.138	12.20
C2	2 950	500×500	—	2.43	2.35	6	4.324	10.20
D1	1 950	500×500	120	2.12	2.24	4	3.865	8.72
D2	2 950	500×500	120	2.12	2.24	6	3.566	10.00
D3	3 950	500×500	120	2.12	2.24	8	3.167	10.59
E1	2 950	500×500	120	2.12	3.10	6	4.533	13.90
E2	2 950	500×500	120	2.12	1.34	6	4.533	13.80
F1	2 950	500×500	120	1.87	2.24	6	4.542	14.40
F2	2 950	500×500	120	2.81	2.24	6	4.280	9.70
G1	1 950	800×500	120	2.15	2.13	4	4.062	5.71
G2	2 950	800×500	120	2.15	2.13	6	3.876	9.56
G3	3 950	800×500	120	2.15	2.13	8	3.467	12.27
H1	2 950	800×500	120	2.15	3.04	6	4.154	10.80
H2	2 950	800×500	120	2.15	1.42	6	4.489	11.79
I1	2 950	800×500	120	1.63	2.13	6	4.628	15.86
I2	2 950	800×500	120	2.69	2.13	6	4.589	8.83

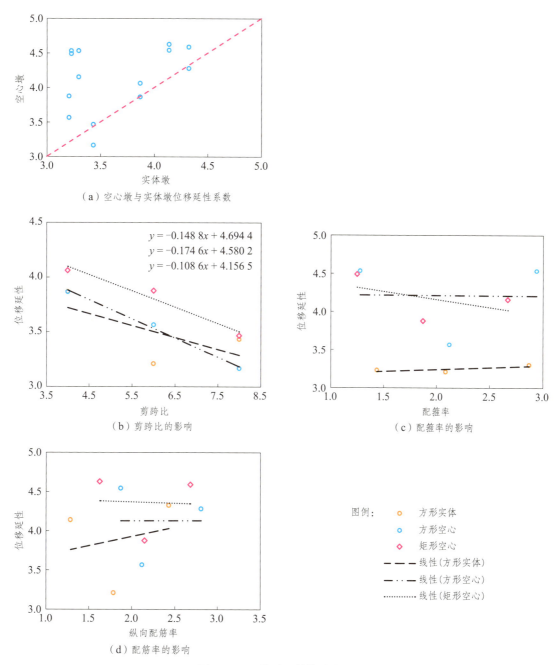

图 5.4-11　位移延性的试验结果

上述试验结果表明：剪跨比、配箍率及配筋率对矩形实体、空心墩的位移延性系数均有一定影响；相对具有相同截面外尺寸的实体墩，空心墩延性更好，如图 5.4-11（a）所示；相同设计参数的方形实体、方形空心及矩形空心墩的位移延性均随剪跨比增大而减小，如图 5.4-11（b）所示；箍筋对实体墩位移延性的提高大于空心墩，如图 5.4-11（c）所示；配筋率对空心墩、实体墩位移延性的影响程度有一定差别，如图 5.4-11（d）所示。

由此，得到约束箍筋用量的通用计算公式：

$$\rho_s \frac{f'_y}{f'_c} = 0.01\alpha\mu_\Delta(3.0573\eta_k + 0.6436\lambda^{0.5} + 1.834) + \beta \qquad (5.4\text{-}7)$$

式中，α、β、λ 取值参见表 5.4-18。

表 5.4-18　不同类型桥墩参数值

参数	α	β	λ
矩形实体	4.559	1.520	1.000
圆形实体	5.027	0.378	3.553
矩形空心	4.542	1.052	1.000

回归公式计算结果与已有公式的比较，见图 5.4-12。

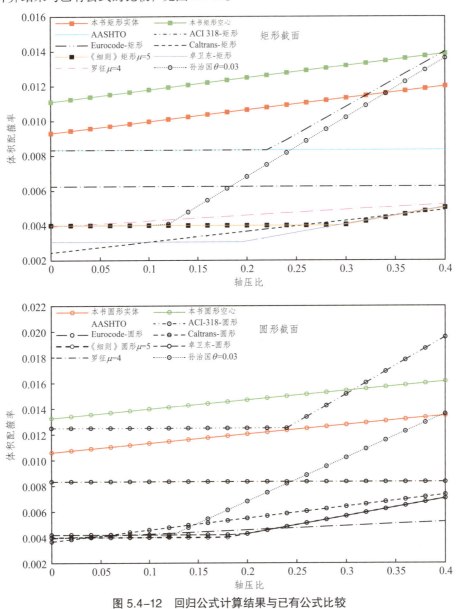

图 5.4-12　回归公式计算结果与已有公式比较

可见：既有公式计算结果普遍小于实际配箍率，除个别试件外，回归公式计算结果略大于实际配箍率。对于圆形实心墩，与计算效果较好的 Eurocode 8 相比，回归公式结果与实际配箍率更为接近。对于矩形空心墩，既有公式普遍未考虑剪跨比及配筋率的影响，因此试验空心墩配箍率的计算结果基本不变，其中与较接近设计值的 AASHTO、Eurocode 8 相比，回归公式计算值大部分相对保守。综上所述，回归公式计算值与实际设计值吻合程度相对较好；较现有公式，本书算法更适用于估算各类桥墩在不同轴压比、剪跨比及位移比下的约束箍筋设计用量。

6

铁路桥梁减隔震性能试验研究

6.1 概 述

6.1.1 桥梁减隔震装置的特点

桥梁减隔震技术利用减隔震装置在满足正常使用功能的前提下，可达到延长结构周期、消耗地震能量从而降低结构地震响应的目的，减隔震装置包括阻尼器、减震卡榫、减隔震支座等。《桥梁减隔震装置通用技术条件》（JT/T 1062—2016）中将减隔震装置区分为刚性连接装置（RGDS）、隔震装置、减震装置3种。其中，刚性连接装置分为永久连接装置、熔断保护装置、速度锁定装置；隔震装置分为橡胶隔震装置和滑块隔震装置；减震装置分为位移相关型装置与速度相关型装置。这几种减隔震装置可以单独使用也可以配合一起使用，桥梁减隔震支座是减隔震装置中的一部分。

常用的桥梁减隔震装置包括：铅芯橡胶支座、高阻尼橡胶支座、滑动摩擦型支座、液体黏滞阻尼器和金属阻尼器及各类新型的减隔震装置。其中运用最早最广泛的支座是铅芯橡胶支座，在铁路桥梁上常用的支座是摩擦摆式隔震支座，其原理是通过组合构件的摩擦副，在一定预紧力下组成一个可以发生相对滑动的装置，在地震作用下支座会发生类似钟摆的运动，通过这个运动来耗能，地震后支座在重力作用下自动回复到平衡位置。减震榫工作原理是：在正常使用状态下，梁体传来的竖向反力及梁端的转角位移仍由支座实现，但梁体的水平力及水平位移则由减震榫承受。地震发生后，梁体地震水平力将通过减震榫传至桥墩，如果减震榫能够提供较大的水平塑性变形，就可以起到良好的减震效果。

6.1.1.1 弹塑性钢阻尼装置

弹塑性钢阻尼装置又称为钢滞变阻尼器或软钢阻尼器。软钢阻尼装置主要是利用金属材料进入塑性状态后具有良好的滞回特性，并在塑性滞回变形过程中吸收大量能量的原理，制造出的一种减震装置，具有形状设计自由、加工简便、维修成本低等优点，同时软钢阻尼装置具有阻尼特性稳定、阻尼比受温度影响小、阻尼比高等特性。根据软钢阻尼器耗能时的主要受力状态，可将其划分为：扭转型、剪切型和弯曲型。目前，常用的弯曲型弹塑性钢阻尼器有：E型钢阻尼器、弧形钢阻尼器和短刚臂钢阻尼器（减震榫）等。

1. E型钢阻尼器

E型钢阻尼器（图6.1-1）由E型钢、连接组件、底座组件等组成，通过利用特殊钢材的塑性变形，进而产生阻尼效果。E型钢阻尼器具有安装灵活、结构简单、造价低、性能可靠、基本不受温度影响、阻尼效果好等优点。E型钢阻尼支座由E型钢阻尼器和普通支座组合构成，兼有竖向支撑和水平滞回耗能的作用。与E型阻尼器结合的支座可以为盆式橡胶支座或者球型支座，因此在竖向支撑上，完全具备支座的各项性能。在没有地震作用的情况下球型钢支座起正常的支座功能，而在有地震作用的情况之下，通过E型钢阻尼器的变形来吸收能量，从而达到减小地震冲击对桥梁破坏的目的。

图6.1-1　E型钢阻尼器

2. 弧形钢阻尼器

与E型钢阻尼器类似，弧形钢阻尼器通过弧形钢材的塑性变形，产生阻尼效果。弧形钢阻尼支座由弧形钢阻尼器和普通支座组合构成，兼有二者的功能，达到减小地震冲击对桥梁破坏的目的。

（a）E型钢　　　　　　　　　　　　　　　　（b）弧形钢

图6.1-2　钢阻尼支座

3. 减震榫

减震榫，或者称为短刚臂钢阻尼器，实际上是一种悬臂式钢棒阻尼器，其构想来源于锚栓式防落梁装置（图6.1-3）。桥梁抗震设计时，常在桥墩顶帽处设置锚栓以防止地震时落梁事故的发生，锚栓底端埋入墩顶固结，顶端伸入梁体预留的孔洞内，并留出一定的间隙。梁体在支座螺栓剪断后产生位移，触及锚栓实现限位。锚栓在限位过程中会发生塑性变形，实际上消耗了一部分地震能量。对其材料及结构形式进行合理的选择与设计，用于桥梁的减震控制。

将减震榫与活动支座组合使用，即构成了具有减隔震功能的支座系统（图6.1-4）。减震榫-活动支座与传统支座相比，特点在于其实现了支座的水平力传递与竖向支承功能的完全分离。梁体传来的竖向反力仍由支座承担，而梁体的水平反力及水平位移则由减震榫支承和控制。具体到铁路简支梁桥中，简支梁的工作状态由"固-活"的传统约束方式变成了两端弹性约束。

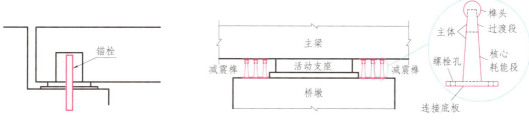

图6.1-3　锚栓式防落梁装置　　　　　　图6.1-4　减震榫-活动支座系统

可以看出，减震榫与以往在桥梁支座处使用的金属阻尼器的不同之处在于其并不是作为一个附加装置提供额外的刚度和阻尼，而是承担梁体水平荷载的重要构件，在整个支座系统中起着至关重要的作用。减震榫一方面需在正常运营下满足列车对桥梁刚度的使用要求；另一方面又要在强震下能够产生足够的延性变形，达到降低地震力的目的。

图6.1-5　简支梁工作状态的改变

6.1.1.2　铅芯橡胶支座和高阻尼橡胶支座

1. 铅芯橡胶支座

铅芯橡胶支座是在普通板式橡胶支座的基础上，在支座中心放入铅芯，以改善橡胶支座的阻尼性能的一种抗震支座（图6.1-6）。当橡胶支座发生水平变形时，整个铅芯由于被钢板约束而发生剪切变形，并通过橡胶提供水平回复力。它吸收耗散振动能量的功能是通过铅芯产生滞回阻尼的塑性变形来实现的。由于可以通过调节铅芯的直径或截面面积来选定阻尼，因而支座的设计具有较大灵活性。

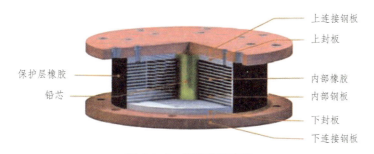

图6.1-6　铅芯橡胶支座

铅芯橡胶支座是目前桥梁隔震设计中应用广泛的一种隔震装置。在铁路桥梁中采用铅芯橡胶支座时，必须采取可靠的横向限位措施，以确保行车安全。

2. 高阻尼橡胶支座

目前，国内外大量采用铅芯橡胶支座作为隔震装置。但试验研究表明，铅芯橡胶支座的橡胶在低温条件下存在硬化现象，在温度和荷载（低周疲劳）作用下，支座中的铅芯会发生疲劳剪切破坏，使支座的阻尼性能大幅下降。有试验表明，5 000 次水平小位移低周反复加载后，铅芯橡胶支座的阻尼下降约 25%。同时，支座在生产和使用过程中，铅将对环境造成难以处理的污染。因此，近年来日本、欧美国家等研究采用高阻尼橡胶制造支座，用于减震、隔震装置，称之为高阻尼橡胶支座，其阻尼比可以做到 0.15 左右。

高阻尼橡胶支座由上下连接钢板、高阻尼橡胶板和加劲钢板组成，其结构形式和普通板式橡胶支座相同。其中，连接钢板用于和梁体及墩台连接。

6.1.1.3 摩擦摆式隔震支座和双曲面球型支座

1. 摩擦摆式隔震支座

摩擦摆支座（Friction Pendulum Bearing，FPB）是一种有效的干摩擦滑移隔震体系，由于其具有良好的性能，得到了国内外学者较为深入的研究，并成功应用于许多桥梁、建筑物等实际工程中。摩擦摆支座主要包括上支座板、球型滑块、聚四氟乙烯板、下支座板及限位装置等。

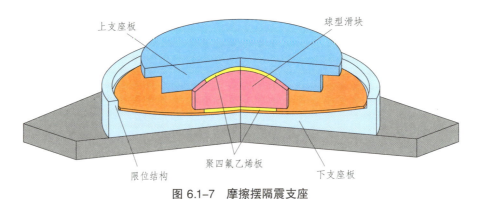

图 6.1-7　摩擦摆隔震支座

摩擦摆隔震支座利用钟摆原理，通过特定的弧面，延长结构自振周期，从而避开地震波的特征周期，同时利用高耐磨、耐热以及摩擦系数稳定可调的球面的往复滑动，来消耗地震波传到上部结构的能量，控制结构的地震响应并降低地震波传递来的破坏力。地震作用过程中，摩擦摆支座通过滑块与上部结构的铰接，使上部结构在地震时始终保持水平状态。地震结束后摩擦摆支座依靠自身重力自动复位，从而提高震后的维修加固效率，使桥梁尽快恢复正常使用功能。

后来，将摩擦摆支座系统进行了改进，研发出了复摩擦摆系统（Multiple Friction Pendulum System/Bearing，MFPB），或者称为双凹摩擦摆，以及三重隔震摩擦摆支座（TFPB），如图 6.1-8 所示。摩擦摆支座有固定型、双向型和单向型（纵向和横向）。在偶遇荷载激励下，如常遇地震，固定型和单向型通过限位装置限制支座的移动。当在设计地震力的作用下，限位装置解除限位，支座才开始发挥隔震的作用。MFPB 具有上下 2 个支座板和 1 个铰接滑块，依靠摆动时上下滑块表面的低摩擦材料的摩擦来消耗能量。与 FPB 不同的是，MFPB 具有上下 2 个滑动摩擦球面使其位移容量为相同参数的 FPB 的 2 倍。

摩擦摆隔震支座除以上形式之外还有很多种其他形式，各类摩擦摆支座按照滑动面的类型大致可划分为曲面式、沟槽式、曲面沟槽混合式 3 类。

2. 双曲面球型减隔震支座

针对曲面式摩擦摆支座，同济大学和中国船舶重工集团公司第七二五研究所联合研发了具有我国自主知识产权的新型减隔震支座——双曲面球型减隔震支座（Double Spherical Seismic Isolation Bearing，DSSIB），如图 6.1-9 所示。它是通过对技术上非常成熟的球型滑动支座进行改造而开发的。该支座将普通球型滑动支座的平滑动面改为球面，包括一个具有滑动凹球面的上支座板、一个具有双凸球面的中支座板和一个具有转动凹球面的下支座板，滑动面和转动面都由不锈钢板和聚四氟乙烯板组成。

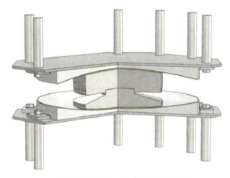

图 6.1-8　复摩擦摆支座

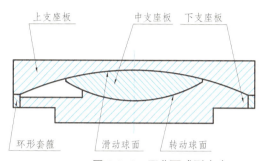

图 6.1-9　双曲面球型支座

双曲面球型减隔震支座的减隔震原理与 FPB 减隔震支座相同，均为摩擦钟摆原理。当地震发生且水平横向力超过预定值时，限位装置的抗剪销和安全螺钉被剪断，支座的横向限位约束被解除，大半径球面摩擦副横向便可自由滑动，通过摩擦阻力逐渐消耗地震能量，延长了结构周期，达到减震、隔震的目的。地震过后，结构自重又形成回复力，使支座复位。通过调整支座转动半径可得到不同的减隔震效果，增加支座转动半径，减隔震效果增大，但同时会增大支座的水平位移。该支座相比 FPB 支座增加了中支座板的承载面积和曲率半径，提高了竖向承载力，具有减小支座的竖向位移的作用。

本章 6.2 节试验中采用的摩擦摆支座类型为双曲面球型减隔震支座。

6.1.2　铁路桥梁减隔震装置的研究和应用现状

6.1.2.1　弹塑性钢阻尼装置

1. E 型钢阻尼器

E 型钢阻尼器目前在公路桥梁抗震设计中已有一定的应用，但是在铁路桥梁抗震设计中的应用还相对较少。目前针对 E 型钢阻尼支座的试验研究主要集中在 E 型钢阻尼器的滞回性能研究，对完整的 E 型钢阻尼支座的抗震性能研究很少，缺少结合桥梁模型的抗震试验研究。E 型钢阻尼器自提出后，应用于框架结构中，通过低周反复加载试验，发现材料的强度直接影响耗能器的耗能能力和抵抗疲劳的能力。后续的研究人员通过不同的钢材参数，优化阻尼器设计，进行低周反复加载试验，并与有限元分析相对照，对阻尼器的滞回性能、力学模型参数等进行了研究。

2. 减震榫

目前针对减震榫仅进行过拟静力试验研究，缺少针对完整的减震榫 – 活动支座系统的性能试验，缺少结合桥梁模型的抗震性能试验。自提出支座功能分离的减震设计理念后，研究了减震榫的结构形式以及对减震榫材料性能的要求。北京交通大学研究了减震榫对铁路简支梁桥的减震效果，对比了减震榫的强度、刚度、滞回性能及耗能能力等性能指标，并通过对比试验数据验证了理论计算的正确性，通过理论分析了减震榫 – 活动支座简支梁桥的减震效果及简化计算方法和减震榫减震效果影响因素。

6.1.2.2　铅芯橡胶支座和高阻尼橡胶支座

1. 铅芯橡胶支座

铅芯橡胶支座目前的理论与实际应用都比较成熟，已广泛应用于桥梁、建筑等结构的减隔震设计中。许多学者对铅芯橡胶支座的基本性能已有深入研究，系统地研究了支座形状系数，铅芯几何参数、个数及有效变形体积，橡胶几何参数及硬度，外加荷载的频率、正压力、剪应变等因素对支座各力学参数的影响；并对试验所得大量数据进行统计分析，建立铅芯橡胶支座各力学参数与其构造及外加荷载特性之间的一系列回归关系式。后续有不少学者将铅芯橡胶支座应用于连续梁桥中，进行了静力试验和模拟地震振动台试验，探究了在不同工况输入地震波时，对桥梁结构的影响。通过试验分析和仿真分析，在铅芯橡胶支座的模型本构关系和滞回关系的输入、桥梁模型的简化分析、隔震支座的参数优化、隔震效果等方面得到有价值的成果。

结合铅芯橡胶支座的桥梁模型振动台试验也有不少，但针对公路桥梁的较多，而针对铁路桥梁的较少。

2. 高阻尼橡胶支座

高阻尼橡胶隔震支座是速度相关型支座，对其力学性能及支座对桥梁的隔震性能也进行了一些试验研究，得到等效水平刚度等水平力学性能的影响，给出不同参数的力学分析模型，其应用可得到较好的减隔震效果。目前针对高阻尼橡胶支座的试验研究大多仅限于公路桥梁方面的基础性能参数，结合整体桥梁模型的试验很少，没有专门针对铁路桥梁的试验研究。

6.1.2.3　摩擦摆式隔震支座和双曲面球型支座

1. 摩擦摆式隔震支座

美国国家地震工程研究中心（NCEER）、加州大学地震工程研究中心（EERC）和加州大学圣地亚哥分校（UCSD）等科研机构对摩擦摆支座进行了大量试验，包括剪切压缩试验和振动台试验等。国内学者也就摩擦摆隔震支座用于简支梁桥、连续梁桥，进行了大量隔震试验研究，并就采用摩擦摆隔震支座和其他支座，进行桥墩隔震效果的地震模拟振动台对比试验。

国内外学者对不同类型的摩擦摆支座进行了很多的理论与试验研究，但相关试验研究大多是针对摩擦摆支座的基本性能或摩擦摆支座在建筑结构中的减隔震作用，针对桥梁特别是铁路桥梁的摩擦摆隔震支座的试验研究还很少。

2. 双曲面球型减隔震支座

2007 年，同济大学李建中、彭天波等首次提出了双曲面球型减隔震支座的抗震机理和构造特点，并参照国家标准《球型支座技术条件》（GB/T 17955—2000）进行了摩擦系数测定试验、侧向滞回性能试验和回复力试验。试验结果表明：对于不同摩擦系数，支座在竖向荷载作用下都具有自动向初始位置回复的能力，残余位移对桥梁的整体性能不会有太大影响；支座的滞回曲线线形基本上是规则的平行四边形，曲线的重合性非常好，支座的摩擦耗能内力非常稳定。

自此之后，针对双曲面球型支座的研究十分有限，且基本仅限于理论分析与数值模拟，缺乏模型试验研究，但双曲面球型支座在实际工程中的应用越来越多。

6.1.3 铁路桥梁减隔震装置性能试验的研究路径

预应力混凝土 T 形简支梁桥作为铁路工程中一种重要的结构形式得到了广泛的使用。针对铁路预应力混凝土 T 形简支梁桥，选取隔震体系与普通支座体系，在已有研究成果的基础上，桥墩采用等截面、变截面以及空心截面，建立两跨三墩整跨桥梁的振动台试验模型，同时利用 OpenSees 建立相应的数值计算模型，并验证其合理性，通过缩尺模型推导出原型桥梁的摩擦摆支座剪力键强度，通过分析不同桥墩高度下隔震支座的效率确定摩擦摆支座适用墩高范围。主要的研究路径如图 6.1-10 所示。

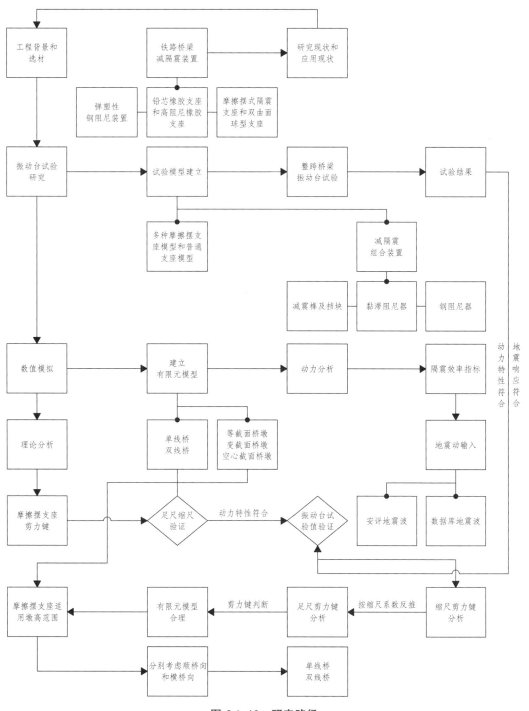

图 6.1-10 研究路径

6.2 采用摩擦摆支座的整跨桥梁振动台试验研究

6.2.1 摩擦摆支座模型试验概况

为减轻高烈度地震区铁路桥梁的地震危害，很多桥梁采用了双曲面球型减隔震支座。设置这些减隔震措施的目的是减小上部结构地震力，提高桥墩和主梁结构的抗震安全性。

针对铁路桥梁采用双曲面球型减隔震支座的现有方案，为评价减隔震支座在高烈度地震区的实际减隔震效果及工作性能、研究铁路桥梁减隔震设计的合理性，以及发现可能存在的问题，进行采用减隔震支座和普通支座的整跨铁路桥梁大比例模型振动台对比试验是十分必要的。其对保障铁路桥梁的抗震安全性具有非常重要的意义。

6.2.1.1 桥墩模型

选择某铁路区间的简支梁桥，桥梁跨径为 32 m。矮墩（实体等截面）、中高墩（实体变截面）和高墩（空心变截面）布置如图 6.2-1 所示，在山地较多的情况下，桥墩的高度变化范围较大。为方便分析，每个工况都采用同一种截面同一墩高进行分析。

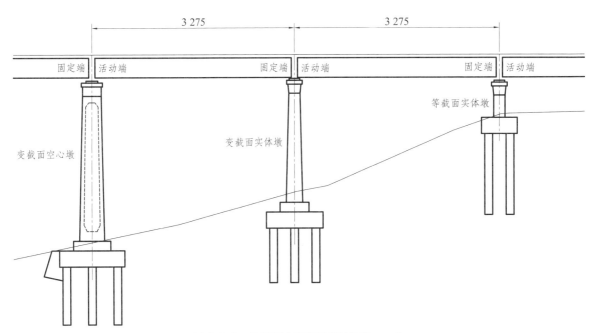

图 6.2-1　铁路简支梁桥布置（单位：cm）

选择 2 种墩高，依次是矮墩（实体等截面）、中高墩（实体变截面），其墩高分别是 8 m、25 m。8 m 墩高的等截面桥墩如图 6.2-2 所示；25 m 墩高的变截面桥墩如图 6.2-3 所示。

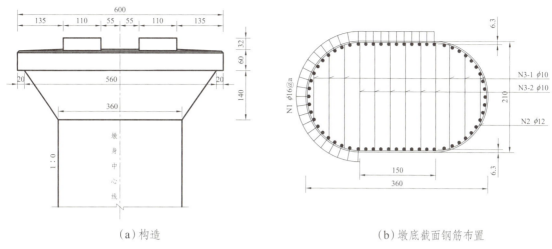

（a）构造　　　　　　　　　　　　　（b）墩底截面钢筋布置

图 6.2-2　等截面桥墩示意图（单位：cm）

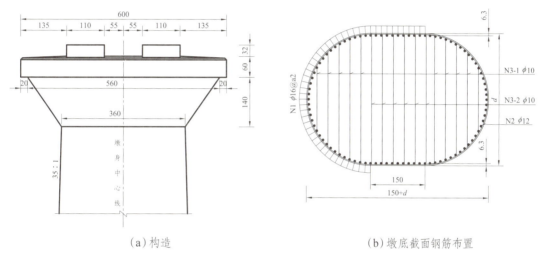

（a）构造　　　　　　　　　　　　　（b）墩底截面钢筋布置

图 6.2-3　变截面桥墩（单位：cm）

综合考虑原型桥墩的墩高范围以及振动台能力，取模型的相似比为 1 ：7。根据地震试验一致相似律原理，得出模型与参考原型主要物理量的相似系数范围。按照相似理论，进行 2 种墩高的桥墩模型的设计，并根据配筋率相等的原则，进行纵筋、箍筋设计，制作出与原型结构相同的材料的桥墩模型。桥墩模型的施工、养护过程分别见图 6.2-4 ~ 图 6.2-6。

图 6.2-4　钢筋的定位与绑扎

图 6.2-5　桥墩模型的加工

说明：模型主体竣工后，通常还要养护 14～28 d，视当时的实验室温湿度条件和混凝土情况而定。

图 6.2-6　桥墩模型的养护

6.2.1.2　主梁模型

选用的主梁为有砟轨道预制后张法两片式（单线）预应力混凝土 T 形简支梁，2 片 T 梁采用桥面板及横隔板连接的措施连成整体，在隔板处施加横向预应力，设计图纸选用通桥（2012）2201-I（32 m），如图 6.2-7 所示。梁计算跨度 32 m，全长 32.6 m，梁高 2.7 m，轨底至梁底建筑高度为 3.4 m。预制边梁顶宽为 2.28 m，下缘宽均为 0.88 m。直线梁内侧挡砟墙高 750 mm。

图 6.2-7　单线简支 T 梁桥

采用与原型结构相同的材料制作梁体模型，模型梁体选用 C55 混凝土材料。主梁预应力筋合并，纵向预应力筋采用 4 根 7-15.2-1860-GB/T 5224—2003 预应力钢绞线，钢绞线按照集中力等效的相似关系来确定，锚具和张拉设备相应配套设置。

考虑到在地震中主梁模型的碰撞形式为挤压和交错 2 种，在 2 孔主梁的连接部位，设置一定厚度的柔性垫层以消除碰撞效应，并在梁部模型中考虑桥面系的约束和可能发生的落梁风险。主梁模型的施工、养护、安装过程分别见图 6.2-8 ~ 图 6.2-11。

图 6.2-8　主梁模型的加工与养护　　　　　　　　　图 6.2-9　配重块的布置

图 6.2-10　主梁模型安装

图 6.2-11　主梁模型就位

6.2.1.3　支座模型

建立相似比为 1 ∶ 7 的两跨简支梁和桥墩的模型，分别采用摩擦摆支座和普通支座进行两跨桥梁模型的振动台试验。

1.摩擦摆支座模型

以纵向活动支座为例，铁路桥梁双曲面球型减隔震支座的结构如图 6.2-12 所示，它主要由下座板、中座板、双球面四氟滑板、双球面不锈钢滑板、限位装置、上座板、平面不锈钢滑板、平面四氟滑板和顶座板等组成。支座采用地脚螺栓和套筒、螺杆与梁体及墩台垫石层进行锚固连接（未画出）。

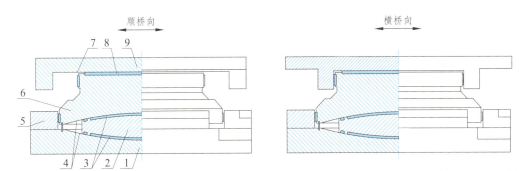

1—下座板；2—中座板；3—双球面四氟滑板；4—双球面不锈钢滑板；5—限位装置；6—上座板；
7—平面不锈钢滑板；8—平面四氟滑板；9—顶座板

图 6.2-12　桥梁双曲面球型减隔震支座结构（纵向活动）

摩擦摆支座缩尺后尺寸见图 6.2-13，剪力键设计和优化分别见图 6.2-14 和图 6.2-15。

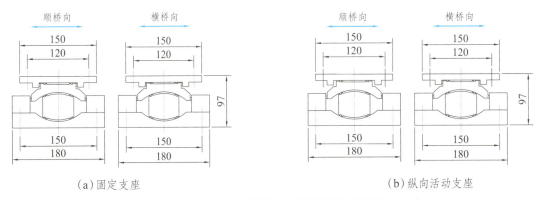

（a）固定支座　　　　　　　　　　　　　　（b）纵向活动支座

图 6.2-13　双曲面球型减隔震支座缩尺后尺寸（单位：mm）

（a）固定支座剪力键设置 　　　　　　　　　（b）纵向活动支座剪力键设置

图 6.2-14　双曲面球型减隔震支座剪力键设置

（a）原剪力键结构连接方式 　　　　　　　　　（b）优化后剪力键结构连接方式

图 6.2-15　双曲面球型减隔震支座剪力键优化前后对比

在摩擦摆支座试验部分中，均用双曲面球型支座替换原有的固定和单向活动支座进行放置。在桥墩墩顶和梁底端设置预埋件（用于预留螺栓孔）和固定钢板，双曲面球型支座均用螺栓安装固定，如图 6.2-16 所示。

图 6.2-16　双曲面球型支座的安装

表 6.2-1 双曲面球型减隔震支座——原型尺寸

型号	转角/rad	水平承载力/kN		正常位移/mm		地震位移/mm		曲率半径/mm		外形尺寸/mm					锚栓定位尺寸/mm				锚栓尺寸/mm		
		纵向	横向	纵向	横向	纵向	横向	纵向	横向	A	B	C	D	H	A_1	B_1	C_1	D_1	M	φ	L
3000GD	0.01	600	600	—	—	±100	±100	1 500	1 500	530	710	650	650	270	240	600	540	540	36	65	350
3000ZX	0.01	600	600	—	±30	±100	±100	1 500	1 500	530	710	650	650	270	240	600	540	540	36	65	350

表 6.2-2 双曲面球型减隔震支座——缩尺尺寸（缩尺比例1∶7）

型号	转角/rad	水平剪断力/kN		正常位移/mm		地震位移/mm		隔震周期/s		曲率半径/mm		外形尺寸/mm					锚栓定位尺寸/mm				锚栓尺寸/mm		
		纵向	横向	纵向	横向	纵向	横向	纵向	横向	纵向	横向	A	B	C	D	H	A_1	B_1	C_1	D_1	M	φ	L
60GD	0.01	12	12	—	—	±15	±15	0.585	0.585	85	85	150	150	180	180	97	120	120	150	150	8	16	150
60ZX	0.01	12	12	—	±5	±15	±15	0.585	0.585	85	85	150	150	180	180	97	120	120	150	150	8	16	150

缩尺信息：

① 竖向承载力和水平承载力均为原支座的 1/49。（备注：按照长度 1∶7 缩尺，面积缩尺为 1∶49。采用与原支座相同的材料，按照长度 1∶7 缩尺后，本条将自然满足。另外，由于缩尺理论本身的缺陷，竖向承载力可以适当降低。）

② 设计位移为原支座的 1/7。（备注：按照长度 1∶7 缩尺。）

③ 摩擦系数与原支座相同。（备注：摩擦系数无量纲值，不用缩尺。）

在一个工况下，所使用的摩擦摆支座模型数量为：2 个边墩 ×2 个支座 +1 个中墩 ×4 个支座 ＝ 8 个支座。另外准备 3 组支座替换，总共 24 个。

因此，在整个减隔震试验阶段，总共 32 个双曲面球型支座模型，其中，固定支座、单向活动支座各为 16 个。摩擦摆支座原型尺寸和缩尺尺寸分别见表 6.2-1 和表 6.2-2。

2. 普通支座模型

普通支座采用球型支座，结构见图 6.2-17。

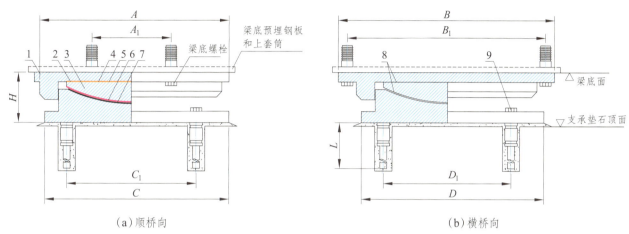

（a）顺桥向　　　　　　　　　　　　　　　　　（b）横桥向

1—上支座板；2—球冠衬板；3—下支座板；4—平面不锈钢板；5—平面滑板；6—球面不锈钢板；7—球面滑板；
8—密封环；9—地脚螺栓；A—上座板纵桥向长；B—上座板横桥向宽；C—下座板纵桥向长；D—下座板横桥向宽；
A_1—上座板锚栓孔纵向间距；B_1—上座板锚栓孔横向间距；C_1—下座板锚栓孔纵向间距；
D_1—下座板锚栓孔横向间距；H—支座高度；L—下锚栓长

图 6.2-17　球型支座结构

球型支座缩尺后尺寸见图 6.2-18，相应的实物见图 6.2-19。

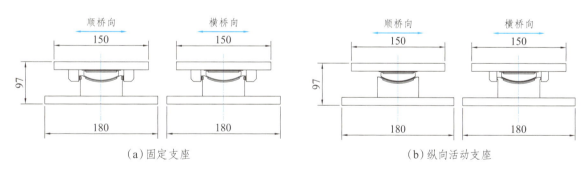

（a）固定支座　　　　　　　　　　　　　　　　　（b）纵向活动支座

图 6.2-18　球型支座缩尺后尺寸（单位：mm）

（a）固定支座　　　　　　　　　　　　　　　　　（b）纵向活动支座

图 6.2-19　球型支座

在普通支座试验部分中，球型支座按两跨简支梁桥的布置方法进行放置。在桥墩墩顶和梁底端设置预埋件（用于预留螺栓孔）和固定钢板，固定和纵向活动支座均用螺栓安装固定。

在一个工况下，所使用的普通支座模型数量为：2个边墩×2个支座 +1个中墩×4个支座 = 8个支座。另外有3组支座替换，总共24个。

因此，在整个普通支座试验阶段，总共32个普通支座模型，其中，固定支座、纵向活动支座各为16个。

球型支座原型尺寸和缩尺尺寸分别见表6.2-3和表6.2-4。

表 6.2-3　球型支座——原型尺寸

型号	水平承载力 /kN	转角 /rad	设计位移 /mm		外形尺寸 /mm					锚栓定位尺寸 /mm				锚栓尺寸 /mm	
			纵向	横向	A	B	C	D	H	A_1	B_1	C_1	D_1	φ	L
3000GD	900	0.02	—	—	480	710	560	480	180	240	600	450	370	65	350
3000ZX	900	0.02	±30	—	490	710	560	480	180	240	600	450	370	65	350

表 6.2-4　球型支座——缩尺尺寸（缩尺比例1:7）

型号	水平承载力 /kN	转角 /rad	设计位移 /mm		外形尺寸 /mm					锚栓定位尺寸 /mm				锚栓尺寸 /mm		
			纵向	横向	A	B	C	D	H	A_1	B_1	C_1	D_1	M	φ	L
60GD	18	0.02	—	—	150	150	180	180	97	120	120	150	150	8	16	150
60ZX	18	0.02	±5	—	150	150	180	180	97	120	120	150	150	8	16	150

缩尺信息：

① 竖向承载力和水平承载力均为原支座的1/49。（备注：按照长度1：7缩尺，面积缩尺为1：49。采用与原支座相同的材料，按照长度1：7缩尺后，本条将自然满足。另外，由于缩尺理论本身的缺陷，竖向承载力可以适当降低。）

② 设计位移为原支座的1/7。（备注：按照长度1：7缩尺。）

③ 摩擦系数与原支座相同。（备注：摩擦系数是无量纲值，不用缩尺。）

6.2.1.4　加载系统和加载制度

试验中采用3个台面，6自由度振动台试验系统由固定的A台和可移动的B、C台组成，台阵间距在6～50 m可调，如图6.2-20所示。具体参数如表6.2-5所示。

（a）台面及水平作动器

（b）竖向作动器、地槽轨道

（c）地下室油源、泵、电源柜

（d）控制室PULSAR系统

图 6.2-20　多功能振动台试验系统

表 6.2-5　多功能振动台性能参数

性能参数		固定台 A	活动台 B、C
台面尺寸		4 m×4 m	4 m×4 m
运动自由度		6 自由度 3 方向	6 自由度 3 方向
双活动台总自由度		12 自由度	
邻近台面距离		6 ~ 50 m，可调节	
最大承重		30 t	
台面最大位移与加速度	X 方向	250 mm，±1.0g（满载）	
	Y 方向	250 mm，±1.0g（满载）	
	Z 方向	160 mm，±1.6g（满载）	
最大简谐振动速度		750 mm/s	
最大地震振动速度		1000 mm/s	
最大倾覆力矩		300 kN·m	
最大偏心力矩		200 kN·m	
工作频率范围		0.1 ~ 50 Hz	

根据抗震设防及场地要求，以下地震记录可供选择，作为振动台台面激励：

桥址处 100 年超越概率 63%、50 年超越概率 10%、100 年超越概率 10% 三个地震水平的各 3 条地震波。近场地震波选择与试验工点地震场地相符的 3 条实际记录地震波：汶川波、Kobe（日本阪神地震）波、

Northridge（美国北岭地震）波，按照烈度为 7、8、9 度对其加速度时程进行比例放大、缩小处理。选取地震波的加载方向有：顺桥向、横桥向、顺桥向 + 竖向、横桥向 + 竖向以及顺桥向 + 横桥向 + 竖向。

整体加载顺序按照先减隔震桥梁振动台试验（桥墩一般不会破坏）、后普通支座桥梁振动台试验（桥墩将产生不同程度的破坏）进行，从而最大限度地节省试验费用。在试验过程中视情况更换已经破坏的桥墩和支座。

加载方案详见表 6.2-6。

表 6.2-6　加载方案

支座工况	加载方向	地震波种类	工况数
（1）摩擦摆支座 8 m 墩模型	顺桥向 横桥向 顺桥向 + 竖向 横桥向 + 竖向 顺桥向 + 横桥向 + 竖向	桥址处： 100 年超越概率 63% 地震波（7 度） 50 年超越概率 10% 地震波（8 度） 100 年超越概率 10% 地震波（8.5 度） 汶川波（7、8、9 度） 日本阪神地震波（Kobe）（7、8、9 度） 洛杉矶北岭地震波（Northridge）（7、8、9 度）	90
（2）普通支座 8 m 墩模型	顺桥向 横桥向 顺桥向 + 竖向 横桥向 + 竖向	桥址处： 100 年超越概率 63% 地震波（7 度） 50 年超越概率 10% 地震波（8 度） 100 年超越概率 10% 地震波（8.5 度） 汶川波（7、8、9 度） 日本阪神地震波（Kobe）（7、8、9 度） 洛杉矶北岭地震波（Northridge）（7、8、9 度）	48
（3）摩擦摆支座 25 m 墩模型	顺桥向 横桥向 顺桥向 + 竖向 横桥向 + 竖向 顺桥向 + 横桥向 + 竖向	桥址处： 100 年超越概率 63% 地震波（7 度） 50 年超越概率 10% 地震波（8 度） 100 年超越概率 10% 地震波（8.5 度） 汶川波（7、8、9 度） 日本阪神地震波（Kobe）（7、8、9 度） 洛杉矶北岭地震波（Northridge）（7、8、9 度）	90
（4）普通支座 25 m 墩模型	顺桥向 横桥向 顺桥向 + 竖向 横桥向 + 竖向	桥址处： 100 年超越概率 63% 地震波（7 度） 50 年超越概率 10% 地震波（8 度） 100 年超越概率 10% 地震波（8.5 度） 汶川波（7、8、9 度） 日本阪神地震波（Kobe）（7、8、9 度） 洛杉矶北岭地震波（Northridge）（7、8、9 度）	48

6.2.1.5　测试方案

在进行模型的安装固定之前，进行振动台移台，调整振动台之间的间距。按照试验方案确定方向位置，将模型由制作场地吊装到振动台上，完成桥墩模型的定位，并做好脚手架和其他安全防护设施的搭建。8 m 墩全桥模型和 25 m 墩全桥模型分别见图 6.2-21、图 6.2-22。

图 6.2-21　8 m墩全桥模型

图 6.2-22　25 m墩全桥模型

6.2.2　摩擦摆支座试验现象描述

1. 模型损伤演化过程

在 7 度地震作用下，8 m 墩模型和 25 m 墩模型均未出现肉眼可见的裂缝，结构初步进入弹塑性阶段（微裂缝阶段），卸载路径与加载路径基本重合，残余位移很小。

在 8 度地震作用下，安装摩擦摆支座的模型的支座挡块被剪断，桥墩模型上未出现明显裂缝，摩擦摆支座起到减隔震作用。安装普通支座的模型钢筋拉压应变随着加载继续变大，墩底保护层混凝土开始出现裂缝，部分钢筋发生屈服。

在 8.5 度和 9 度地震作用下，安装摩擦摆支座的模型表面出现少许保护层混凝土剥落，但无明显裂缝出现，钢筋没有屈服。安装普通支座的模型墩底出现一圈可见的环状裂缝，且 8 m 墩模型的裂缝开展程度高于 25 m 墩模型的裂缝开展程度，8 m 墩模型严重损伤，基本丧失水平承载能力，25 m 墩模型纵筋接近屈服，处于轻微、中等损伤水平。模型损伤对比如图 6.2-23 所示。

（a）安装普通球型支座模型（试验前）

（b）安装普通球型支座模型（试验后）

（c）安装摩擦摆支座模型（试验前）

（d）安装摩擦摆支座模型（试验后）

图 6.2-23　模型损伤对比

2. 结构频率变化

8 m 墩高的摩擦摆支座试验模型的前三阶计算纵向自振频率为 7.7 Hz、10.1 Hz 和 12.4 Hz，试验结构通过振动台白噪声获得的实测顺桥向白噪声主梁梁端加速度响应进行傅里叶变换得到的频谱图，如图 6.2-24 所示。试验模型白噪声顺桥向自振频率依次为 7.2 Hz、10.1 Hz 和 12.1 Hz，误差都控制在 6.5% 范围内。

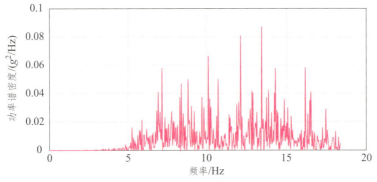

图 6.2-24　8 m 墩高摩擦摆支座试验模型初始白噪声频谱

25 m 墩高的摩擦摆支座试验模型的前三阶计算纵向自振频率为 4.0 Hz、5.5 Hz 和 10.3 Hz，试验结构通过振动台白噪声获得的实测顺桥向白噪声主梁梁端加速度响应进行傅里叶变换得到的频谱图，如图 6.2-25 所示。试验模型白噪声顺桥向自振频率依次为 3.5 Hz、6.8 Hz 和 9.7 Hz，误差都控制在 19.1% 范围内。

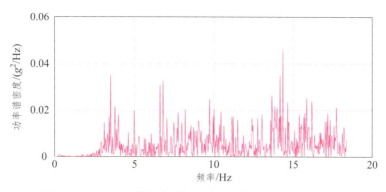

图 6.2-25　25 m墩高摩擦摆支座试验模型初始白噪声频谱

在试验过程中，桥梁固有频率发生变化。在图 6.2-26 中，8 m 墩高摩擦摆支座模型 7 度地震输入后结构固有频率为 7.5 Hz（实测结果存在轻微误差），8 度地震输入后结构固有频率为 6.5 Hz，8.5 度地震输入后结构固有频率为 5.2 Hz。在图 6.2-27 中，25 m 墩高摩擦摆支座模型 7 度地震输入后结构固有频率为 3.5 Hz，8 度地震输入后结构固有频率为 2.8 Hz，8.5 度地震输入后结构固有频率为 2.6 Hz。8 m 和 25 m 墩高摩擦摆支座模型结构频率皆随着输入地震动幅值的加大而降低。

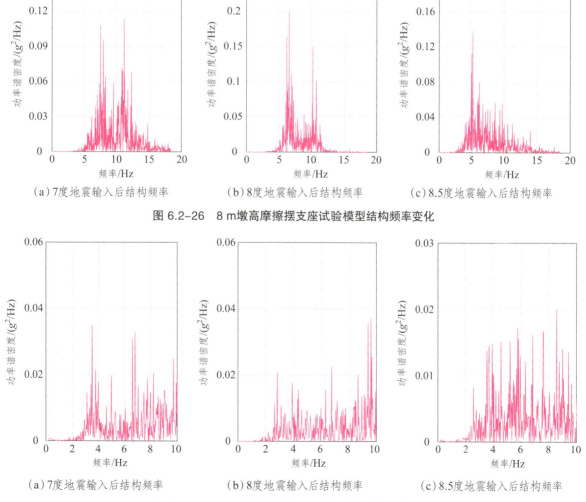

（a）7度地震输入后结构频率　　　　（b）8度地震输入后结构频率　　　　（c）8.5度地震输入后结构频率

图 6.2-26　8 m墩高摩擦摆支座试验模型结构频率变化

（a）7度地震输入后结构频率　　　　（b）8度地震输入后结构频率　　　　（c）8.5度地震输入后结构频率

图 6.2-27　25 m墩高摩擦摆支座试验模型结构频率变化

6.2.3　摩擦摆支座试验结果分析

1.支座位移

在 7 度地震作用下，摩擦摆支座的支座剪力键未被剪断，曲面摩擦副未产生相对滑移，支座位移和普通支座的接近。地震烈度加载到 8 度后，摩擦摆支座的支座剪力键被剪断，曲面摩擦副产生滑移，使得摩擦摆支座的相对位移远大于普通支座的相对位移。随着烈度的增加，其差异越来越明显。

由于试验用支座限位挡块与上支座板设计间隙、制造与安装误差等，形成了约 2 mm 的活动空间，数值计算未考虑此加工容差，故在低烈度地震作用下，试验支座产生的位移明显大于数值模型支座位移。

2.混凝土及钢筋应变

8 m 墩高桥梁缩尺模型试验，随着加载幅值增加，由地震力引起的墩底混凝土应变和纵筋应变均增加。摩擦摆支座的试验模型在 9 度地震作用下，纵筋基本未见屈服，墩底混凝土出现拉裂缝，结构基频开始下降，桥梁初步进入弹塑性阶段（微裂缝阶段）。普通支座在 8 度地震作用下，墩底出现较多拉裂缝，结构基频开始下降。在 8.5 度、9 度地震作用下，钢筋普遍屈服，混凝土拉裂缝宽度进一步扩大，混凝土压应变较大，发生明显塑性变形，墩底塑性铰充分发展，桥梁自振频率明显下降。此时摩擦摆支座相对普通支座具有明显的隔震、耗能减震作用。

25 m 墩高桥梁缩尺模型试验，由于墩身较柔，周期偏长，地震响应较小，摩擦摆支座桥梁与普通支座桥梁在 9 度地震作用下，均基本保持完好，顺桥向未见屈服，混凝土受压区基本保持弹性，而横桥向少部分纵筋发生屈服，桥梁初步进入弹塑性阶段（微裂缝阶段）。此时摩擦摆支座相对普通支座仍有优势，但相对于 8 m 墩高模型优势减弱。

在 8.5 度地震作用下，结构各项地震响应分布出现下降的异常情况，此现象的发生主要由于 8.5 度地震工况过少，地震事件多样性不足，导致统计畸偏。试验随机累计损伤导致高烈度地震响应比理论计算值偏大。

6.3　采用组合装置的整跨桥梁振动台试验研究

为了最大限度提高试验效率、节省试验成本、实现试验平台共享，在进行安装摩擦摆支座桥梁振动台试验和安装普通支座桥梁振动台试验之外（桥墩尚未显著破坏），针对试验工点中选择 2 组两跨桥梁（低、中墩各 1 组）建立的两跨大比例桥梁试验模型，增加安装其他减隔震装置的桥梁振动台试验，从而综合评价各种减隔震装置在高烈度地震区桥梁结构中的减隔震效果及工作性能，研究铁路桥梁减隔震设计的合理性，并发现可能存在的问题。

整体加载顺序按照先减隔震桥梁振动台试验（桥墩一般不会破坏）、后普通支座桥梁振动台试验（桥墩将产生不同程度的破坏）进行，从而最大限度地节省试验费用。在试验过程中视情况更换已经破坏的桥墩和支座。

6.3.1 安装减震榫及挡块的铁路桥梁模型振动台试验

6.3.1.1 减震榫及挡块介绍

1. 减震榫结构（图 6.3-1）

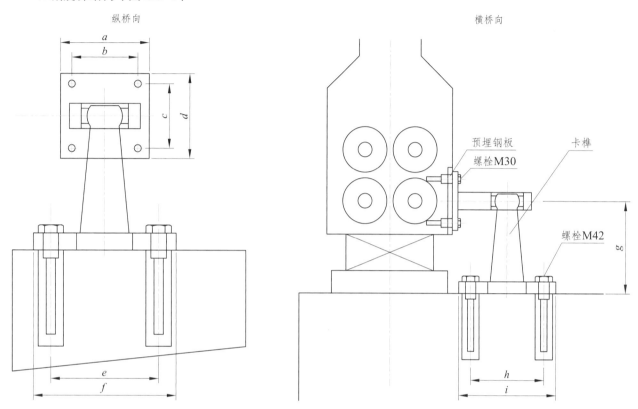

a— 上底座板纵桥向长度；*b*— 螺栓 M30 纵桥向横向间距；*c*— 螺栓 M30 纵桥向竖向间距；*d*— 上底座板纵桥向宽度；
e— 螺栓 M42 纵桥向间距；*f*— 下底座钢板纵桥向长度；*g*— 锥柱构造段高度；
h— 螺栓 M42 横桥向间距；*i*— 下底座钢板横桥向长度

图 6.3-1　减震榫结构

2. 减震榫及挡块缩尺方法（表 6.3-1、表 6.3-2）

表 6.3-1　原型尺寸

型号	外形尺寸 /mm					锚栓定位尺寸 /mm			
	a	*d*	*f*	*g*	*i*	*b*	*c*	*e*	*h*
600GD 减震榫及挡块	400	400	650	630	650	300	300	490	490

表 6.3-2　缩尺尺寸

型号	外形尺寸 /mm					锚栓定位尺寸 /mm			
	a	*d*	*f*	*g*	*i*	*b*	*c*	*e*	*h*
600 减震榫及挡块	120	120	125	97±1	125	70	80	85	85

3. 减震榫及挡块缩尺后尺寸（图 6.3-2）

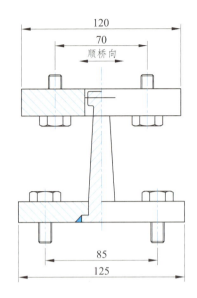
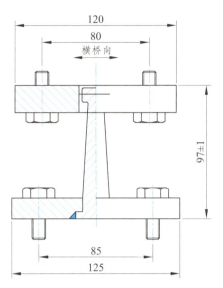

说明：

1. 对于安装在 8 m 墩高桥梁模型的减震榫：

① 设计水平承载力 3.6 kN。

② 设计水平初始位移量：顺桥向位移量 ±3 mm，横桥向位移量 ±3 mm；地震位移量 ±20 mm。

③ 减震榫零件表面镀锌 25μm。

2. 对于安装在 25 m 墩高桥梁模型的减震榫：

① 设计水平承载力 1.5 kN。

② 设计水平初始位移量：顺桥向位移量 ±5 mm，横桥向位移量 ±5 mm；地震位移量 ±20 mm。

③ 减震榫零件表面镀锌 25 μm。

3. 对于安装在 8 m 和 25 m 墩高桥梁模型的挡块：

① 设计水平承载力 3.6 kN。

② 设计水平初始位移量：顺桥向位移量 ±8 mm，横桥向位移量 ±3 mm；地震位移量 ±20 mm。

③ 挡块零件表面镀锌 25 μm。

图 6.3-2　减震榫和挡板缩尺后尺寸（单位：mm）

4. 减震榫及挡块实图（图 6.3-3、图 6.3-4）

图 6.3-3　减震榫

图 6.3-4　挡块

6.3.1.2　测试方案

1. 减震榫安装

（1）在普通支座 + 减震榫的桥梁模型试验中，两跨简支梁模型的所有支座均使用纵向活动支座，每跨简支梁桥的同一端设置减震榫。

（2）在摩擦摆支座 + 减震榫的桥梁模型试验中，两跨简支梁模型的每跨简支梁桥一端设置固定支座，另一端设置纵向活动支座，每跨简支梁桥的固定端设置减震榫。

在桥墩墩顶和梁底端设置预埋件（用于预留螺栓孔）和固定钢板，支座和减震榫均用螺栓安装固定。在一个工况下，所需要的支座和减震榫模型数量为：

2 个边墩 ×2 个支座 +1 个中墩 ×4 个支座 = 8 个支座；

1 个边墩 ×2 个减震榫 +1 个中墩 ×2 个减震榫 = 4 个减震榫。

减震榫安装位置见图 6.3-5。

图 6.3-5　减震榫安装位置实图

2. 地震激励方案

根据抗震设防及场地要求，以下地震记录可供选择，作为振动台台面激励：

桥址处 100 年超越概率 63%、50 年超越概率 10%、100 年超越概率 10% 三个地震水平的各 3 条地震波。近场地震波选择与试验工点地震场地相符的 3 条实际记录地震波：汶川波、Kobe（日本阪神地震）波、Northridge（美国北岭地震）波，按照烈度为 7、8、9 度对其加速度时程进行比例放大或缩小处理。

选取地震波的加载方向有：顺桥向、横桥向、顺桥向 + 竖向双向、横桥向 + 竖向双向。

6.3.1.3　试验结果与分析

本试验针对现行《铁路工程抗震设计规范》（2009 年版）对减隔震桥梁设计上的局限性，通过振动台试验，全面系统地评估设计的铁路桥梁减隔震装置和技术方案的可靠性和有效性。根据减震榫及挡块的铁路桥梁模型振动台试验结果与分析，主要结论如下：

（1）在 7 度地震作用下，8 m 墩高模型和 25 m 墩高模型均未出现肉眼可见的裂缝，结构初步进入弹塑性阶段（微裂缝阶段），卸载路径与加载路径基本重合，残余位移很小。

（2）在 8 度地震作用下，安装普通支座 + 减震榫的模型（普通支座均使用纵向活动支座）的减震榫发生塑性变形，安装摩擦摆支座 + 减震榫的模型的支座挡块被剪断，减震榫屈服。安装普通支座 + 减震榫的模型和安装摩擦摆支座 + 减震榫的模型的墩底保护层混凝土开始出现裂缝，钢筋应变明显小于仅安装普通支座的模型（普通支座使用固定支座 + 纵向活动支座）的钢筋应变，减震榫 + 普通支座的组合以及减震榫 + 摩擦摆支座的组合起到减隔震效果。

（3）减震榫相对普通支座具有明显的耗能减震作用。具体减震效率见表6.3-3。

表 6.3-3　减震榫减震效率

支座类型	墩高类型	墩底纵筋顺桥向减震率	墩底混凝土顺桥向减震率	墩底纵筋横桥向减震率	墩底混凝土横桥向减震率
普通支座＋减震榫	8 m 墩高	14% ~ 78%	28% ~ 67%	—	—
	25 m 墩高	10% ~ 65%	53% ~ 90%	—	—
摩擦摆支座＋减震榫	8 m 墩高	3% ~ 68%	16% ~ 83%	—	—
	25 m 墩高	16% ~ 84%	39% ~ 83%	2% ~ 88%	30% ~ 82%

（4）在8.5度和9度地震作用下，安装普通支座＋减震榫的模型（普通支座均使用纵向活动支座）和安装摩擦摆支座＋减震榫的模型表面出现少许保护层混凝土剥落，但无明显裂缝出现，纵向受力钢筋没有屈服；仅安装普通支座的模型（普通支座使用固定支座＋纵向活动支座）墩底出现一圈可见的环状裂缝，纵筋基本屈服，桥墩处于轻微、中等损伤水平。

（5）在7度地震作用下，地震水平力小于减震榫的屈服力，减震榫处于弹性状态，此时模型主要依靠结构及承重构件的损坏消耗大部分输入能量；当地震水平力大于减震榫的屈服力（8度及以上地震），减震榫在限位过程中会发生塑性变形，实际上消耗了部分地震能量。试验中减震榫具有较高的初始刚度、稳定的耗能能力和较好的延性，可同时满足桥梁在正常使用阶段的刚度要求和地震作用下的耗能要求。

图 6.3-6　减震榫屈服前后对比

（6）在7度地震作用下，摩擦摆支座的支座剪力键未被剪断，曲面摩擦副未产生相对滑移，支座位移和普通支座的接近。地震烈度加载到8度后，摩擦摆支座的支座剪力键被剪断，曲面摩擦副产生滑移，使得摩擦摆支座的相对位移远大于普通支座的支座相对位移。随着烈度的增加，其差异越来越明显。

（7）防落梁挡块作为桥梁重要的限位装置，在地震过程中，有效限制了上部结构最大位移，防止了落梁的发生。

（8）8 m 墩高模型安装的是水平屈服力为 3.6 kN 的减震榫，25 m 墩高模型安装的是水平屈服力为 1.5 kN 的减震榫。对于其他墩高、其他桥型，为了达到最优的减震效果，减震榫的水平屈服力应根据本次试验结果，结合具体桥梁特点，通过详细计算确定。

6.3.2 安装黏滞阻尼器的铁路桥梁模型振动台试验

6.3.2.1 黏滞阻尼器介绍

1. 黏滞阻尼器结构示意图（图 6.3-7）

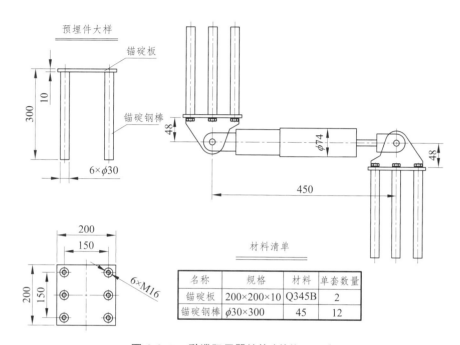

名称	规格	材料	单套数量
锚碇板	200×200×10	Q345B	2
锚碇钢棒	φ30×300	45	12

图 6.3-7　黏滞阻尼器结构（单位：mm）

2. 黏滞阻尼器设计参数

黏滞阻尼器的基本原理公式为：

$$F = CV^{\alpha} \tag{6.3-1}$$

式中　F——阻尼力（kN）；

　　　C——阻尼系数 [kN/（mm/s）$^{\alpha}$]；

　　　V——活塞运动的速度（mm/s）；

　　　α——速度指数，根据工程要求进行设计选定，一般在 0.01 ~ 1 之间取值。

在安装黏滞阻尼器的桥梁模型试验中，其主要设计参数如下：

① 8 m 墩高模型试验中最大阻尼力 $F = 40$ kN，25 m 墩高模型试验中最大阻尼力 $F = 10$ kN；

② 8 m 墩高模型试验中速度指数 $\alpha = 0.2$，25 m 墩高模型试验中速度指数 $\alpha = 0.3$；

③ 行程 = ±35 mm；

④ 阻尼系数 $C = 12$ kN/（mm/s）$^{0.2}$。

3. 黏滞阻尼器实图（图 6.3-8）

图 6.3-8　黏滞阻尼器

6.3.2.2　测试方案

1. 黏滞阻尼器安装

在采用黏滞阻尼器的铁路桥梁模型抗震试验中，两跨简支梁模型的所有支座均使用纵向活动支座，每个梁端平行于梁的长度方向安装 2 个阻尼器。在桥墩墩顶和梁底端设置预埋件（用于预留螺栓孔）和固定钢板，黏滞阻尼器用螺栓固定安装。黏滞阻尼器在全桥模型中的安装位置见图 6.3-9。

在一个工况下，所需的黏滞阻尼器模型数量为：

2 个边墩 ×2 个阻尼器 +1 个中墩 ×4 个阻尼器 = 8 个阻尼器。

图 6.3-9　黏滞阻尼器在全桥模型中的安装位置

2. 地震激励方案

根据抗震设防及场地要求，以下地震记录可供选择，作为振动台台面激励：

桥址处 100 年超越概率 63%、50 年超越概率 10%、100 年超越概率 10% 三个地震水平的各 3 条地震波。近场地震波选择与试验工点地震场地相符的 3 条实际记录地震波：汶川波、Kobe（日本阪神地震）波、Northridge（美国北岭地震）波，按照烈度为 7、8、9 度对其加速度时程进行比例放大或缩小处理。

选取地震波的加载方向有：顺桥向、顺桥向 + 竖向双向。

6.3.2.3　试验结果与分析

本试验针对现行《铁路工程抗震设计规范》（2009 年版）在减隔震桥梁设计上的局限性，通过振动台试验，全面系统地评估设计的铁路桥梁减隔震装置和技术方案的可靠性和有效性。根据采用黏滞阻尼器的铁路桥梁模型振动台试验结果与分析，主要结论如下：

（1）在 7 度地震作用下，8 m 墩高模型和 25 m 墩高模型均未出现肉眼可见的裂缝，结构初步进入弹塑性阶段（微裂缝阶段），卸载路径与加载路径基本重合，残余位移很小。

（2）在 8 度地震作用下，安装普通支座 + 黏滞阻尼器的 8 m 墩高模型在 8 度地震作用下，纵筋基本未见屈服，墩底混凝土出现拉裂缝，结构基频开始下降，桥梁主体结构安全。

（3）在 8.5 度和 9 度地震作用下，安装普通支座 + 黏滞阻尼器的 25 m 墩高模型表面出现少许保护层混凝土剥落，但无明显裂缝出现，纵向受力钢筋没有屈服；仅安装普通支座的模型墩底出现一圈可见的环状裂缝，纵筋基本屈服，桥墩处于轻微、中等损伤水平。

（4）黏滞阻尼器相对普通支座具有明显的耗能减震作用。对于 8 m 墩高模型，纵桥向墩底混凝土顺桥向减震率为 8% ~ 51%；对于 25 m 墩高模型，混凝土顺桥向减震率为 48% ~ 94%。

（5）黏滞阻尼器设计行程为 ±35 mm，在水平地震力作用下，黏滞阻尼器的活塞杆在液压缸内做反复运动，把传递给活塞杆的机械能转化为热能，从而吸收能量，减少位移量，可同时满足桥梁在正常使用阶段的桥梁自由伸缩的需要和地震作用下的耗能要求。

（6）8 m 墩高模型安装的是最大阻尼力 $F = 40$ kN、速度指数 $\alpha = 0.2$ 的黏滞阻尼器，25 m 墩高模型安装的是最大阻尼力 $F = 10$ kN、速度指数 $\alpha = 0.3$ 的黏滞阻尼器。对于其他墩高、其他桥型，为了达到最优的减震效果，黏滞阻尼器的设计参数应根据本次试验结果，结合具体桥梁特点，通过详细计算确定。

6.3.3　安装新型钢阻尼器的铁路桥梁模型振动台试验

6.3.3.1　新型钢阻尼支座介绍

1. 新型钢阻尼支座实图

新型钢阻尼支座实物如图 6.3-10 所示，支座包括：上支座板、球冠衬板、中间座板、减震榫、内外榫连接板、超高分子量聚乙烯板、新型耐磨滑板、下支座板。其中：上支座板和球冠衬板、球冠衬板和中间座板间设置有不锈钢与超高分子量聚乙烯板形成的摩擦副；中间座板和下支座板间设置有不锈钢与新型耐磨滑板形成的高摩擦系数的摩擦副；减震榫组通过螺栓连接方式与中间座板和下支座板实现固定；通过悬空的内外榫连接板将内侧和外侧等强度的减震榫组串联为整体。

图 6.3-10　钢阻尼支座实物模型

2. 新型钢阻尼支座设计参数

支座设计见图 6.3-11。其附加技术特征为：减震榫组和中间座板下的摩擦副共同提供支座的阻尼耗能；内、外侧榫组采用串联式连接方式，在满足地震阻尼力的条件下实现了更大的变形能力；悬空的内外榫连接板释放减震榫几何非线性变形引起的轴向变形；内侧和外侧榫组通过高强螺栓与中间座板和下支座板连接，方便震后对阻尼耗能部件的更换。

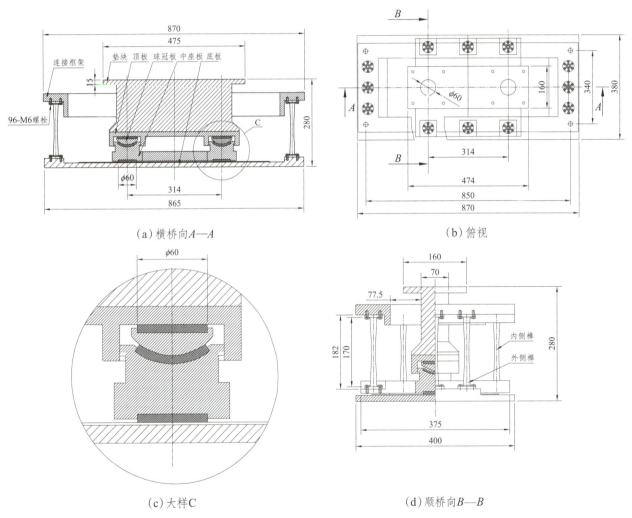

（a）横桥向A—A　　　　　　　　　　　（b）俯视

（c）大样C　　　　　　　　　　　（d）顺桥向B—B

图 6.3-11　减隔震支座（钢阻尼支座）设计尺寸（单位：mm）

减震榫采用屈强比、延性和韧性等性能优异的圆钢棒材按照等强度理论设计，采用数控机床精密加工而成。内外减震榫组采用同规格尺寸，不仅保证了两组榫的受力与变形一致，同时降低了生产加工难度。支座结构设计紧凑，性能稳定。

6.3.3.2 测试方案

1. 新型钢阻尼支座的安装

原型桥梁支座采用 PZ-5000 型，适用于地震动峰值加速度 $0.1g \leqslant A_g \leqslant 0.2g$ 地区。具体原型支座布置方式见图 6.3-12。在试验工点中选择 1 组两跨桥梁，采用该新型钢阻尼支座，建立两跨大比例桥梁减隔震试验模型，进行相应的模型振动台试验。

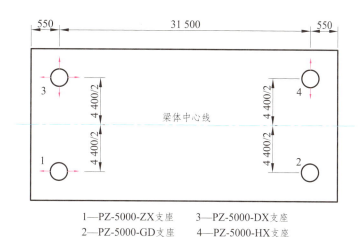

1—PZ-5000-ZX支座   3—PZ-5000-DX支座
2—PZ-5000-GD支座   4—PZ-5000-HX支座

图 6.3-12　支座原型总体布置（单位: mm）

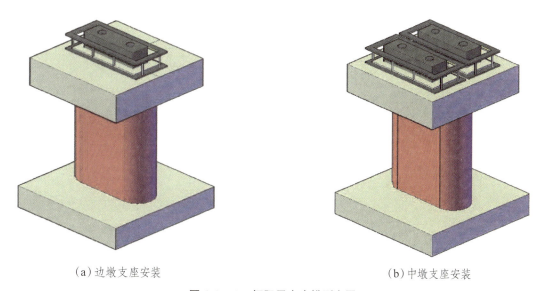

（a）边墩支座安装　　　　　　　　　　（b）中墩支座安装

图 6.3-13　钢阻尼支座模型布置

在试验部分中，均用新型钢阻尼支座替换原有的固定和单向/双向活动支座进行放置，见图 6.3-13，在桥墩墩顶设置固定钢板和螺栓孔，钢阻尼支座固结在钢板上。在一个工况下，所需要的钢阻尼支座模型数量为：

2 个边墩×1 个支座 + 1 个中墩×2 个支座 = 4 个支座，另外多准备一组支座（4 个支座）作为备用支座。因此，在整个试验阶段，总共需要 8 个钢阻尼支座模型。

新型钢阻尼支座安装如图 6.3-14 所示。

（a）横桥向　　　　　　　　　　　　　　　　　（b）顺桥向

图 6.3-14　钢阻尼支座安装

2. 地震激励方案

根据抗震设防及场地要求，以下地震记录可供选择，作为振动台台面激励：

地震波幅值按加速度峰值 0.3g、0.367 5g、0.57g、0.735g 四个水准考虑，地震波选取 2 条地震安评波和 4 条实测波。实测地震波选取汶川波、Northridge 波、美国因皮里尔河谷地震波、日本新潟县地震波。对 2 条安评波（安评波 -1、安评波 -2）、美国因皮里尔河谷地震波、日本新潟县地震波按照缩尺理论对应 7 度、8 度地震烈度进行处理，分别调整加速度峰值为 0.367 5g、0.735g。另外，为得到较大的位移地震响应，对部分地震波作如下处理：

（1）将 Northridge 波、日本新潟县地震波、汶川波加速度峰值调整为 0.3g，持时不压缩；

（2）将 Northridge 波、日本新潟县地震波加速度峰值调整为 0.57g，持时不压缩；

（3）将"安评波 -1"加速度峰值调整为 0.735g，持时不压缩。

选取地震波的加载方向有：顺桥向、横桥向、顺桥向 + 横桥向。

6.3.3.3　试验结果与分析

通过研究新型钢阻尼减隔震支座在地震作用下的减隔震性能及不同设计参数下的减隔震效果，对试验模型采用新型钢阻尼支座与普通支座时的结构地震响应及关键测点数据进行对比分析可知：

（1）在地震波激励下，模型采用钢阻尼支座后结构的地震响应发生了变化，墩底应变、墩顶加速度、梁端加速度时程响应值和峰值等都大大减小，说明采用钢阻尼支座时能有效降低桥梁结构的地震反应。

（2）新型钢阻尼支座相对普通支座具有明显的减隔震效果，钢阻尼支座对顺桥向的减隔震效果总体优于横桥向减隔震效果。对于 10 m 墩高振动台模型：

① 7 度地震作用下，纵桥向平均减隔震率为 42%，横桥向平均减隔震率为 31%；

② 8 度地震作用下，纵桥向平均减隔震率为 56%，横桥向平均减隔震率为 39%；

③ PGA = 0.3g（持时不压缩）地震作用下，纵桥向平均减隔震率为 68%，横桥向平均减隔震率为 54%；

④ PGA = 0.57g（持时不压缩）地震作用下，纵桥向平均减隔震率为 77%；

⑤ PGA = 0.735g（持时不压缩）地震作用下，纵桥向平均减隔震率为 83%。

（3）随着地震强度的增大，新型钢阻尼支座对结构的减隔震效果增强。这是由于地震波的强度增大时，钢阻尼支座中减震榫的高性能钢处于屈服状态的比例增加，导致结构内力峰值响应的增大并不与地震强度的增大成正比例，而是要小一些，所以结构的减震率增加。故钢阻尼支座在地震强度大时，具有更好的减隔震效果。

（4）钢阻尼支座对地震波的频率比较敏感，对不同频率段地震波的减隔震效果差别很大。这是由于结构采用钢阻尼支座减震后，其固有周期变长，但其避开输入各地震波的主要频率成分的远近程度不同所致。

6.3.3.4　有限元计算模拟验证与分析

通过有限元软件 ABAQUS 建立了新型钢阻尼支座及全桥的有限元模型，进行了静力分析和地震作用下的非线性动力时程分析。将有限元模型计算结果与试验结果进行对比，有限元模型计算结果与试验结果基本吻合，验证了有限元模型的正确性。并研究了不同设计参数下钢阻尼支座对桥梁结构的减隔震效果，得到结论如下：

（1）减震榫半径整体缩小时，支座本身的耗能能力减小，地震作用下钢阻尼支座的减隔震率相比原支座的减隔震率增大。当减震榫半径整体减小 2 mm 时，在 PGA = 0.3g（持时不压缩）横桥向地震作用下支座位移超过了限制位移，所以减震榫半径不应过小；减震榫半径整体增大时，支座本身的耗能能力增强，地震作用下钢阻尼支座的减隔震率相比原支座的减隔震率减小，所以减震榫半径也不应过大。

（2）减震榫材料的屈服强度减小，支座本身的耗能能力减小，地震作用下钢阻尼支座的减隔震率高于原支座的减隔震率。在计算过程中发现，当屈服强度减小时，梁体的位移响应较大，这是因为当减震榫的屈服强度较小时，支座的有效阻尼小，梁体的位移得不到控制。故减震榫屈服强度不应过小，保证钢阻尼支座有足够的阻尼来控制梁体位移；减震榫材料的屈服强度增大，支座本身的耗能能力增强，地震作用下钢阻尼支座的减隔震率低于原支座的减隔震率。所以，在确定减震榫最优屈服刚度时应该综合考虑其对桥梁内力和梁体位移不同的影响规律。

（3）减小钢阻尼支座中间座板和下支座板间摩擦系数后支座本身的耗能能力降低，地震作用下支座的减隔震率均高于原支座的减隔震率。建议在实际使用过程中，中间座板和下支座板间涂置硅脂润滑，降低摩擦系数，提高钢阻尼支座的减隔震效果。

（4）当改变钢阻尼支座内部减震榫连接方式，将内侧减震榫连接在外侧时，钢阻尼支座的减隔震率在同等烈度下基本与原支座相差不大，减隔震效果相当。但将内侧减震榫连接在外侧时，受限于支座内部尺寸，钢阻尼支座的顺桥向限制位移由 "±120 mm" 变为 "±70 mm"，钢阻尼支座的适用范围缩小。

7

采用摩擦摆支座的整跨桥梁减隔震性能分析

7.1 概　述

对于山区铁路中的桥梁，其重要特点在于存在大批量的高墩桥梁，且相邻墩高差异较大。对于高墩桥梁的抗震分析与设计，不同国家的规范都有很大局限性。美国 Caltrans、AASHTO 规范以及我国的铁规和公规，均只给出了适用于墩高在 40 m 以下的规则桥梁的设计方法，现有的高墩桥梁抗震设计具有较大的盲目性，存在地震安全隐患。高桥墩与其他类型的桥墩主要区别在于非线性问题。随着桥墩的增高，桥墩刚度降低，P–Δ 效应已经不能忽略。根据以往研究，由于高桥墩的结构存在 P–Δ 效应，按常规方法计算其地震响应会带来很大的误差。设计中如何考虑非线性的影响，进行正确有效的高墩抗震设计，提高桥梁的抗震能力，完善桥梁设计理论，是铁路桥梁抗震中的重要研究问题。

第 6 章给出了有限个桥梁模型的试验，进行了双曲面摩擦摆支座和普通支座的比较试验研究，并分别研究了多种减隔震装置（减震榫、黏滞阻尼器、新型钢阻尼器等）的全桥模型的振动台试验，获得了大量的试验现象和试验数据，分析出了有意义的结论。但是试验手段不能模拟所有可能，需要借助数值模拟来实现，将样本丰富起来，研究更广墩高范围的桥梁模型的抗震性能。本章选用有限元软件，分单线铁路、双线铁路两类铁路简支梁桥，分别建立矮墩（实体等截面）、中高墩（实体变截面）和高墩（空心变截面）的有限元模型进行非线性动力时程分析。通过定义隔震效率指标，量化分析不同桥墩高度下的减隔震效率。

7.2 桥梁有限元模型

7.2.1 梁部计算模拟

按照 6.2.1 节所述的桥梁结构和单线梁部结构，结合双线 T 形梁结构（图 7.2-1），按照通桥（2012）2201-I 的计算方法，单线主梁自重（含防水层）为 297.6 t，直线二期恒载为 101.26 kN/m，按照主梁长度 32 m 计算，则为：

$$101.26 \times \frac{32}{9.8} = 330.65 \text{ t}$$

所以主梁单线质量为 330.65 + 297.6 = 628.24 t。

双线主梁自重（含防水层）为 593.7 t，直线二期恒载为 208.26 kN/m，按照主梁长度 32 m 计算，则为：

$$208.26 \times \frac{32}{9.8} = 680.03 \text{ t}$$

所以主梁双线质量为 680.03 + 593.7 = 1 273.73 t。

图 7.2-1　双线简支T梁桥

建立主梁的 OpenSees 数值模型，在一般地震作用下并不会受到较严重的破坏，因此根据数值计算效率考虑，采用弹性梁单元 Concrete01 模拟 C55 混凝土，不考虑梁的受拉性能。也就是说，当混凝土受力时，压应变小于压残余塑性应变时，混凝土的应力和刚度均变为零。主梁截面特性见表 7.2-1。

表 7.2-1　主梁截面特性

参数	单线主梁（2 片 T 梁）	双线主梁（4 片 T 梁）
混凝土强度等级	C55	C55
面积	2.92 m^2	5.78 m^2
惯性矩 I_x	5.161 m^4	33.846 m^4
惯性矩 I_y	2.679 m^4	4.698 m^4
扭矩常数 J	0.102 m^4	0.234 m^4

7.2.2　桥墩计算模拟

按照 6.2.1 节所述的桥梁结构和圆端形实体墩结构，进行数值模拟。桥墩质量分为 3 个部分：墩身、墩顶以及钢筋混凝土接触网支柱基础。

依据墩顶配筋图纸，墩顶的质量计算如下，其中（1.2 + 9.0 + 12.2）×2.4 t 是混凝土质量（混凝土密度取 2.4 t/m³），其他部分是钢筋的质量。可得：

$$（1.2 + 9.0 + 12.2）×2.4 + 1.388 = 55.148 \text{ t}$$

钢筋混凝土接触网支柱基础的质量计算如下，其中 1.4×2.4 是混凝土质量（混凝土密度取 2.4 t/m³），其他部分是钢筋的质量。可得：

$$1.4×2.4 + 0.305 = 3.665\ t$$

8 m 墩高的单线桥矮墩的墩身质量计算的方法为：横截面面积×桥墩高度×钢筋混凝土质量密度。求得：

$$（1.5×2.1 + 2.1^2×\pi/4）×6×2.5 = 99.204\ t$$

所以桥墩总质量为：

$$55.141 + 3.665 + 99.204 = 158.01\ t$$

25 m 墩高的单线桥中高墩的墩身质量计算的方法为：（上截面面积 + 下截面面积）×墩身高度 /2× 钢筋混凝土质量密度。上截面面积为（1.5 × 2.1 + 2.1²×π/4）m²，下截面面积为（1.5 × 3.41 + 3.41²×π/4）m²，墩身高度为 23 m，钢筋混凝土密度为 2.5 t/m³。所以计算过程为：

$$（6.614 + 14.248）×23×2.5/2 = 599.78\ t$$

所以桥墩总质量为：

$$55.141 + 3.665 + 599.77 = 658.59\ t$$

桥墩采用纤维单位模拟，模型混凝土为 C35，本构采用 Concrete02 模拟桥墩的核心混凝土和保护层混凝土 C35，此本构考虑混凝土受拉特性。两种混凝土有限元模型的本构关系见图 7.2-2。

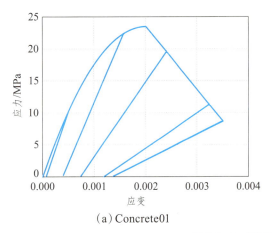
（a）Concrete01

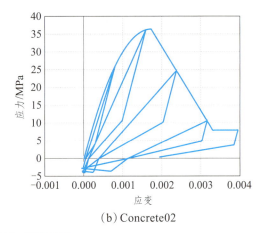
（b）Concrete02

图 7.2-2　混凝土应力–应变关系

混凝土受压骨架曲线可以分为 3 段，如图 7.2-3（a）所示：

当 $\varepsilon \leqslant 0.002$ 时：

$$f = 23.5×[2(\varepsilon/0.002)-(\varepsilon/0.002)^2] \tag{7.2-1}$$

当 $0.002 < \varepsilon < 0.003\ 5$ 时：

$$f = -\frac{14.8}{1.5}×1\ 000(\varepsilon-0.002)+23.5 \tag{7.2-2}$$

当 $\varepsilon \geqslant 0.003\ 5$ 时：

$$f = 8.7 \tag{7.2-3}$$

桥墩中的纵向主筋是 HRB400 钢筋，采用圆滑曲线的弹塑性本构关系，其应力–应变关系曲线如图 7.2-3（b）所示。其中受力纵筋的应力–应变关系可以用下式表示：

当 $0 < \sigma_s \leqslant \sigma_p$ 时：

$$\sigma_s = E_s \varepsilon_s \tag{7.2-4}$$

当 $\sigma_p < \sigma_s \leqslant \beta_z$ 时：

$$\sigma_s = \beta_z = -\frac{\Delta \sigma_1^2}{\Delta \sigma_1 + \Delta \sigma_2} \tag{7.2-5}$$

$$\varepsilon_{0.2} = \frac{\sigma_{0.2}}{E_s} + 0.002 \tag{7.2-6}$$

$$\sigma_p = \sigma_{0.2} - \sqrt{0.002 E_s (\beta_z - \sigma_{0.2})} \tag{7.2-7}$$

其中，β_z 为曲线渐近线，σ_p 为钢筋的比例极限。

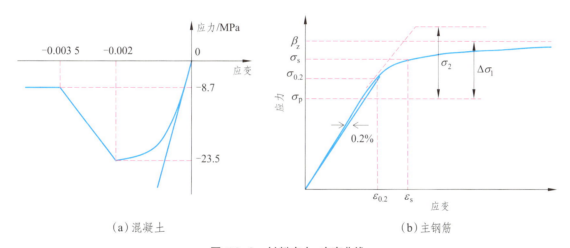

（a）混凝土   （b）主钢筋

图 7.2–3　材料应力–应变曲线

7.2.3　支座系统的模拟

铁路简支梁桥的支座部分是建立数值模型过程中最重要的部分。与 6.2.1 节对应，分别针对采用普通支座和双曲面摩擦摆支座进行数值模拟和研究。

7.2.3.1　普通支座的模拟

普通支座（球型钢支座）的优势在于受力清晰、转动灵活，不仅具有竖向承载能力大、容许支座变形大等特点，而且它的设计转角远远大于普通盆式橡胶支座。采用的普通支座（球型钢支座）的竖向设计承载力为 3 000 kN，设计转角为 0.02 rad。

在定义球型钢支座本构关系时可考虑为理想的双直线。球型钢支座在定义刚度时可参考式（7.2-8）：

$$K = \frac{f \cdot N}{x_y} \tag{7.2-8}$$

式中　f——摩擦系数；

N—— 支座的竖向力；

x_y—— 临界位移。

球型钢支座固定方向承载力计算时，摩擦系数 f 取 0.3，竖向力为 $1.55×10^3$ kN，屈服位移 x_y 取 0.002 m。可以得到水平力为 465 kN，水平固定方向上的刚度为 $2.33×10^5$ kN/m。球型钢支座水平滑动方向的承载力为支座间的最大静摩擦力，摩擦系数 f 取 0.02，竖向力为 $1.55×10^3$ kN，屈服位移 x_y 取 0.002 m。可以得到水平力为 31 kN，水平滑动方向上的刚度为 $1.55×10^4$ kN/m。则球型钢支座本构关系曲线如图 7.2-4 所示。

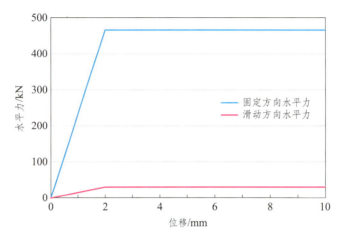

图 7.2-4　球型钢支座固定方向和滑动方向本构关系

7.2.3.2　双曲面摩擦摆支座的模拟

摩擦摆支座采用 singleFPBearing 单元，其回复力模型如图 7.2-5 所示。

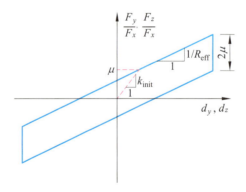

图 7.2-5　摩擦摆支座回复力模型

摩擦摆支座回复力由两部分组成，见式（7.2-9），滑块随凹面摆动的回复力 f_R 和滑块和凹面之间的摩擦力 f_μ。

$$\frac{F}{N} = f_\mu + f_R$$

$$f_\mu = \mu \, \mathrm{sgn}(\dot{\delta}), \; f_R = \frac{\delta}{R_{eff}}$$

（7.2-9）

屈服前初始刚度为 k_{init}。支座正压力 N 为常数，取 3 000 kN。摩擦系数考虑双向耦合，如图 7.2-6（a）所示，摩擦力矢量为 $\boldsymbol{F}_\mu = [f_{\mu x} \; f_{\mu y}]^T$，摩擦力大小为 $\|\boldsymbol{F}_\mu\| = \sqrt{f_{\mu x}^2 + f_{\mu y}^2} = \sqrt{2} N \mu$。

由于本次数值模拟仅考虑水平方向地震荷载，根据经验，支座一般仅在水平荷载作用下发生剪切破坏，因此不对支座在竖直方向上的力与位移关系进行详细研究，在进行数值模拟时仅给予支座较大的竖向刚度即可满足计算精度要求。

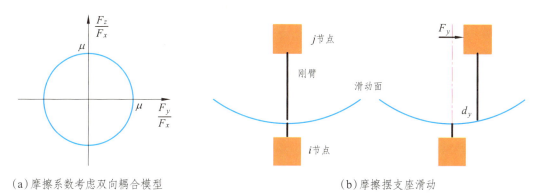

（a）摩擦系数考虑双向耦合模型   （b）摩擦摆支座滑动

图 7.2-6   摩擦摆支座

双曲面摩擦摆支座的四边有抗剪螺栓，又称剪力键。一般小型桥梁的摩擦摆支座仅靠摩擦曲面的摩擦力就可以抵抗上部桥梁的水平向荷载。但是当桥梁跨径增大或者列车的制动力较大时，如果仅凭借摩擦力不足以抵抗制动力，就需要加上剪力键。剪力键的作用就是在正常工作范围和常遇地震下保证摩擦摆支座不滑动，使支座具有一定刚度，可以满足正常使用功能。在模拟过程中，两个互为相反的曲面表示双曲面摩擦摆支座的上下滑动面，底下的虚线表示剪力键，由生死单元模拟，该单元受到的水平作用力大于设定值以后，生死单元的内力变为 0，即剪力键被剪断。上支座板与剪力键接触部分由缝单元模拟。支座的上部有两种类型，分别为固定支座与滑动支座，如图 7.2-7 所示。滑动支座的滑动位移由缝单元来限制。足尺模型的滑动摩擦支座活动范围为 ±30 mm，缩尺模型的滑动摩擦支座活动范围为 ±5 mm。

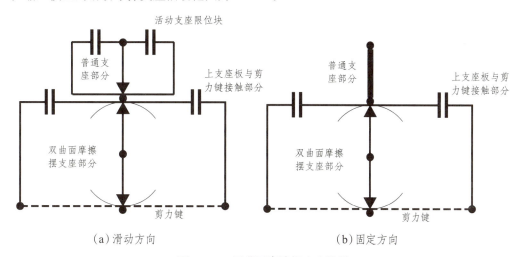

（a）滑动方向   （b）固定方向

图 7.2-7   双曲面摩擦摆支座模拟

单个缩尺摩擦摆支座参数通过周期等效确定。其中，等效滑动曲率半径计算过程如下：

摩擦摆支座自振周期为：

$$T_0^p = 2\pi\sqrt{R^p / g} \qquad\qquad (7.2\text{-}10)$$

式中，R^p 是摩擦摆原型支座的曲率半径，由表 6.2-1 可知，$R^p = 1.5$ m。

周期的相似常数为：

$$S_{\mathrm{T}} = T_0^{\mathrm{m}} / T_0^{\mathrm{p}} = (S_{\mathrm{l}} / S_{\mathrm{a}})^{0.5} = 0.239\,05 \tag{7.2-11}$$

相似后摩擦摆支座等效曲率半径为：

$$R^{\mathrm{m}} = S_{\mathrm{T}}^2 \cdot R^{\mathrm{p}} = 0.239\,05^2 \times 1.5 = 0.085 \text{ m} \tag{7.2-12}$$

滑动支座初始刚度计算过程如下：

初始刚度：

$$K^{\mathrm{p}} = \mu^{\mathrm{p}} W^{\mathrm{p}} / D_{\mathrm{y}}^{\mathrm{p}} = 0.03 \times 1\,540 / 0.002 = 23\,100 \text{ kN/m} \tag{7.2-13}$$

相似后初始刚度：

$$K^{\mathrm{m}} = S_{\mathrm{k}} \cdot K^{\mathrm{p}} = 1 / 7 \times 23\,100 = 3\,300 \text{ kN/m} \tag{7.2-14}$$

7.2.4 边界关系

利用 OpenSees 建立铁路简支梁桥的力学模型。如图 7.2-8 所示，单线桥每个桥墩墩顶有 4 个支座，双线桥每个桥墩墩顶有 8 个支座。

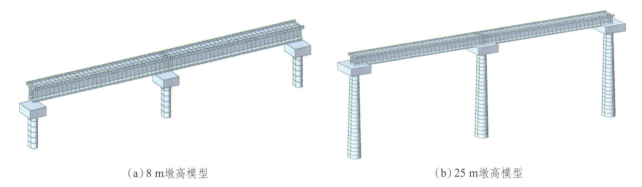

$$(\text{a}) 8 \text{ m墩高模型} \qquad\qquad (\text{b}) 25 \text{ m墩高模型}$$

图 7.2-8　简支梁桥有限元模型

每片主梁支座布置如图 7.2-9 所示，单线桥主梁的一侧放置 2 个固定支座，另一侧放置 2 个纵向滑动支座。双线桥单片主梁一段放置 4 个支座，其中中间放置 2 个固定支座，两边各放置 1 个横向滑动支座，另一侧中间放置 2 个纵向滑动支座，两边各放置 1 个双向滑动支座。桥墩与主梁连接如图 7.2-10 所示。

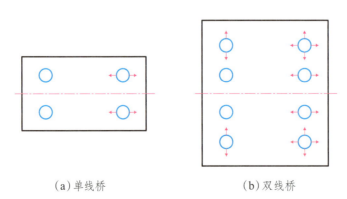

$$(\text{a}) 单线桥 \qquad\qquad (\text{b}) 双线桥$$

图 7.2-9　支座布置

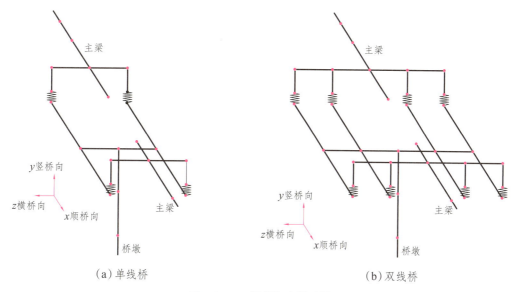

（a）单线桥　　　　　　　　　　　（b）双线桥

图 7.2-10　桥墩与主梁连接

7.2.5　铁路简支梁桥动力响应校核

为更好地考察结构的地震动响应，保证模型的准确性，分别选取 8 m 墩高与 25 m 墩高进行动力特性分析。为更好校核确认 OpenSees 模型的合理性，同时采用 SAP2000 建立的模型进行比较。如图 7.2-11 和图 7.2-12 所示，左列是 OpenSees 计算的振型与周期，右列是用 SAP2000 计算的振型与周期。

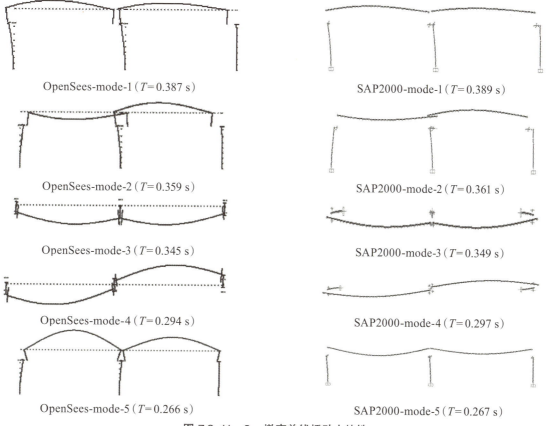

OpenSees-mode-1（$T=0.387$ s）　　　　　　SAP2000-mode-1（$T=0.389$ s）

OpenSees-mode-2（$T=0.359$ s）　　　　　　SAP2000-mode-2（$T=0.361$ s）

OpenSees-mode-3（$T=0.345$ s）　　　　　　SAP2000-mode-3（$T=0.349$ s）

OpenSees-mode-4（$T=0.294$ s）　　　　　　SAP2000-mode-4（$T=0.297$ s）

OpenSees-mode-5（$T=0.266$ s）　　　　　　SAP2000-mode-5（$T=0.267$ s）

图 7.2-11　8 m 墩高单线桥动力特性

分析结果表明，8 m 墩高普通支座体系前 5 阶周期为 0.266 ~ 0.387 s。

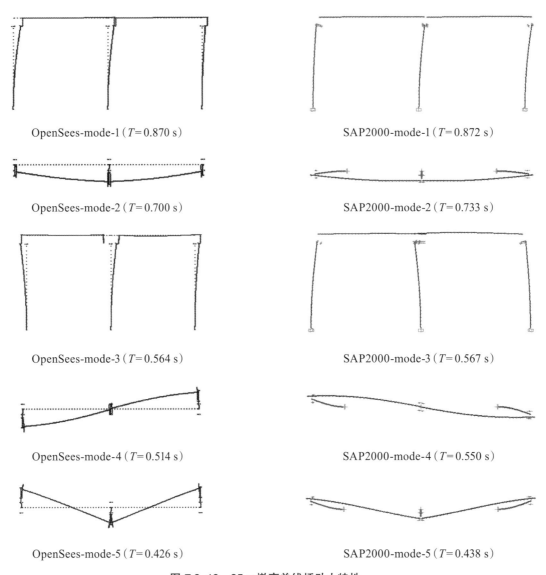

OpenSees-mode-1（T = 0.870 s）　　　　　SAP2000-mode-1（T = 0.872 s）

OpenSees-mode-2（T = 0.700 s）　　　　　SAP2000-mode-2（T = 0.733 s）

OpenSees-mode-3（T = 0.564 s）　　　　　SAP2000-mode-3（T = 0.567 s）

OpenSees-mode-4（T = 0.514 s）　　　　　SAP2000-mode-4（T = 0.550 s）

OpenSees-mode-5（T = 0.426 s）　　　　　SAP2000-mode-5（T = 0.438 s）

图 7.2–12　25 m墩高单线桥动力特性

分析结果表明，25 m 墩高普通支座体系前 5 阶周期为 0.426 ~ 0.870 s。

8 m 墩高简支梁桥与 25 m 墩高简支梁桥的各自同一振型周期几乎相同，因此模型比较可靠。

7.3　地震动输入

选择合理的地震动记录作为铁路简支梁桥有限元模型的输入激励，可以得出合理的规律，所以选取合适的地震波非常重要。采用 3 个不同等级的地震动输入，分别为 100 年超越概率 63%、50 年超越概率 10% 和 100 年超越概率 10%。首先根据安评报告，合成 7 个场地的设计反应谱，然后根据反应谱人工合成符合各自地面加速度的时程波各 3 条。地震波时程曲线持续时间为 24 ~ 44 s，间隔 d_t 为 0.02 s。算例所选取的地震动相关参数见表 7.3-1，包括地区 PGA（地面加速度峰值）以及 A_p/V_p（地震动加速度峰值与速度峰值的比值）。

表 7.3-1　算例地震动记录参数

| 编号 | 超越概率 | | | | | |
| | 100 年 63% | | 50 年 10% | | 100 年 10% | |
	PGA/（m·s^{-2}）	（A_p/V_p）/s^{-1}	PGA/（m·s^{-2}）	（A_p/V_p）/s^{-1}	PGA/（m·s^{-2}）	（A_p/V_p）/s^{-1}
1	1.11	3.60 3.19 1.66	2.27	1.58 4.14 4.38	3.09	0.36 4.14 4.38
2	0.96	3.42 3.42 3.33	1.89	2.31 1.69 4.62	2.46	3.57 4.95 3.93
3	0.97	3.60 3.19 1.66	1.99	2.70 3.60 1.58	2.71	1.58 4.14 4.38
4	1.06	12.49 8.87 8.15	2.21	11.56 11.61 11.09	3.04	12.67 9.66 11.04
5	0.84	9.39 11.35 8.08	1.84	8.56 9.99 10.30	2.49	8.33 11.21 9.40
6	0.77	9.16 11.06 9.27	1.63	8.28 11.17 8.77	2.19	8.33 11.86 13.12
7	0.72	10.68 9.46 11.82	1.50	7.67 9.88 10.72	2.19	8.33 11.86 13.12

　　反应谱曲线图如图 7.3-1 所示，其中黑线表示每个地震动强度的 21 条地震波的反应谱，红线表示这 21 条地震动的平均谱。

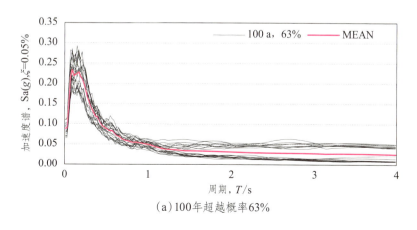

（a）100年超越概率63%

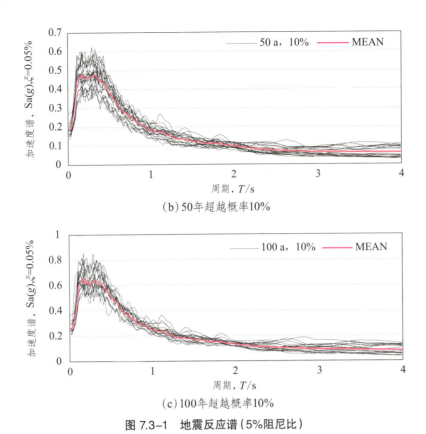

（b）50年超越概率10%

（c）100年超越概率10%

图 7.3-1　地震反应谱（5%阻尼比）

7.4　隔震效率指标的定义

在铁路桥梁隔震体系中，各个构件在地震激励下会有不同的隔震效率，隔震效率即为各个构件的地震响应的量化指标。由于本次计算模型采用2种支座体系计算，因此定义如下指标进行分析。

（1）墩顶位移隔震率：

$$\phi_D = \frac{D_{\max} - D'_{\max}}{D_{\max}} \qquad (7.4\text{-}1)$$

其中，$D_{\max}$ 为普通支座体系墩顶最大位移，$D'_{\max}$ 为摩擦摆体系墩顶最大位移。墩顶位移隔震率越大，说明隔震效果越好。

（2）墩底弯矩隔震率：

$$\phi_M = \frac{M_{\max} - M'_{\max}}{M_{\max}} \qquad (7.4\text{-}2)$$

其中，$M_{\max}$ 为普通支座体系墩底最大弯矩，$M'_{\max}$ 为摩擦摆体系墩底最大弯矩。墩底弯矩隔震率越大，说明隔震效果越好。

（3）墩底保护层混凝土压应变隔震率：

$$\phi_\varepsilon = \frac{\varepsilon_{\max} - \varepsilon'_{\max}}{\varepsilon_{\max}} \qquad (7.4\text{-}3)$$

其中，ε_{max} 为普通支座体系墩底保护层混凝土最大压应变，ε'_{max} 为摩擦摆体系墩底保护层混凝土最大压应变。墩底保护层混凝土压应变隔震率越大，说明隔震效果越好。

7.5　桥梁动力特性和地震响应

7.5.1　足尺与缩尺有限元模型结构动力特性

为验证缩尺方案的合理性，选取普通支座模型为原型，根据周期（时间）参数的相似关系，对足尺与缩尺有限元模型的自振周期与模态进行对比。由于缩尺模型施工较为复杂以及相邻振动台间距的限制，缩尺模型桥墩的附加质量没有添加，而是将 1/4 的附加质量添加至墩顶。因此，墩顶的台面变大。这样做也可以防止振动试验过程中落梁。如图 7.5-1 和图 7.5-2 所示，缩尺与足尺模型的前五阶模态非常相似。

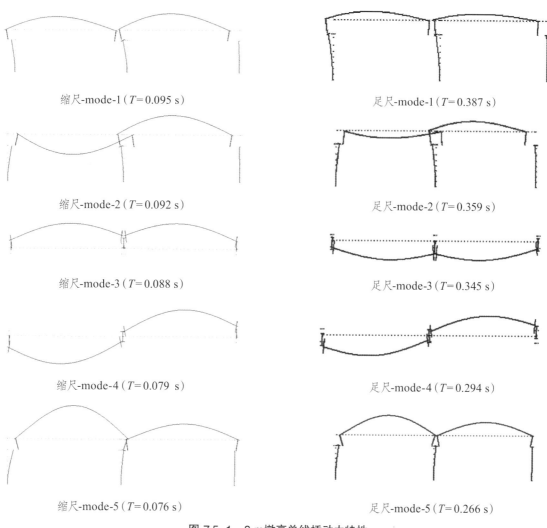

缩尺-mode-1（T=0.095 s）　　足尺-mode-1（T=0.387 s）

缩尺-mode-2（T=0.092 s）　　足尺-mode-2（T=0.359 s）

缩尺-mode-3（T=0.088 s）　　足尺-mode-3（T=0.345 s）

缩尺-mode-4（T=0.079 s）　　足尺-mode-4（T=0.294 s）

缩尺-mode-5（T=0.076 s）　　足尺-mode-5（T=0.266 s）

图 7.5-1　8 m 墩高单线桥动力特性

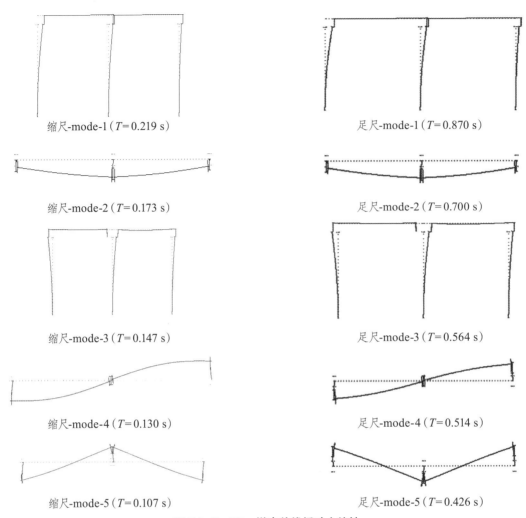

缩尺-mode-1（$T=0.219$ s）　　　　足尺-mode-1（$T=0.870$ s）

缩尺-mode-2（$T=0.173$ s）　　　　足尺-mode-2（$T=0.700$ s）

缩尺-mode-3（$T=0.147$ s）　　　　足尺-mode-3（$T=0.564$ s）

缩尺-mode-4（$T=0.130$ s）　　　　足尺-mode-4（$T=0.514$ s）

缩尺-mode-5（$T=0.107$ s）　　　　足尺-mode-5（$T=0.426$ s）

图 7.5-2　25 m墩高单线桥动力特性

足尺与缩尺模型的自振周期误差由下式得出：

$$\delta_{\mathrm{T}} = \frac{T - T' \times 0.239\,05}{T} \times 100\% \tag{7.5-1}$$

其中，T 表示缩尺模型的相应阶态的自振周期，T' 表示足尺模型的相应阶态的自振周期，0.239 05 表示周期相似常数。计算结果见表 7.5-1。

表 7.5-1　足尺与缩尺模型自振周期误差（%）

模态	1	2	3	4	5
8 m	2.7	6.5	6.2	11.0	16.3
25 m	5.0	3.2	8.0	5.4	4.4

不难得出，缩尺后模型的动力特性误差可以控制在 20% 以内，且第一模态的误差可以控制在 5%，因此缩尺方案有效。

7.5.2　缩尺有限元模型与振动台模型结构动力特性

8 m 墩高的摩擦摆支座试验模型的前三阶计算纵向自振频率为 7.7 Hz、10.1 Hz 和 12.4 Hz，试验结构通过振动台白噪声获得的实测顺桥向白噪声主梁梁端加速度响应进行傅里叶变换得到的频谱图，如图7.5-3所示。试验模型白噪声顺桥向自振频率依次为7.2 Hz、10.1 Hz和12.1 Hz，误差都控制在6.5%范围内。25 m墩高的摩擦摆支座试验模型的前三阶计算纵向自振频率为4.0 Hz、5.5 Hz和10.3 Hz，试验结构通过振动台白噪声获得的实测顺桥向白噪声主梁梁端加速度响应进行傅里叶变换得到的频谱图，如图7.5-4所示。试验模型白噪声顺桥向自振频率依次为3.5 Hz、6.8 Hz和9.7 Hz，误差都控制在19.1%范围内。

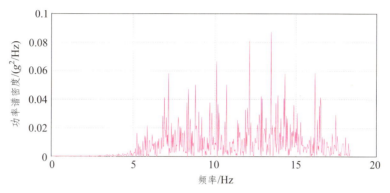

图 7.5-3　8 m墩高摩擦摆支座试验模型初始白噪声频谱

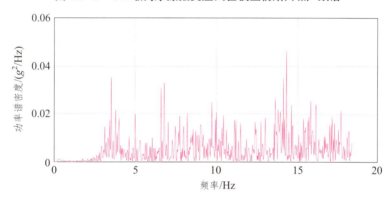

图 7.5-4　25 m墩高摩擦摆支座试验模型初始白噪声频谱

如图7.5-5所示，8 m墩高摩擦摆支座模型7度地震输入后结构固有频率为7.5 Hz，8度地震输入后结构固有频率为6.5 Hz，8.5度地震输入后结构固有频率为5.2 Hz。如图7.5-6所示，25 m墩高摩擦摆支座模型7度地震输入后结构固有频率为3.5 Hz，8度地震输入后结构固有频率为2.8 Hz，8.5度地震输入后结构固有频率为2.6 Hz。8 m和25 m墩高摩擦摆支座模型结构频率皆随着输入地震动幅值的加大而降低。

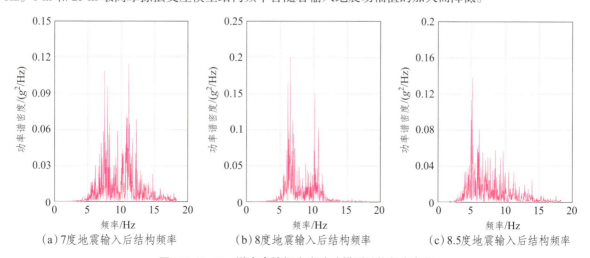

（a）7度地震输入后结构频率　　（b）8度地震输入后结构频率　　（c）8.5度地震输入后结构频率

图 7.5-5　8 m墩高摩擦摆支座试验模型结构频率变化

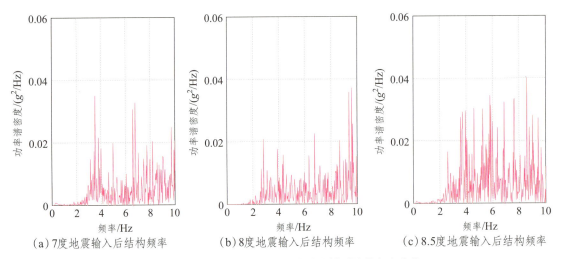

（a）7度地震输入后结构频率　　（b）8度地震输入后结构频率　　（c）8.5度地震输入后结构频率

图 7.5-6　25 m墩高摩擦摆支座试验模型结构频率变化

7.5.3　缩尺有限元模型与振动台模型结构地震响应

7.5.3.1　支座位移

支座位移有限元模型计算的理论值与振动台模型的试验值对比见图 7.5-7 ~ 图 7.5-10。由图可知理论值与试验值时程曲线一致性较好。

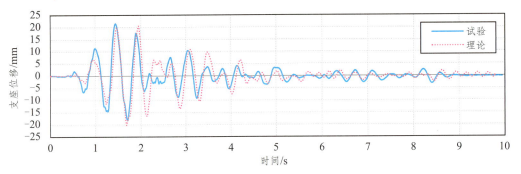

图 7.5-7　8 m墩高-9度-日本阪神波-纵桥向摩擦摆支座位移

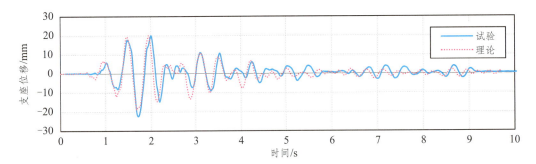

图 7.5-8　8 m墩高-9度-日本阪神波-横桥向摩擦摆支座位移

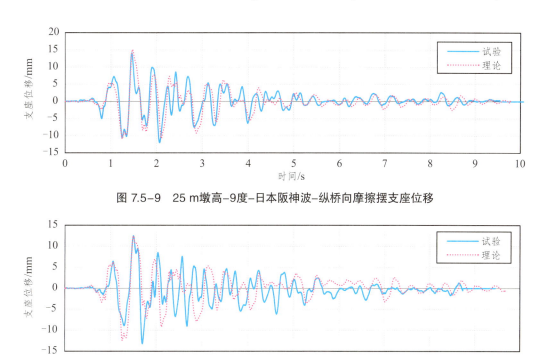

图 7.5-9　25 m墩高-9度-日本阪神波-纵桥向摩擦摆支座位移

图 7.5-10　25 m墩高-9度-日本阪神波-横桥向摩擦摆支座位移

7.5.5.2　纵筋应变

纵筋应变有限元模型计算的理论值与振动台模型的试验值对比见图 7.5-11 ~ 图 7.5-18。由图可知理论值与试验值时程曲线一致性较好。图中的两幅图分别是桥墩顺桥向两侧两个测点的纵筋应变。

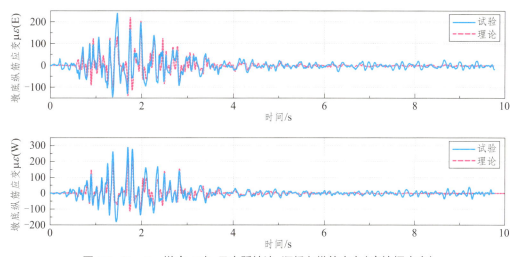

图 7.5-11　8 m墩高-7度-日本阪神波-顺桥向纵筋应变（摩擦摆支座）

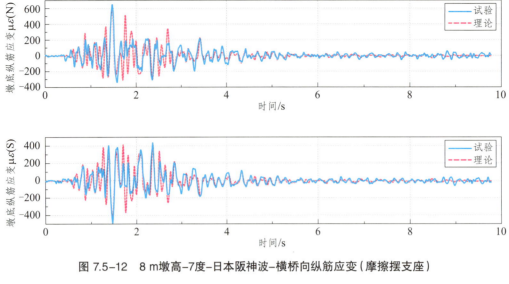

图 7.5-12　8 m墩高-7度-日本阪神波-横桥向纵筋应变（摩擦摆支座）

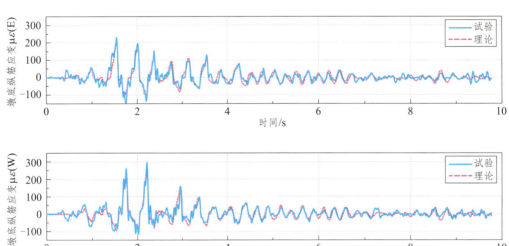

图 7.5-13　8 m墩高-8度-日本阪神波-顺桥向纵筋应变（摩擦摆支座）

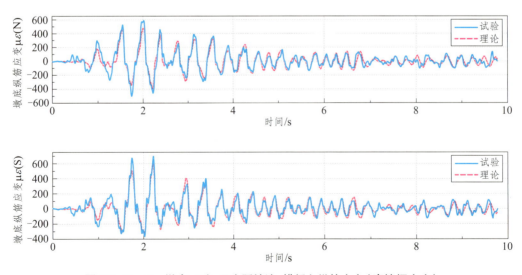

图 7.5-14　8 m墩高-8度-日本阪神波-横桥向纵筋应变（摩擦摆支座）

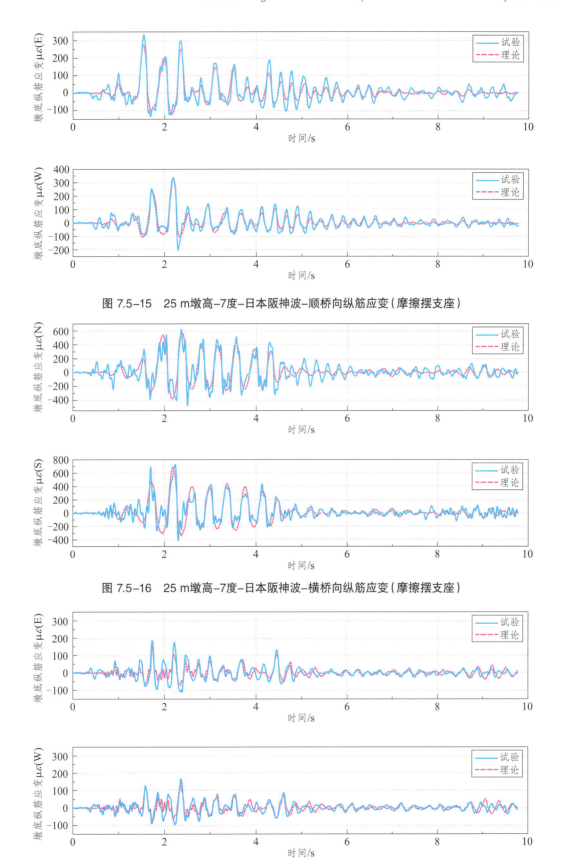

图 7.5-15　25 m墩高-7度-日本阪神波-顺桥向纵筋应变（摩擦摆支座）

图 7.5-16　25 m墩高-7度-日本阪神波-横桥向纵筋应变（摩擦摆支座）

图 7.5-17　25 m墩高-8度-日本阪神波-顺桥向纵筋应变（摩擦摆支座）

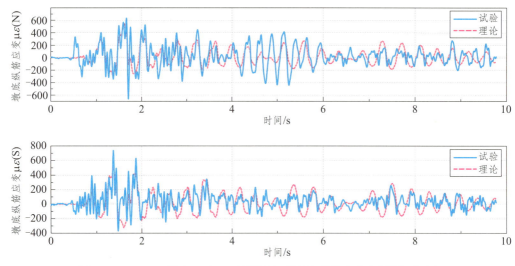

图 7.5-18　25 m墩高-8度-日本阪神波-横桥向纵筋应变（摩擦摆支座）

足尺与缩尺模型的前五阶自振周期误差控制在 20% 之内，足尺与缩尺模型的前五阶自振模态相似；分别从支座位移、纵筋应变考虑，有限元模型计算的理论值与振动台模型的试验值误差较小，各时程曲线相似。验证了缩尺方案的合理性。

理论分析总体上能够反映试验结果，但也存在一定程度的误差，主要误差来源如下：

① 材料的强度、刚度等特性存在空间尺度和时间尺度上的变异性，理论模型不能完全反映；

② 实际桥梁和模型桥梁都存在加工误差，例如，实际固定支座存在初始间隙，但理论模型未能反映；

③ 地震作用下混凝土裂缝的开展和闭合过程复杂，理论模型不能完全反映；

④ 桥梁模型在多次试验过程中存在随机累计损伤，导致高烈度地震响应比理论计算值偏大。

7.6　剪力键的受力性能分析

7.6.1　缩尺铁路简支梁桥剪力键分析

缩尺铁路简支梁桥剪力键的研究通过数值分析与试验验证来进行。振动台试验中，剪力键的水平承载能力通过抗剪螺栓的数量来控制。单个支座的单侧剪力键强度试验结果见表 7.6-1，下文为数值模拟计算结果。

表 7.6-1　剪力键强度试验结果

方向	8 m 墩高模型 /kN	25 m 墩高模型 /kN
纵桥向	11	7
横桥向	6	6

数值模拟剪断力通过不断增加水平刚度（模拟试验中增加剪力螺栓数量）来确定，取值原则为 7 度地震作用下保证剪力键不被剪断或者少量被剪断，8 度地震作用下全被剪断。分别对 8 m、25 m 墩高模型进行纵桥向和横桥向分析。

7.6.1.1 8 m墩高纵桥向

试验结果表明，在7度地震作用下，剪力键未被剪断，承受最大的纵向剪力为8 kN，小于11 kN。当8度地震激励下，剪力键均在受到11 kN水平力时被剪断。固定支座的剪力键在0.9 s时被剪断，滑动支座的剪力键在1.3 s时被剪断。如图7.6-1所示，实线表示固定支座附近的剪力键，虚线表示滑动支座附近的剪力键。其原因是固定支座的刚度较大，所以首先受到的水平剪力较大。随着固定支座的剪力键被剪断，主梁相对于墩顶的位移变大，致使滑动支座在纵向滑动时撞到限位块（本试验模型的滑动距离为±5 mm），因此剪力键被撞断。

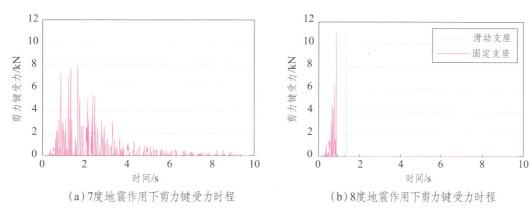

（a）7度地震作用下剪力键受力时程　　　　（b）8度地震作用下剪力键受力时程

图 7.6-1　缩尺铁路梁桥剪力键纵向受力时程

从图7.6-2可以发现，由于剪力键一开始未被剪断，固定支座下部的双曲面摩擦摆部分的位移几乎为0。在0.9 s时，纵向剪力键被剪断，支座开始摆动，起到隔震效果。

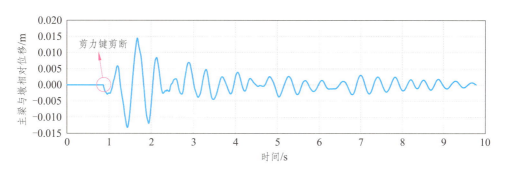

图 7.6-2　缩尺铁路梁桥支座纵向位移时程

如图7.6-3所示，实线表示隔震工况，虚线表示未隔震的工况。可以发现隔震工况有4个用圆圈住的峰值。"固定1"表示0.9 s时刻固定支座的单侧剪力键被剪断时混凝土应变的峰值；"固定2"表示0.9 s时刻固定支座的另一侧剪力键被剪断时混凝土应变的峰值；"滑动1"表示1.2 s时刻滑动支座的单侧剪力键被剪断时混凝土应变的峰值；"滑动2"表示1.3 s时刻滑动支座的另一侧剪力键被剪断时混凝土应变的峰值。隔震工况下压应变峰值为1.17×10^{-4}，未隔震工况下压应变峰值为1.80×10^{-4}，隔震效率为35%。隔震工况下拉应变峰值为1.01×10^{-4}，未隔震工况下拉应变峰值为1.65×10^{-4}，隔震效率为39%。

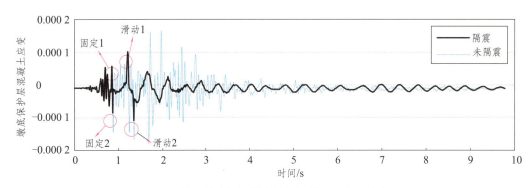

图 7.6-3　缩尺铁路梁桥墩底纵向保护层混凝土应变时程

7.6.1.2　8 m 墩高横桥向

试验结果表明，在 7 度地震作用下，剪力键未被剪断，承受最大的横向剪力为 4.4 kN，小于 6 kN。在 8 度地震作用下，剪力键均在受到 5.6 kN 水平力时被剪断。如图 7.6-4 所示，图中所示的剪力键在 1.4 s 时被剪断。剪力键设定剪断力为 6 kN，但是结果却未达到 6 kN。这是由于数值模拟输出数据的时间间隔为 0.002 39 s，因此剪断力在输出结果中并未达到 6 kN。

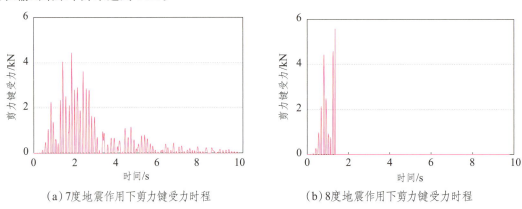

（a）7度地震作用下剪力键受力时程　　　　（b）8度地震作用下剪力键受力时程

图 7.6-4　缩尺铁路梁桥剪力键横向受力时程

从图 7.6-5 可以发现，由于剪力键一开始未被剪断，固定支座下部的双曲面摩擦摆部分的位移几乎为 0。在 1.4 s 时，横向剪力键被剪断，支座开始摆动，起到隔震效果。

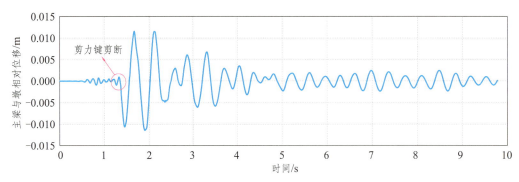

图 7.6-5　缩尺铁路梁桥支座横向位移时程

如图 7.6-6 所示，实线表示隔震工况，虚线表示未隔震的工况。可以发现隔震工况有 2 个用圆圈住的峰值。"左侧剪力键"表示 1.4 s 时刻支座的左侧剪力键被剪断时混凝土应变的峰值；"右侧剪力键"表示 1.6 s 时刻支座的右侧剪力键被剪断时混凝土应变的峰值。隔震工况下压应变峰值为 1.78×10^{-4}，未隔震工况下压应变峰

值为 3.28×10^{-4}，隔震效率为 46%。隔震工况下拉应变峰值为 1.97×10^{-4}，未隔震工况下拉应变峰值为 6.08×10^{-4}，隔震效率为 66%。

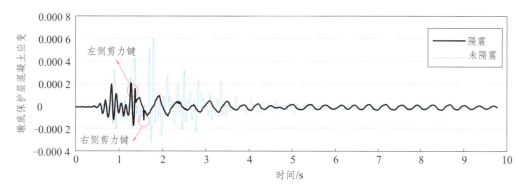

图 7.6-6　缩尺铁路梁桥墩底横向保护层混凝土应变时程

7.6.1.3　25 m 墩高纵桥向

如图 7.6-7 所示，实线表示固定支座附近的剪力键，虚线表示滑动支座附近的剪力键。试验结果表明，在 7 度地震作用下，剪力键未被剪断，承受最大的纵向剪力为 3.9 kN，小于 7 kN。在 8 度地震作用下，剪力键均在受到 7 kN 水平力时被剪断。固定支座的剪力键在 1.4 s 时被剪断，滑动支座的剪力键在 2.0 s 时被剪断。其原因是固定支座的刚度较大，所以首先受到的水平剪力较大。随着固定支座的剪力键被剪断，主梁相对于墩顶的位移变大，致使滑动支座在纵向滑动时撞到限位块（本试验模型的滑动距离为 ±5 mm），因此剪力键被撞断。

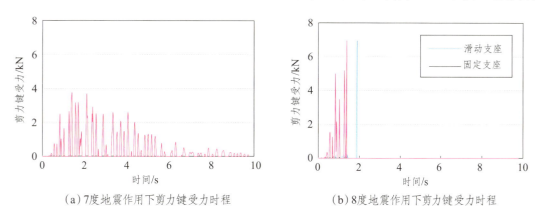

（a）7 度地震作用下剪力键受力时程　　　　（b）8 度地震作用下剪力键受力时程

图 7.6-7　缩尺铁路梁桥剪力键纵向受力时程

从图 7.6-8 可以发现，由于剪力键一开始未被剪断，固定支座下部的双曲面摩擦摆部分的位移几乎为 0。在 1.4 s 时，纵向剪力键被剪断，支座开始摆动，起到隔震效果。

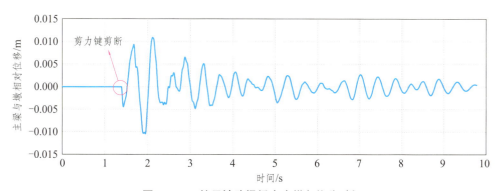

图 7.6-8　缩尺铁路梁桥支座纵向位移时程

如图 7.6-9 所示，实线表示隔震工况，虚线表示未隔震的工况。隔震工况下压应变峰值为 $8.77×10^{-5}$，未隔震工况下压应变峰值为 $9.32×10^{-5}$，隔震效率为 6%。隔震工况下拉应变峰值为 $3.15×10^{-5}$，未隔震工况下拉应变峰值为 $1.51×10^{-4}$，隔震效率为 80%。

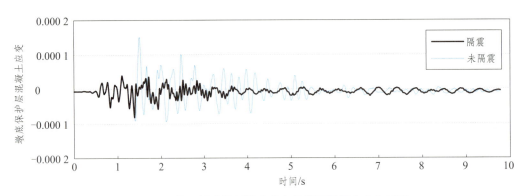

图 7.6-9　缩尺铁路梁桥墩底纵向保护层混凝土应变时程

7.6.1.4　25 m 墩高横桥向

试验结果表明，在 7 度地震作用下，剪力键未被剪断，承受最大的纵向剪力为 2.7 kN，小于 5 kN。在 8 度地震作用下，剪力键均在受到 5 kN 水平力时被剪断。剪力键在 1.7 s 时被剪断，如图 7.6-10 所示。

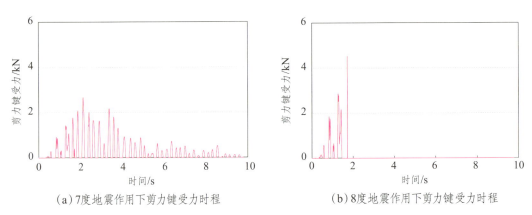

(a) 7度地震作用下剪力键受力时程　　　　　(b) 8度地震作用下剪力键受力时程

图 7.6-10　缩尺铁路梁桥剪力键横向受力时程

从图 7.6-11 可以发现，由于剪力键一开始未被剪断，固定支座下部的双曲面摩擦摆部分的位移几乎为 0。1.5 s 时，横向剪力键被剪断，支座开始摆动，起到隔震效果。

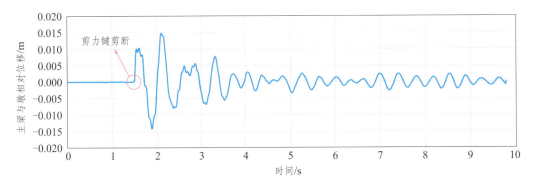

图 7.6-11　缩尺铁路梁桥支座横向位移时程

如图 7.6-12 所示，实线表示隔震工况，虚线表示未隔震的工况。可以发现隔震工况有 2 个用圆圈住的峰值。"左侧剪力键"表示 1.5 s 时刻支座的左侧剪力键被剪断时混凝土应变的峰值；"右侧剪力键"表示 1.6 s 时刻支座的右侧剪力键被剪断时混凝土应变的峰值。隔震工况下压应变峰值为 1.50×10^{-4}，未隔震工况下压应变峰值为 1.77×10^{-4}，隔震效率为 15%。隔震工况下拉应变峰值为 8.67×10^{-5}，未隔震工况下拉应变峰值为 1.72×10^{-4}，隔震效率为 50%。

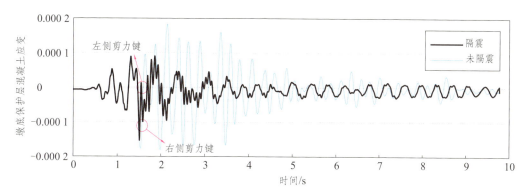

图 7.6-12　缩尺铁路梁桥墩底横向保护层混凝土应变时程

根据上文数值模拟结果，总结见表 7.6-2，试验值与数值计算结果误差控制在 20% 以内，有限元模型建立合理。

表 7.6-2　剪力键剪断力试验值与理论值比较

项　目	8 m 墩高模型		25 m 墩高模型	
	纵桥向	横桥向	纵桥向	横桥向
数值计算 /kN	11	6	7	5
试验结果 /kN	11	6	7	6
误差 /%	—	—	—	16.7

数值模拟缩尺模型的剪断力通过不断增加水平刚度来确定，取值原则为 7 度地震作用下保证剪力键不被剪断或者少量被剪断，8 度地震作用下剪力键全部被剪断或少量没有被剪断。8 m 墩高缩尺模型纵桥向和横桥向剪断力分别是 11 kN 和 6 kN，25 m 墩高缩尺模型纵桥向和横桥向剪断力分别是 7 kN 和 5 kN。振动台试验值与理论值之间的误差控制在 20% 以内，验证了缩尺有限元模型剪力键的合理性。

7.6.2　足尺铁路简支梁桥剪力键分析

足尺模型的数值模拟通过不断增加水平刚度来确定剪断力，取值原则与缩尺模型的分析原则一致，即为 7 度地震作用下保证剪力键不被剪断或者少量被剪断，8 度地震作用下全部被剪断或少量未被剪断。

7.6.2.1　两种模型的剪断力比较

计算模型为四跨简支梁模型，一个方向的剪力键共 32 个，在 7 度地震作用下剪断个数越少越好，而在 8 度地震作用下剪断个数越多越好。如图 7.6-13 和图 7.6-14 所示，从图中得出 8 m 墩高时，纵桥向和横桥向剪断力分别为 540 kN 和 300 kN；25 m 墩高时，纵桥向和横桥向剪断力分别为 350 kN 和 270 kN。

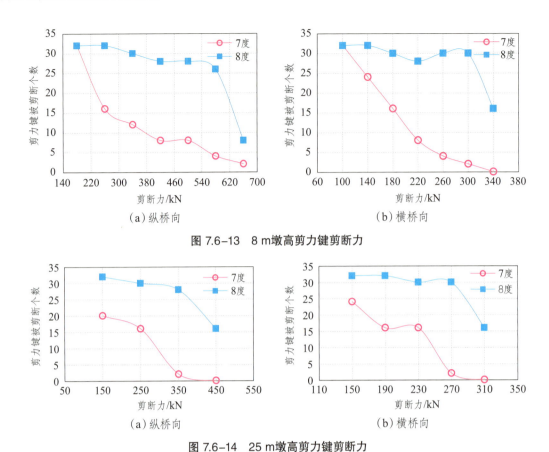

（a）纵桥向　　　　　　　　　（b）横桥向

图 7.6-13　8 m 墩高剪力键剪断力

（a）纵桥向　　　　　　　　　（b）横桥向

图 7.6-14　25 m 墩高剪力键剪断力

根据数值模拟与试验结果，利用相似原理将足尺与缩尺模型的剪断力进行比较。力的相似常数为：

$$S_F = S_\sigma \cdot S_L^2 = 1/49 \qquad\qquad (7.6\text{-}1)$$

表 7.6-2　缩尺模型与足尺模型剪断力比较

项目	8 m 纵向	8 m 横向	25 m 纵向	25 m 横向
缩尺 /kN	11	6	7	5
足尺 /kN	540	300	350	270
误差 /%	0.2	2.0	2.0	9.3

由表 7.6-2 发现，足尺模型与缩尺模型的剪断力误差在 10% 以内，满足相似关系。

7.6.2.2　8 m 墩高纵横桥向

如图 7.6-15 所示，实线表示固定支座附近的剪力键，虚线表示滑动支座附近的剪力键。计算结果表明，在 7 度地震作用下，剪力键未被剪断，承受最大的纵向剪力为 490 kN，小于 540 kN。在 8 度地震作用下，剪力键均在受到 540 kN 水平力时被剪断。固定支座的剪力键在 4.0 s 时被剪断，滑动支座的剪力键在 7.2 s 时被剪断。其原因是固定支座水平刚度较大，所以首先受到的水平剪力较大。随着固定支座的剪力键被剪断，主梁相对于墩顶的位移变大，致使滑动支座在纵向滑动时撞到限位块（本试验模型的滑动距离为 ±30 mm），因此剪力键被撞断。

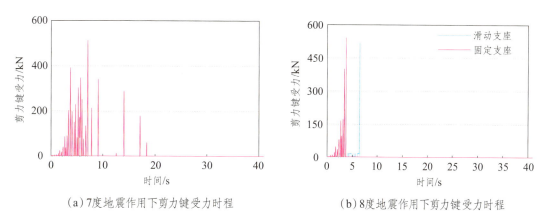

（a）7度地震作用下剪力键受力时程 （b）8度地震作用下剪力键受力时程

图 7.6-15　8 m墩高足尺铁路梁桥剪力键纵向受力时程

在 7 度地震作用下，剪力键未被剪断，承受最大的横向剪力为 240 kN，小于 300 kN。在 8 度地震作用下，剪力键均在受到 300 kN 水平力时被剪断。如图 7.6-16 所示，剪力键在 7.6 s 时被剪断。

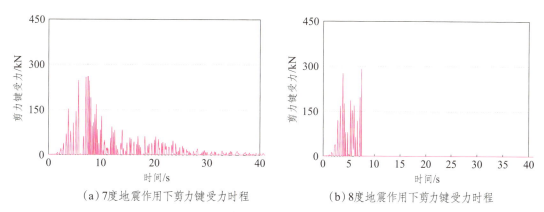

（a）7度地震作用下剪力键受力时程 （b）8度地震作用下剪力键受力时程

图 7.6-16　8 m墩高足尺铁路梁桥剪力键横向受力时程

7.6.2.3　25 m 墩高纵横桥向

如图 7.6-17 所示，实线表示固定支座附近的剪力键，虚线表示滑动支座附近的剪力键。计算结果表明，在 7 度地震作用下，剪力键未被剪断，承受最大的纵向剪力为 260 kN，小于 350 kN。在 8 度地震作用下，剪力键均在受到 350 kN 水平力时被剪断。剪力键在 5.8 s 时被剪断。

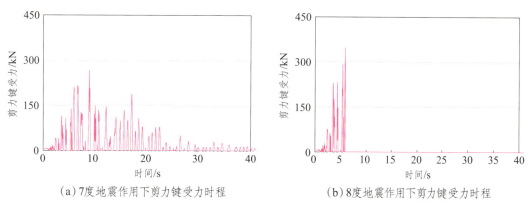

（a）7度地震作用下剪力键受力时程 （b）8度地震作用下剪力键受力时程

图 7.6-17　25 m墩高足尺铁路梁桥剪力键纵向受力时程

在 7 度地震作用下，剪力键未被剪断，承受最大的横向剪力为 180 kN，小于 270 kN。在 8 度地震作用下，剪力键均在受到 270 kN 水平力时被剪断。如图 7.6-18 所示，图中所示的剪力键在 7.6 s 时被剪断。

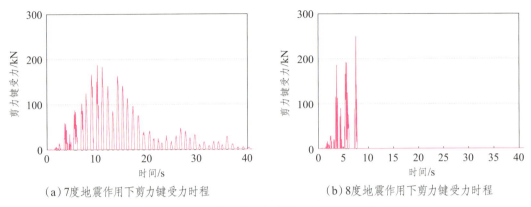

（a）7度地震作用下剪力键受力时程　　　　（b）8度地震作用下剪力键受力时程

图 7.6-18　25 m 墩高足尺铁路梁桥剪力键横向受力时程

数值模拟足尺剪断力通过不断增加水平刚度来确定。8 m 墩高足尺模型纵桥向和横桥向剪断力分别为 540 kN 和 300 kN，25 m 墩高足尺模型纵桥向和横桥向剪断力分别为 350 kN 和 270 kN。缩尺与足尺模型剪力键的剪断力满足相似关系，误差在 10% 以内。

以上数据是根据单线铁路桥梁的振动台试验得出的，对于其他墩高、其他桥型的摩擦摆支座剪力键强度，应根据本次试验结果，结合具体桥梁特点，考虑行车制动力等因素，通过详细计算确定。本次试验否定了我国仅通过设计地震加速度峰值来确定支座剪力键剪断强度的普遍做法。例如，对于目前铁路桥梁的惯用设计方案认为：

（1）在设计地震加速度峰值小于 0.2g 时，支座剪力键剪断强度取为支座竖向设计承载力的 20%。

（2）在设计地震加速度峰值为（0.2 ~ 0.3）g 时，支座剪力键剪断强度取为支座竖向设计承载力的 30%。

此种设计方案基于我国传统的支座剪力键剪断强度确定方法，虽然有利于支座的制造加工、安装标准化，但存在以下主要缺陷：

（1）设计地震加速度峰值划分粗糙，将导致在设计地震作用下，部分支座剪力键未能及时剪断，减隔震支座无法发挥减隔震功能。

（2）未考虑墩高的影响，将导致在应用于低墩时，支座剪力键在设计地震加速度峰值时顺利剪断；而在应用于高墩时，与低墩等同的支座剪力键剪断强度将导致高墩墩底屈服、破坏而支座剪力键仍未剪断，减隔震支座无法发挥减隔震功能。

（3）未考虑场地条件、地震波其他特性、桥墩配筋情况等因素的影响。

因此，建议铁路桥梁支座设计时，应综合考虑设计地震加速度峰值、墩高、场地条件等因素，确定不同墩高情况下的摩擦摆支座剪力键剪断强度取值。

本次试验尽管否定了我国仅通过设计地震加速度峰值来确定支座剪力键剪断强度的普遍做法，但限于时间关系和问题的复杂性，仅分析了单线铁路 8 m 和 25 m 两种墩高情况下的摩擦摆支座剪力键剪断强度取值，未能对所有情况开展全面研究。

因此，建议针对摩擦摆支座剪力键剪断强度取值，制定以下后续研究规划：

（1）统计单线铁路桥梁和双线铁路桥梁种类、墩高范围、桥墩截面配筋等信息；

（2）对我国地震区的场地条件、设计地震加速度峰值等地震特性进行详细划分；

（3）对（1）和（2）中的相关因素进行组合，得到不同的分析工况，针对每一工况开展摩擦摆支座剪力键剪断强度研究，确定合理取值；

（4）针对摩擦摆支座剪力键剪断强度的合理取值，开展地震易损性分析和风险评估，对合理取值进行微调，确定适合我国现阶段社会经济状况的摩擦摆支座剪力键剪断强度的合理取值。

7.7 墩高变化对摩擦摆支座隔震效率的影响

在强震作用下，没有经过抗震设计的桥梁更容易破坏，带来巨大的经济损失。如果地震对桥梁造成破坏，耽误救援工作，也会带来更大的间接损失。减隔震支座的广泛应用，减少了桥梁在地震中的破坏。现场数据、试验研究和数值分析都表明减隔震支座可以提高抗震能力，减少灾后修复与加固费用。简支梁桥作为桥梁工程中最为常见的一种桥型，并且由于中国西部多为山地，桥梁墩高变化较大，因此桥墩高度对桥梁隔震性能的影响研究具有较大的意义。

因此，本节以单线桥和双线桥为研究桥型，最大范围地研究墩高对隔震支座隔震效率的影响，选用等截面实体桥墩、变截面实体桥墩与空心截面桥墩。当桥墩比较矮时，设计时选用等截面桥墩。单线桥的等截面桥墩一般选用范围 3 ~ 8 m，双线桥的等截面桥墩一般选用范围 3 ~ 15 m。单线桥的变截面桥墩一般选用范围 9 ~ 25 m，双线桥的变截面桥墩一般选用范围 15 ~ 25 m。由于墩高继续增加，为减轻桥墩自身重量，往往使用空心截面。单线桥与双线桥的空心截面桥墩一般选用范围 25 ~ 40 m。由于墩高继续增加，为保持桥梁的稳定性，截面也会增加，因此当墩高大于 40 m 时，空心墩截面面积稍有变大。为了更大范围地研究墩高变化对桥梁减隔震效率的影响，将适当扩大矮墩与超高空心墩的墩高研究范围。表 7.7-1 为本节所研究的不同截面的墩高范围。

表 7.7-1　不同截面的墩高范围（单位：m）

桥型	等截面实体墩	变截面实体墩	较小空心截面墩	较大空心截面墩
单线桥	4 ~ 20	9 ~ 25	25 ~ 40	40 ~ 60
双线桥	4 ~ 20	15 ~ 25	25 ~ 40	40 ~ 60

合理地建立铁路简支梁桥非线性有限元模型并选择地震动输入激励，用非线性时程分析方法进行隔震效果分析。本章采用普通支座体系和摩擦摆支座体系两个体系的模型，采用 7.4 节提到的墩顶位移隔震率、墩底弯矩隔震率与墩底保护层混凝土压应变隔震率，同时为了进行落梁判断和碰撞判断，将两种支座体系的支座位移与主梁位移地震响应值作为参考，综合进行减隔震效果分析。

如图 7.7-1 所示，为了更真实反映地震响应，仅研究 3 号桥墩墩顶位移、墩底弯矩、墩底保护层最大应变；仅研究 8 号支座位移；主梁位移为中跨端部位移。前文已经研究了当较大强度的地震动时，四跨简支梁模型与多跨简支梁模型的误差较小，可以忽略，无轨结构与有轨结构的误差也可以忽略。因此本节分析时，均选用四跨简支梁模型，不考虑轨道结构的约束。地震动输入均为 50 年超越概率为 10%，包含 7 个场地，每个场地 3 条，共计 21 条地震动，分别从纵桥向与横桥向输入。

为更直观研究墩高变化对隔震效率的影响，将 21 条地震动输入后的地震响应值求平均值并将其连线。最后总结其中的规律，并得出摩擦摆支座适用墩高范围。

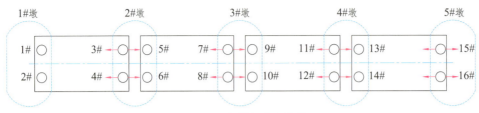

图 7.7-1　桥墩与支座编号

7.7.1　等截面桥墩墩高变化时

7.7.1.1　单线桥

1. 纵桥向地震波输入时隔震效率

在纵桥向地震波输入的情况下，单线桥等截面桥墩普通支座体系与摩擦摆支座体系的墩顶纵向位移如图7.7-2所示。在同等墩高的情况下，普通支座体系墩顶位移比摩擦摆支座体系的位移要大，并且两类支座体系的墩顶位移都随着墩高的增加而增加，这主要因为随着墩高的增加，桥墩的刚度降低，在同等地震作用下位移变大。

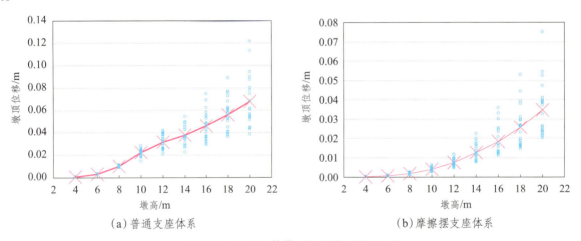

（a）普通支座体系　　　　　　　　　　（b）摩擦摆支座体系

图 7.7-2　单线桥等截面桥墩墩顶纵向位移

墩高在 4 ~ 8 m 时，墩顶纵向位移隔震效率随着墩高的增加而增加；墩高在 8 ~ 20 m 时，墩顶纵向位移隔震效率随着墩高的增加而降低。如图 7.7-3 所示，这可以通过反应谱的概念去解释。

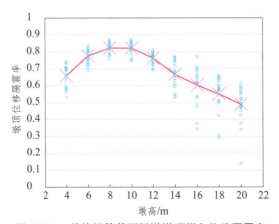

图 7.7-3　单线桥等截面桥墩墩顶纵向位移隔震率

反应谱采用"地震荷载"的概念，它通过理想简化成单自由度体系的地震响应来描述地震动特性，使用加速度时程曲线，对一组具有不同自振周期和一定阻尼比的单自由度弹性体系计算出最大加速度反应值与结构周期的关系曲线。将 50 年超越概率为 10% 的 21 条地震波转为反应谱，并计算出平均反应谱。如图 7.7-4 所示，墩高在 4 ~ 8 m 的桥梁结构自振周期在 0.3 ~ 0.39 s 范围内，此时对应的加速度值在反应谱的平台段，也就是结构反应强度几乎不随着墩高变化而变化。而当墩高在 8 ~ 20 m 范围内，结构自振周期在 0.39 ~ 1.2 s 范围内，结构反应强度随着墩高增加而变小。但是摩擦摆支座体系的支座刚度比普通支座体系的支座刚度要小，自振周期都比普通支座体系的要大得多。因此当墩高在 4 ~ 8 m 时，摩擦摆支座体系随着墩高增加而反应变小，而普通支座随着墩高的增加反应几乎不变，所以墩顶位移隔震率随墩高增加而增加。当墩高在 8 ~ 20 m 时，加速度反应谱都处于下降段。下降段一开始随着周期的增加下降得较快，但之后下降趋势变缓。因此，隔震效率随墩高增加而降低。

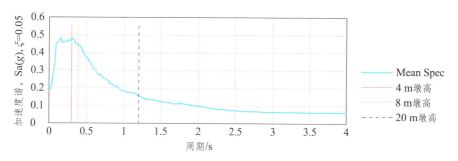

图 7.7-4　单线桥不同墩高桥梁的加速度反应谱

在纵桥向地震波输入的情况下，单线桥等截面桥墩普通支座体系与摩擦摆支座体系的支座位移如图 7.7-5 所示。普通支座体系取滑动支座的位移，在墩高为 4 ~ 8 m 范围内，支座位移普遍较大。这是由于当桥墩较矮时，墩的刚度远远比支座的刚度大，支座容易屈服甚至是破坏；而随着墩高增加，桥墩的刚度降低，普通支座不易被破坏。对于摩擦摆支座体系，支座位移随墩高的增加并没有太大的变化。这主要由于桥梁墩高增加时，虽然墩底加速度一样，但是墩顶的加速度在增加，摩擦摆支座位移随墩顶加速度增加而增加。但是墩高增加，桥墩变柔，摩擦摆支座位移也会随墩高增加而变小，所以对支座位移来说，墩高的增加影响并不大。摩擦摆支座的位移在各个墩高下，对不同的地震动反应差别很大，说明摩擦摆支座纵向位移对不同特性的地震动敏感性较强。

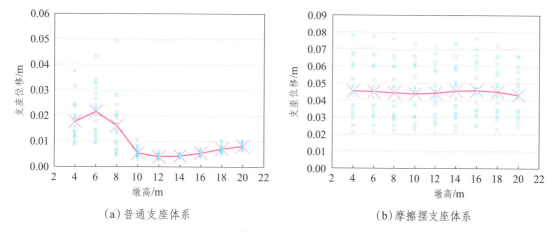

<table>
<tr><td>（a）普通支座体系</td><td>（b）摩擦摆支座体系</td></tr>
</table>

图 7.7-5　单线桥等截面桥墩支座纵向位移

在纵桥向地震波输入的情况下，单线桥等截面桥墩普通支座体系与摩擦摆支座体系的主梁位移如图 7.7-6 所示。普通支座体系的主梁位移随着墩高的增加而增加。摩擦摆支座体系在墩高为 4 ~ 10 m 时，变化不明显；当墩高继续增加时，主梁位移也随着增加。这主要因为摩擦摆支座体系的支座位移随着墩高的增加变化不明显，但在墩高4～10 m时，支座位移远远大于墩顶位移，因此主梁位移变化也不明显。当墩高继续增加时，墩顶位移变大，主梁位移也就随着墩高的增加而变大。

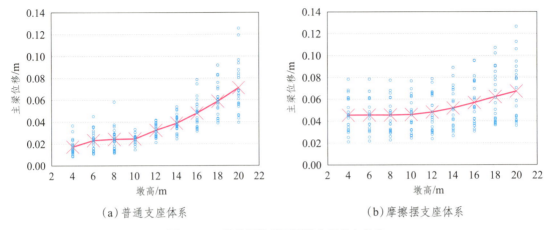

（a）普通支座体系　　　　　　（b）摩擦摆支座体系

图 7.7–6　单线桥等截面桥墩主梁纵向位移

在纵桥向地震波输入的情况下，单线桥等截面桥墩普通支座体系与摩擦摆支座体系的墩底弯矩如图 7.7-7 所示。普通支座体系的墩底弯矩在墩高为 4～10 m时，随着墩高的增加，弯矩变大，但是随着墩高继续增加，墩底弯矩变化不明显。摩擦摆支座体系的墩底弯矩随着墩高的增加而变大。这主要因为当墩高为 10 m时，普通支座体系的墩底弯矩已经达到 10 000 kN·m，见图 7.7-8，当墩底弯矩达到 10 000 kN·m时，桥墩底部已经进入塑性阶段，随着外力增大，底部的弯矩不会过大增加。而摩擦摆支座体系的墩底弯矩都小于 10 000 kN·m，并没有屈服，因此墩底弯矩随着墩高的增加而变大。

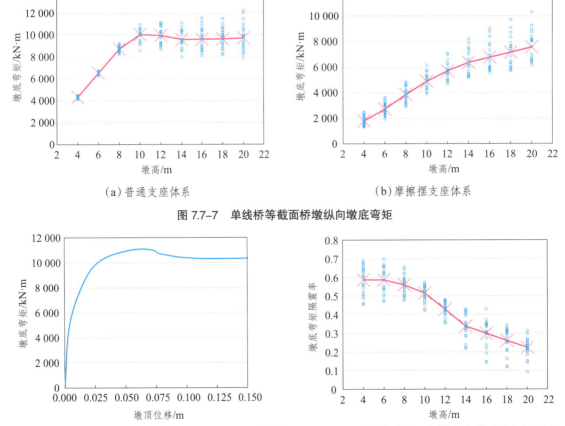

（a）普通支座体系　　　　　　（b）摩擦摆支座体系

图 7.7–7　单线桥等截面桥墩纵向墩底弯矩

图 7.7–8　单线桥等截面桥墩墩底纵向弯矩–墩顶位移曲线　　图 7.7–9　单线桥等截面桥墩纵向墩底弯矩隔震率

如图 7.7-9 所示，墩高为 4 ~ 8 m 时，单线桥等截面桥墩纵向墩底弯矩隔震率随着墩高的增加变化不明显，当墩高继续增加，墩底弯矩隔震率也随之减小。这也和墩顶纵向位移隔震效率变化规律类似。

在纵桥向地震波输入的情况下，单线桥等截面桥墩普通支座体系与摩擦摆支座体系的墩底保护层混凝土压应变如图 7.7-10 所示。墩高为 4 ~ 10 m 时，普通支座体系的保护层混凝土压应变随着墩高的增加而变大，当墩高大于 10 m 时，保护层混凝土的压应变变化不明显。摩擦摆支座体系的混凝土压应变随着墩高的增加而变大。其原因和墩底弯矩相似，是由于当墩高为 10 m 时，墩底在地震作用下屈服。如图 7.7-11 所示，墩底保护层混凝土压应变隔震率也和墩顶纵向位移隔震效率变化规律类似。

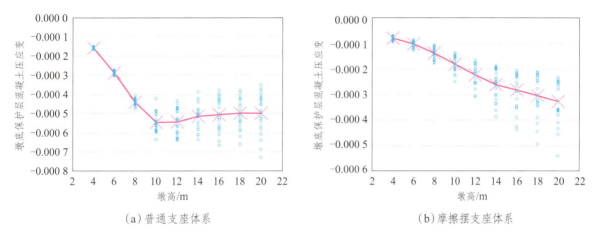

（a）普通支座体系　　（b）摩擦摆支座体系

图 7.7-10　单线桥等截面桥墩纵向墩底保护层混凝土最大压应变

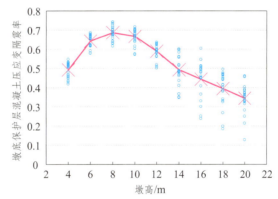

图 7.7-11　单线桥等截面桥墩纵向墩底保护层混凝土压应变隔震率

2. 横桥向地震波输入时隔震效率

在横桥向地震波输入的情况下，单线桥等截面桥墩普通支座体系与摩擦摆支座体系的桥墩顶位移如图 7.7-12 所示。两类支座体系的墩顶位移都随着墩高增加而变大。普通支座体系的墩顶位移在相同墩高下比摩擦摆体系的大，说明摩擦摆支座在横桥向起到了隔震的效果。如图 7.7-13 所示，墩顶横向位移隔震率随着墩高的增加而降低。虽然结构的横向固有周期比纵向固有周期要小，结构刚度更大，隔震效率应该比较大；但是固有周期是在弹性范围内得出的，当桥墩高在 6 m 时，墩底就开始屈服，因此结构在地震动作用下固有周期变大，结构刚度变小，致使隔震效率降低。

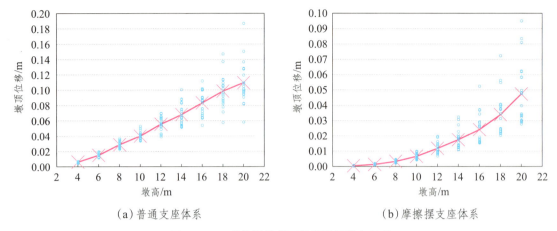

(a) 普通支座体系   (b) 摩擦摆支座体系

图 7.7-12　单线桥等截面桥墩墩顶横向位移

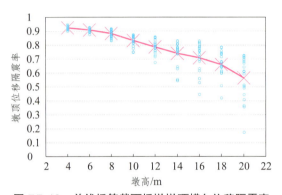

图 7.7-13　单线桥等截面桥墩墩顶横向位移隔震率

在横桥向地震波输入的情况下，单线桥等截面桥墩普通支座体系与摩擦摆支座体系的支座位移如图 7.7-14 所示。普通支座体系横桥向为固定，在墩高为 4 m 时，支座位移比较大，这是由于当墩较矮时，墩的刚度远远比支座的刚度大，支座容易屈服甚至是破坏。而随着墩高增加，桥墩的刚度变小，固定支座不易被破坏。对于摩擦摆支座体系，支座横向位移随墩高的增加并没有太大的变化。这主要由于墩高增加时，虽然墩底加速度一样，但是墩顶的加速度在增加，摩擦摆支座位移随墩顶加速度增加而增加。但是墩高增加，桥墩变柔，摩擦摆支座位移也会随墩高增加而变小，所以对支座位移来说，墩高的增加影响并不大。摩擦摆支座的位移在各个墩高下，对不同的地震动反应差别很大，说明摩擦摆支座横向位移对不同特性的地震动敏感性较强。

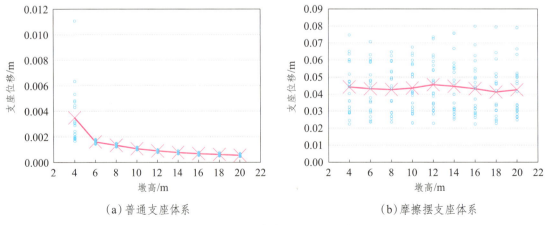

(a) 普通支座体系   (b) 摩擦摆支座体系

图 7.7-14　单线桥等截面桥墩支座横向位移

在横桥向地震波输入的情况下，等截面桥墩单线桥普通支座体系与摩擦摆支座体系的主梁位移如图 7.7-15 所示。普通支座体系的主梁位移随着墩高的增加而增加。摩擦摆支座体系在墩高为 4 ~ 10 m 时，变化不明显；当墩高继续增加时，主梁位移也随着增加。在普通支座体系中，连接主梁与桥墩的为固定支座，支座刚度都很大，因此主梁位移与墩顶位移差别不大。

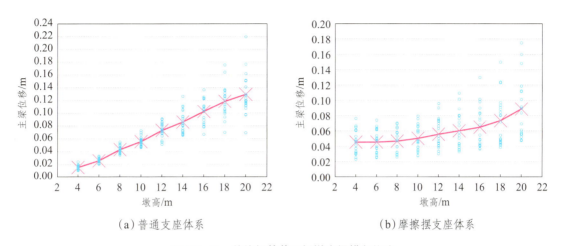

(a) 普通支座体系　　　　　　　(b) 摩擦摆支座体系

图 7.7-15　单线桥等截面桥墩主梁横向位移

在横桥向地震波输入的情况下，单线桥等截面桥墩普通支座体系与摩擦摆支座体系的墩底弯矩如图 7.7-16 所示。普通支座体系的墩底弯矩在墩高为 4 ~ 6 m 时，随着墩高的增加，弯矩变大，但是随着墩高继续增加，墩底弯矩变化不明显。摩擦摆支座体系的墩底弯矩随着墩高的增加而变大。这主要因为当墩高为 6 m 时，普通支座体系的墩底弯矩已经达到 14 000 kN·m，如图 7.7-17 所示，当墩底弯矩达到 14 000 kN·m 时，桥墩底部已经进入塑性阶段，随着外力增大，底部的弯矩不会过大增加。而摩擦摆支座体系的墩底弯矩都小于 14 000 kN·m，并没有屈服，因此墩底弯矩随着墩高的增加而变大。

如图 7.7-18 所示，随着墩高增加，墩底弯矩隔震率随之减小。这也和墩顶横向位移隔震效率变化规律类似。

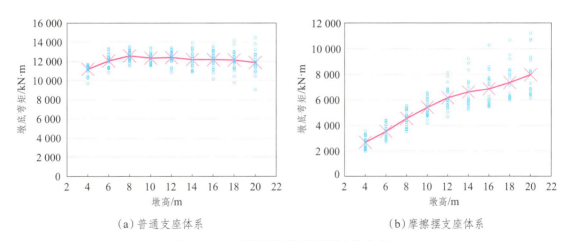

(a) 普通支座体系　　　　　　　(b) 摩擦摆支座体系

图 7.7-16　单线桥等截面桥墩横向墩底弯矩

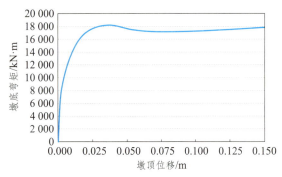
图 7.7-17 单线桥等截面桥墩墩底横向弯矩-顶部位移曲线

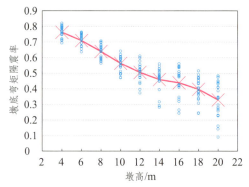
图 7.7-18 单线桥等截面桥墩横向墩底弯矩隔震率

在横桥向地震波输入的情况下，单线桥等截面桥墩普通支座体系与摩擦摆支座体系的墩底保护层混凝土压应变如图 7.7-19 所示。墩高为 4 ~ 8 m 时，普通支座体系的保护层混凝土压应变随着墩高的增加而变大，当墩高大于 8 m 时，保护层混凝土的压应变变化不明显。摩擦摆支座体系的混凝土压应变随着墩高的增加而变大。其原因和墩底弯矩相似，是由于当墩高为 8 m 时，墩底在地震作用下屈服。如图 7.7-20 所示，墩底保护层混凝土压应变隔震率也和墩顶横向位移隔震效率变化规律类似，随着墩高增加而降低。

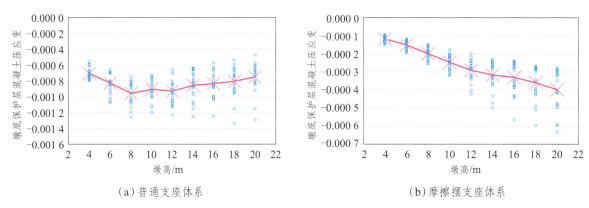
（a）普通支座体系 （b）摩擦摆支座体系
图 7.7-19 单线桥等截面桥墩横向墩底保护层混凝土最大压应变

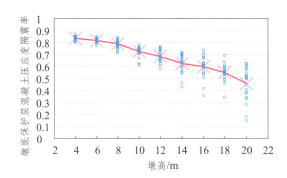
图 7.7-20 单线桥等截面桥墩横向墩底保护层混凝土压应变隔震率

7.7.1.2 双线桥

1. 纵桥向地震波输入时隔震效率

在纵桥向地震波输入的情况下，双线桥等截面桥墩普通支座体系与摩擦摆支座体系的墩顶纵向位移如图 7.7-21 所示。普通支座体系墩顶位移在相同墩高的情况下比摩擦摆支座体系的位移要大，并且两类体系都随着墩高的增加，墩顶位移也增加，这主要因为随着墩高的增加，桥墩的刚度变柔，在同等地震作用下位移变大。如图 7.7-22 所示，墩高在 4 ～ 8 m 时，墩顶纵向位移隔震效率随着墩高的增加而增加；墩高在 8 ～ 20 m 时，墩顶纵向位移隔震效率随着墩高的增加而降低。这也可以通过反应谱的概念去解释。

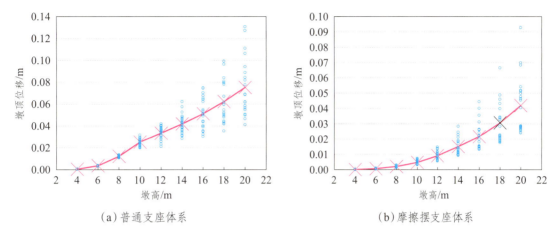

（a）普通支座体系　　　　　　　　　　　　　（b）摩擦摆支座体系

图 7.7-21　双线桥等截面桥墩墩顶纵向位移

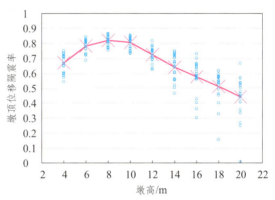

图 7.7-22　双线桥等截面桥墩墩顶纵向位移隔震率

如图 7.7-23 所示，墩高在 4 ～ 8 m 的桥梁结构自振周期在 0.3 ～ 0.4 s 范围内，此时对应的加速度值在反应谱的平台段，也就是结构反应强度几乎不随着墩高变化而变化。而当墩高在 8 ～ 20 m 范围内，结构自振周期在 0.4 ～ 1.3 s 范围内，结构反应强度随着墩高增加而变小。但是摩擦摆支座体系的支座刚度比普通支座体系的支座刚度要小，自振周期都比普通支座体系的要大得多。因此当墩高在 4 ～ 8 m 阶段，摩擦摆支座体系随着墩高增加而反应变小，而普通支座随着墩高的增加反应几乎不变，所以墩顶位移隔震率随墩高增加而增加。当墩高在 8 ～ 20 m 时，加速度反应谱都处于下降段。下降段一开始随着周期的增加下降得较快，但之后下降趋势变缓。因此，隔震效率随墩高增加而降低。

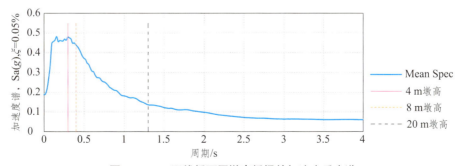

图 7.7-23　双线桥不同墩高桥梁的加速度反应谱

在纵桥向地震波输入的情况下，双线桥等截面桥墩普通支座体系与摩擦摆支座体系的支座位移如图 7.7-24 所示。普通支座体系取滑动支座的位移，在墩高为 4～8 m 范围内，支座位移普遍较大。这是由于当墩高较矮时，墩的刚度远远比支座的刚度大，支座容易屈服甚至是破坏；而随着墩高增加，墩的刚度降低，普通支座不易被破坏。对于摩擦摆支座体系，支座位移随墩高的增加并没有太大的变化。这主要由于桥墩墩高增加时，虽然墩底加速度一样，但是墩顶的加速度在增加，摩擦摆支座位移随墩顶加速度增加而增加。但是墩高增加，桥墩变柔，摩擦摆支座位移也会随墩高增加而变小，所以对支座位移来说，墩高的增加影响并不大。

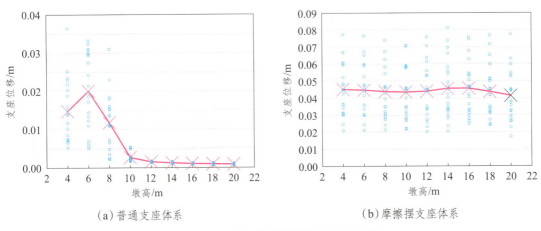

（a）普通支座体系　　　　　　　（b）摩擦摆支座体系

图 7.7-24　双线桥等截面桥墩支座纵向位移

在纵桥向地震波输入的情况下，双线桥等截面桥墩普通支座体系与摩擦摆支座体系的主梁位移如图 7.7-25 所示。普通支座体系的主梁位移随着墩高的增加而增大。摩擦摆支座体系在墩高为 4～10 m 时，主梁位移随墩高的增加变化不明显；当墩高继续增加时，主梁位移也随着增加。这主要因为摩擦摆支座体系的支座位移随着墩高的增加变化不明显，但在墩高 4～10 m 时，支座位移远远大于墩顶位移，因此主梁位移变化也不明显。当墩高继续增加时，墩顶位移变大，主梁位移也就随着墩高的增加而变大。

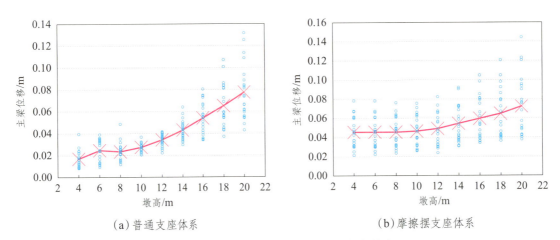

（a）普通支座体系　　　　　　　（b）摩擦摆支座体系

图 7.7-25　双线桥等截面桥墩主梁纵向位移

在纵桥向地震波输入的情况下，双线桥等截面桥墩普通支座体系与摩擦摆支座体系的墩底弯矩如图 7.7-26 所示。普通支座体系的墩底弯矩在墩高为 4～10 m 时，随着墩高的增加，弯矩变大，但是随着墩高继续增加，墩底弯矩变化不明显。摩擦摆支座体系的墩底弯矩随着墩高的增加而变大。这主要因为当墩高为 10 m 时，普通支座体系的墩底弯矩已经达到 20 000 kN·m，如图 7.7-27 所示，当墩底弯矩达到 20 000 kN·m 时，桥墩底部已经进入塑性阶段，随着外力增大，底部的弯矩不会过大增加。而摩擦摆支座体系的墩底弯矩都小于

20 000 kN·m，并没有屈服，因此墩底弯矩随着墩高的增加而变大。

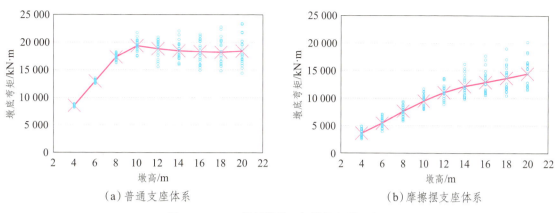

（a）普通支座体系　　　　　　　　　　　（b）摩擦摆支座体系

图 7.7-26　双线桥等截面桥墩纵向墩底弯矩

如图 7.7-28 所示，墩高为 4 ~ 8 m 时，双线桥等截面桥墩纵向墩底弯矩隔震率随着墩高的增加变化不明显，当墩高继续增加，墩底弯矩隔震率也随之减小。这也和墩顶纵向位移隔震效率变化规律类似。当墩高为 20 m 时其至出现摩擦摆支座体系隔震效率为负数的情况。

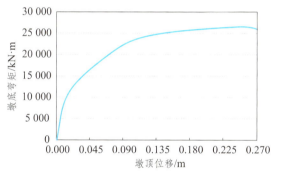
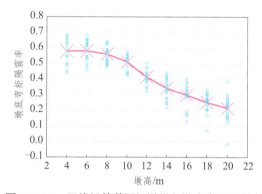

图 7.7-27　双线桥等截面桥墩墩底纵向弯矩–墩顶位移曲线　**图 7.7-28　双线桥等截面桥墩纵向墩底弯矩隔震率**

在纵桥向地震波输入的情况下，双线桥等截面桥墩普通支座体系与摩擦摆支座体系的墩底保护层混凝土压应变如图 7.7-29 所示。墩高为 4 ~ 10 m 时，普通支座体系的保护层混凝土压应变随着墩高的增加而变大，当墩高大于 10 m 时，保护层混凝土的压应变变化不明显。摩擦摆支座体系的混凝土压应变随着墩高的增加而变大。原因和墩底弯矩相似，由于当墩高为 10 m 时，墩底在地震作用下屈服。如图 7.7-30 所示，墩底保护层混凝土压应变隔震率也和墩顶纵向位移隔震效率变化规律类似。

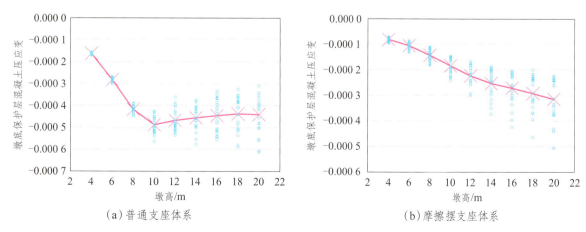

（a）普通支座体系　　　　　　　　　　　（b）摩擦摆支座体系

图 7.7-29　双线桥等截面桥墩纵向墩底保护层混凝土最大压应变

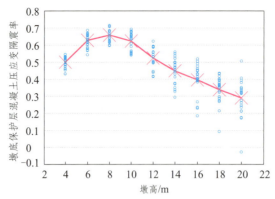

图 7.7-30　双线桥等截面桥墩纵向墩底保护层混凝土压应变隔震率

2. 横桥向地震波输入时隔震效率

在横桥向地震波输入的情况下，双线桥等截面桥墩普通支座体系与摩擦摆支座体系的桥墩顶位移如图 7.7-31 所示。两类支座体系的墩顶位移都随着墩高增加而变大。普通支座体系的墩顶位移在相同墩高下比摩擦摆体系的大，说明摩擦摆支座在横桥向起到了隔震的效果。如图 7.7-32 所示，墩顶横向位移隔震率随着墩高的增加而增加。如图 7.7-33 所示，4 m 墩高与 20 m 墩高双线桥的横向固有周期分别为 0.25 s 与 0.40 s，比纵向固有周期要小，结构刚度更大，隔震效率较大。因此双线桥横桥向随着墩高增加，墩顶横向位移隔震率也随之变大。

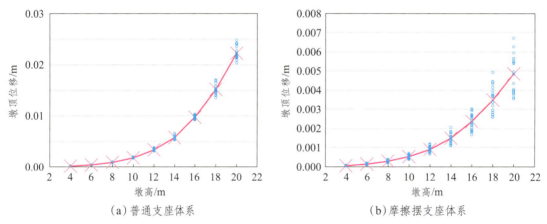

（a）普通支座体系　　　　　　　　　　　　（b）摩擦摆支座体系

图 7.7-31　双线桥等截面桥墩墩顶横向位移

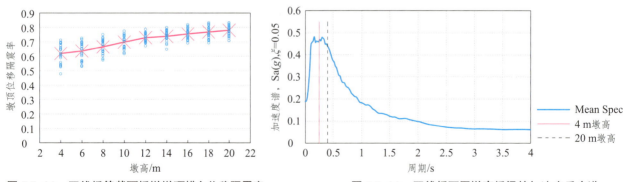

图 7.7-32　双线桥等截面桥墩墩顶横向位移隔震率　　　图 7.7-33　双线桥不同墩高桥梁的加速度反应谱

在横桥向地震波输入的情况下，双线桥等截面桥墩普通支座体系与摩擦摆支座体系的支座位移如图 7.7-34 所示。普通支座体系取滑动支座的位移时，支座位移比较大，这是由于双线桥桥墩横向刚度特别大，远比支座的刚度大，支座容易屈服甚至破坏。对于摩擦摆支座体系，支座横向位移随墩高的增加并没有太大的变化。这主要由于桥墩墩高增加时，虽然墩底加速度一样，但是墩顶的加速度在增加，摩擦摆支座位移随墩顶加速度增加而增加。但是墩高增加，桥墩变柔，摩擦摆支座位移也会随墩高增加而变小，所以对支座位移来说，墩高的增加影响并不大。

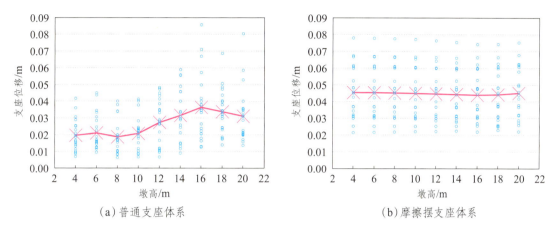

（a）普通支座体系　　　　　　　（b）摩擦摆支座体系

图 7.7-34　双线桥等截面桥墩支座横向位移

在横桥向地震波输入的情况下，等截面桥墩双线桥普通支座体系与摩擦摆支座体系的主梁位移如图 7.7-35 所示。普通支座体系的主梁位移随着墩高的增加而增加。摩擦摆支座体系随着墩高的增加主梁横向位移变化不明显。这主要是因为桥墩横向刚度比较大，摩擦摆支座体系的墩顶横向位移远比支座位移小，因此主梁位移与支座位移比较接近。

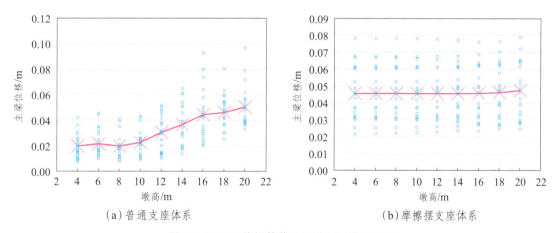

（a）普通支座体系　　　　　　　（b）摩擦摆支座体系

图 7.7-35　双线桥等截面桥墩主梁横向位移

在横桥向地震波输入的情况下，双线桥等截面桥墩普通支座体系与摩擦摆支座体系的墩底弯矩如图 7.7-36 所示。两类支座体系都随着墩高的增加，横向墩底弯矩变大。

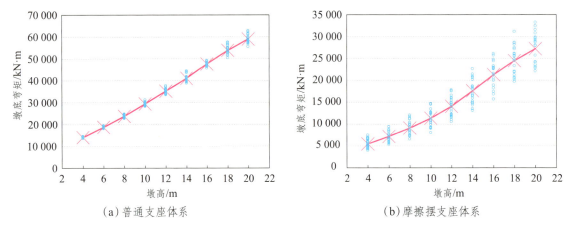

（a）普通支座体系　　　　　　　　　　（b）摩擦摆支座体系

图 7.7-36　双线桥等截面桥墩横向墩底弯矩

如图 7.7-37 所示，随着墩高增加，墩底弯矩隔震率变化不明显。

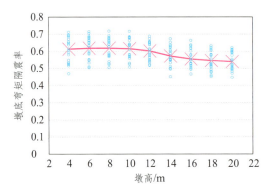

图 7.7-37　双线桥等截面桥墩纵向墩底弯矩隔震率

在横桥向地震波输入的情况下，双线桥等截面桥墩普通支座体系与摩擦摆支座体系的墩底保护层混凝土压应变如图 7.7-38 所示。墩高增加时，两类体系的保护层混凝土压应变随着墩高的增加而变大。如图 7.7-39 所示，墩底保护层混凝土压应变隔震率也和墩顶横向位移隔震效率变化规律类似。

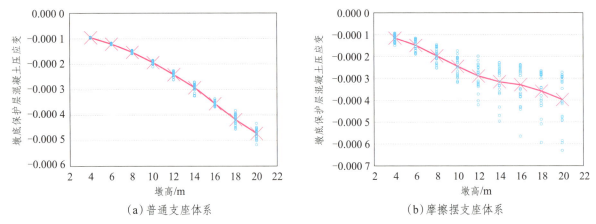

（a）普通支座体系　　　　　　　　　　（b）摩擦摆支座体系

图 7.7-38　双线桥等截面桥墩横向墩底保护层混凝土最大压应变

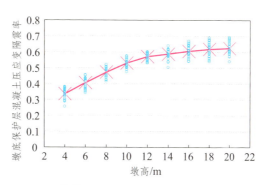

图 7.7-39　双线桥等截面桥墩横向墩底保护层混凝土压应变隔震率

7.7.2　变截面桥墩墩高变化时

7.7.2.1　单线桥

1. 纵桥向地震波输入时隔震效率

在纵桥向地震波输入的情况下，单线桥变截面桥墩普通支座体系与摩擦摆支座体系的墩顶纵向位移如图7.7-40 所示。普通支座体系墩顶位移在等墩高的情况下比摩擦摆支座体系的位移要大，并且两类体系的墩顶位移都随着墩高的增加而增加。如图 7.7-41 所示，墩顶纵向位移隔震效率随着墩高的增加而降低。

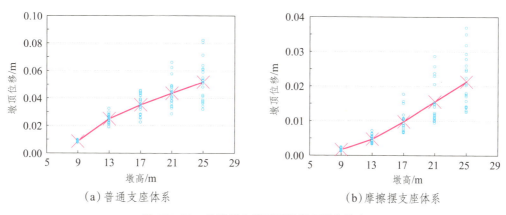

（a）普通支座体系　　　　　　（b）摩擦摆支座体系

图 7.7-40　单线桥变截面桥墩墩顶纵向位移

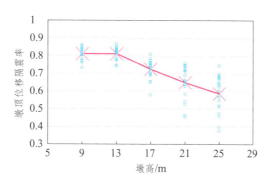

图 7.7-41　单线桥变截面桥墩墩顶纵向位移隔震率

在纵桥向地震波输入的情况下，单线桥变截面桥墩普通支座体系与摩擦摆支座体系的支座位移如图 7.7-42 所示。普通支座体系取滑动支座的位移，在墩高为 9 m 时；支座位移较大，当墩高为 13 ～ 25 m 时，滑动支座位移较小。对于摩擦摆支座体系，墩高为 9 m 和 13 m 时，支座位移随墩高的增加并没有太大的变化；当墩高大于 13 m 时，支座位移随着墩高的增加而变大，但是变化幅度不大。

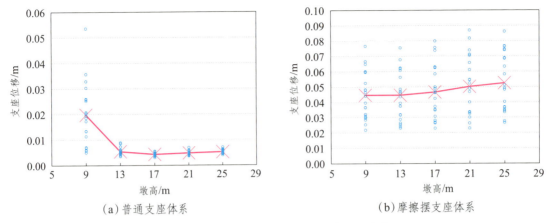

（a）普通支座体系　　　　　　　　　　（b）摩擦摆支座体系

图 7.7-42　单线桥变截面桥墩支座纵向位移

在纵桥向地震波输入的情况下，单线桥变截面桥墩普通支座体系与摩擦摆支座体系的主梁位移如图 7.7-43 所示。两类体系的主梁位移均随着墩高的增加而增加。

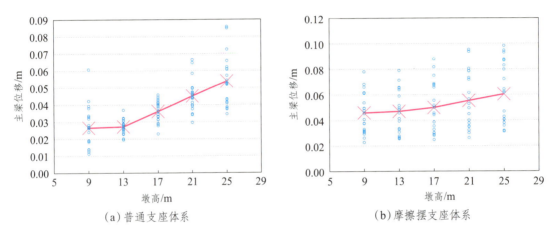

（a）普通支座体系　　　　　　　　　　（b）摩擦摆支座体系

图 7.7-43　单线桥变截面桥墩主梁纵向位移

在纵桥向地震波输入的情况下，单线桥变截面桥墩普通支座体系与摩擦摆支座体系的墩底弯矩如图 7.7-44 所示。普通支座体系的墩底弯矩随着墩高的增加而变大，但是当墩高大于 13 m 时，弯矩增大速率随着墩高的增加而降低。摩擦摆支座体系的墩底弯矩随着墩高的增加而变大。这主要因为当墩高为 13 m 时，普通支座体系的墩底弯矩已经达到 14 000 kN·m，如图 7.7-45 所示，当墩底弯矩达到 15 000 kN·m 时，桥墩底部已经首次屈服，但并没有完全屈服，随着外力增大，底部的弯矩增加幅度变小。而摩擦摆支座体系的墩底弯矩都小于 14 000 kN·m，并没有屈服，因此墩底弯矩随着墩高的增加而近乎线性增大。

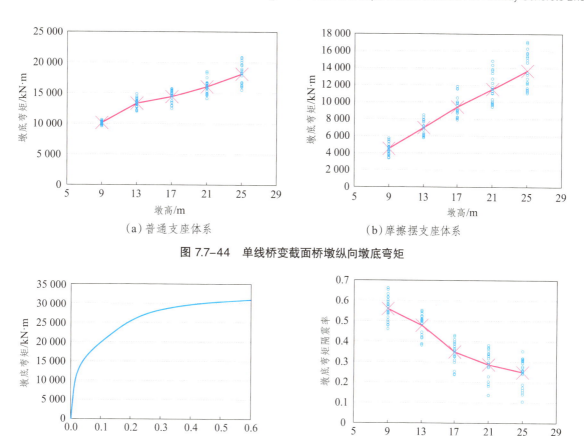

（a）普通支座体系 （b）摩擦摆支座体系

图 7.7-44 单线桥变截面桥墩纵向墩底弯矩

图 7.7-45 单线桥变截面桥墩墩底纵向弯矩–顶部位移曲线 图 7.7-46 单线桥变截面桥墩纵向墩底弯矩隔震率

如图 7.7-46 所示，单线桥变截面桥墩纵向墩底弯矩隔震率随着墩高增加而减小。这也和墩顶纵向位移隔震效率变化规律类似。

在纵桥向地震波输入的情况下，单线桥变截面桥墩普通支座体系与摩擦摆支座体系的墩底保护层混凝土压应变如图 7.7-47 所示。墩高为 9 ~ 13 m 时，普通支座体系的保护层混凝土压应变随着墩高的增加而变大；当墩高大于 13 m 时，保护层混凝土的压应变随着墩高的增加而减小。墩高为 9 ~ 17 m 时，摩擦摆支座体系的混凝土压应变随着墩高的增加而变大，但当墩高大于 17 m，变化不明显。这是由于变截面桥墩的截面变大，虽然墩底弯矩随着墩高的增加而变大，但是由于墩底截面也在变大，因此墩底保护层混凝土的压应变不一定随着内力的增大而增大。

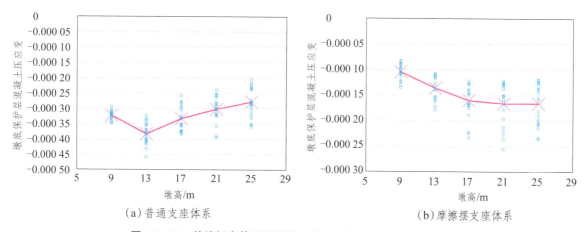

（a）普通支座体系 （b）摩擦摆支座体系

图 7.7-47 单线桥变截面桥墩纵向墩底保护层混凝土最大压应变

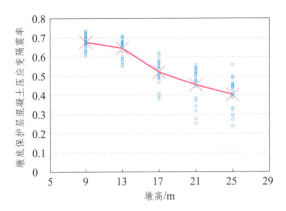

图 7.7-48　单线桥变截面桥墩纵向墩底保护层混凝土压应变隔震率

2. 横桥向地震波输入时隔震效率

在横桥向地震波输入的情况下，单线桥变截面桥墩普通支座体系与摩擦摆支座体系的桥墩顶位移如图 7.7-49 所示。两类支座体系的墩顶位移都随着墩高增加而变大。普通支座体系的墩顶位移在相同墩高下比摩擦摆体系的大，说明摩擦摆支座在横桥向起到了隔震的作用。如图 7.7-50 所示，墩顶横向位移隔震率随着墩高的增加而降低。

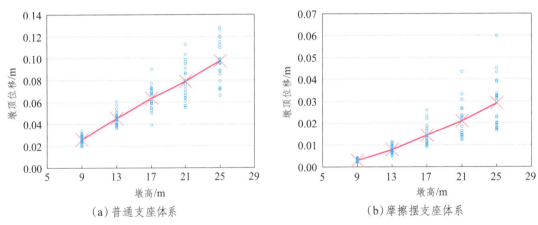

（a）普通支座体系　　　　　　　　（b）摩擦摆支座体系

图 7.7-49　单线桥变截面桥墩墩顶横向位移

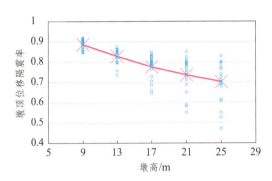

图 7.7-50　单线桥变截面桥墩墩顶横向位移隔震率

在横桥向地震波输入的情况下，单线桥变截面桥墩普通支座体系与摩擦摆支座体系的支座位移如图 7.7-51 所示。普通支座体系横桥向支座为固定支座，随着墩高的增加，支座均未破坏，故支座位移较小。对于摩擦摆支座体系，支座位移随着墩高的增加而变大，但是变化幅度不大。

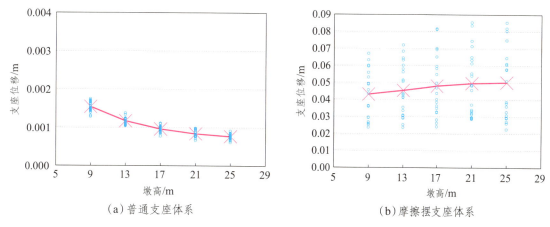

（a）普通支座体系　　　　　　　　（b）摩擦摆支座体系

图 7.7-51　单线桥变截面桥墩支座横向位移

在横桥向地震波输入的情况下，变截面桥墩单线桥普通支座体系与摩擦摆支座体系的主梁位移如图 7.7-52 所示。两类支座体系的主梁位移随着墩高的增加而增加。普通支座体系的主梁位移和墩顶位移相近，这是因为在横桥向，普通支座都为固定且随着墩高增加均未破坏，故主梁位移与墩顶位移相近。

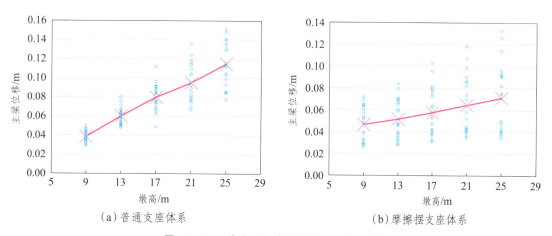

（a）普通支座体系　　　　　　　　（b）摩擦摆支座体系

图 7.7-52　单线桥变截面桥墩主梁横向位移

在横桥向地震波输入的情况下，单线桥变截面桥墩普通支座体系与摩擦摆支座体系的墩底弯矩如图 7.7-53 所示。两类支座体系墩底弯矩都随着墩高增加而变大，其中，普通支座体系的墩底弯矩增加幅度稍小。

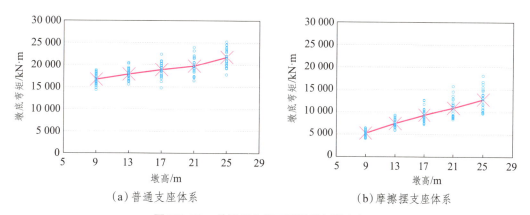

（a）普通支座体系　　　　　　　　（b）摩擦摆支座体系

图 7.7-53　单线桥变截面桥墩横向墩底弯矩

如图 7.7-54 所示，随着墩高增加，墩底弯矩隔震率随之减小。这也和墩顶纵向位移隔震效率变化规律类似。

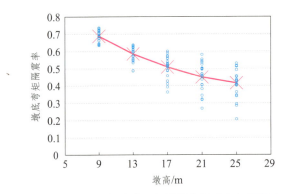

图 7.7-54　单线桥变截面桥墩横向墩底弯矩隔震率

在横桥向地震波输入的情况下，单线桥变截面桥墩普通支座体系与摩擦摆支座体系的墩底保护层混凝土压应变如图 7.7-55 所示。普通支座体系的保护层混凝土压应变随着墩高的增加而变小。而摩擦摆支座体系的保护层混凝土压应变随着墩高的增加而变大。这是因为随着墩高增加，普通支座体系的内力变化速度比摩擦摆支座体系的要小，而截面面积随着墩高增加而增加。如图 7.7-56 所示，墩底保护层混凝土压应变隔震率也和墩顶横向位移隔震效率变化规律类似，随着墩高增加而降低。

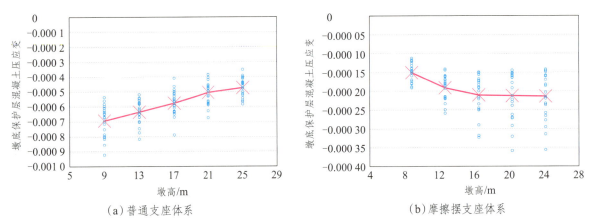

（a）普通支座体系　　　　　　　　　　　（b）摩擦摆支座体系

图 7.7-55　单线桥变截面桥墩横向墩底保护层混凝土最大压应变

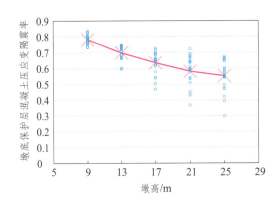

图 7.7-56　单线桥变截面桥墩横向墩底保护层混凝土压应变隔震率

7.7.2.2　双线桥

1. 纵桥向地震波输入时隔震效率

在纵桥向地震波输入的情况下，双线桥变截面桥墩普通支座体系与摩擦摆支座体系的墩顶纵向位移如图

7.7-57 所示。在等墩高的情况下普通支座体系墩顶位移比摩擦摆支座体系的位移要大，并且两类体系的墩顶位移都随着墩高的增加而增加。如图 7.7-58 所示，墩顶纵向位移隔震效率随着墩高的增加而降低。

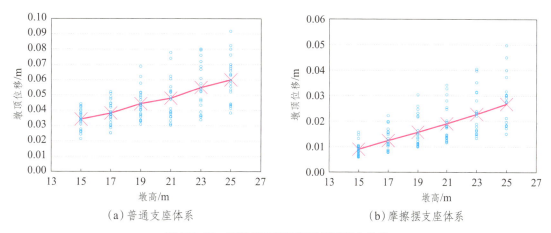

（a）普通支座体系　　　　　　　　　　（b）摩擦摆支座体系

图 7.7-57　双线桥变截面桥墩墩顶纵向位移

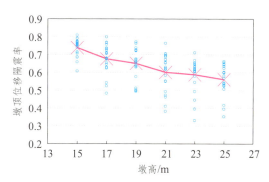

图 7.7-58　双线桥变截面桥墩墩顶纵向位移隔震率

在纵桥向地震波输入的情况下，双线桥变截面桥墩普通支座体系与摩擦摆支座体系的支座位移如图 7.7-59 所示。普通支座体系取滑动支座的位移，两类支座位移都随着墩高的增加而变大，摩擦摆支座体系的支座位移增加幅度不明显。

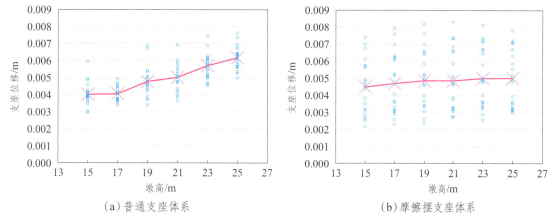

（a）普通支座体系　　　　　　　　　　（b）摩擦摆支座体系

图 7.7-59　双线桥变截面桥墩支座纵向位移

在纵桥向地震波输入的情况下，双线桥变截面桥墩普通支座体系与摩擦摆支座体系的主梁位移如图 7.7-60 所示。两类体系的主梁位移随着墩高的增加而增加。由于普通支座体系的支座位移比墩顶位移小一个数量级，因此主梁位移与墩顶位移相近。

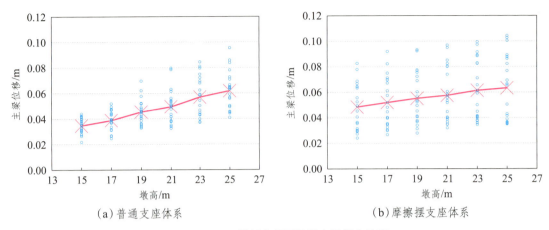

（a）普通支座体系　　　　　　　（b）摩擦摆支座体系

图 7.7-60　双线桥变截面桥墩主梁纵向位移

在纵桥向地震波输入的情况下，双线桥变截面桥墩普通支座体系与摩擦摆支座体系的墩底弯矩如图 7.7-61 所示。普通支座体系的墩底弯矩随着墩高的增加而变大，摩擦摆支座体系的墩底弯矩远远小于普通支座体系，说明隔震效果良好。

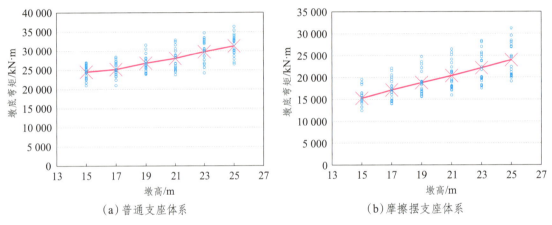

（a）普通支座体系　　　　　　　（b）摩擦摆支座体系

图 7.7-61　双线桥变截面桥墩纵向墩底弯矩

墩高为 15 ~ 25 m 时，双线桥变截面桥墩纵向墩底弯矩随着墩高增加，墩底弯矩隔震率随之减小。这也和墩顶纵向位移隔震效率变化规律类似，当墩高达到 25 m 时，墩底弯矩隔震率小于 10%，隔震效果不明显，如图 7.7-62 所示。

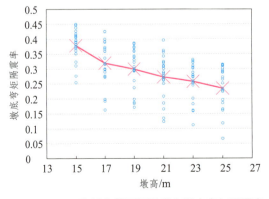

图 7.7-62　双线桥变截面桥墩纵向墩底弯矩隔震率

在纵桥向地震波输入的情况下，双线桥变截面桥墩普通支座体系与摩擦摆支座体系的墩底保护层混凝土压应变如图 7.7-63 所示。普通支座体系的保护层混凝土压应变随着墩高的增加而变小。摩擦摆支座体系的混凝土压应变随着墩高的增加，变化不明显。双线桥变截面桥墩纵向墩底保护层混凝土压应变隔震率随着墩高的增大而减小，如图 7.7-64 所示。

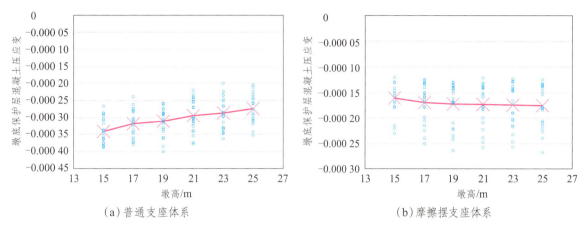

（a）普通支座体系　　　　　　　　　（b）摩擦摆支座体系

图 7.7-63　双线桥变截面桥墩纵向墩底保护层混凝土最大压应变

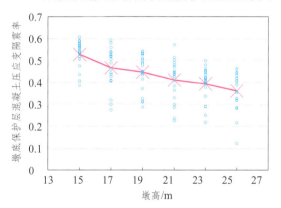

图 7.7-64　双线桥变截面桥墩纵向墩底保护层混凝土压应变隔震率

2. 横桥向地震波输入时隔震效率

在横桥向地震波输入的情况下，双线桥变截面桥墩普通支座体系与摩擦摆支座体系的墩顶位移如图 7.7-65 所示。两类支座体系的墩顶位移都随着墩高增加而变大。普通支座体系的墩顶位移在相同墩高下比摩擦摆体系的大，说明摩擦摆支座在横桥向起到了隔震的效果。

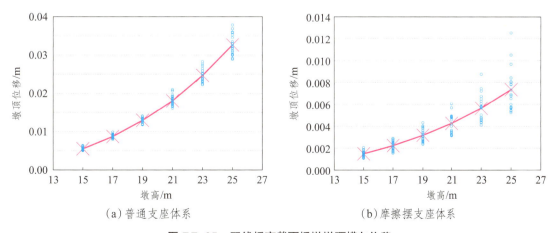

（a）普通支座体系　　　　　　　　　（b）摩擦摆支座体系

图 7.7-65　双线桥变截面桥墩墩顶横向位移

如图 7.7-66 所示，墩顶横向位移隔震率随着墩高的增加而稍有增加。如图 7.7-67 所示，15 m 墩高和 25 m 墩高双线桥的横向固有周期分别为 0.32 s 和 0.40 s，比纵向固有周期要小，结构刚度更大，隔震率较大。因此，双线桥横桥向随着墩高增加，墩顶横向位移隔震效率稍有增加，但不明显。

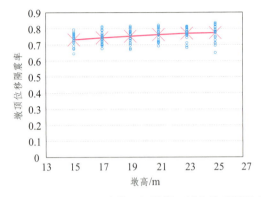

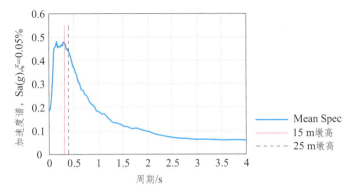

图 7.7-66　双线桥变截面桥墩墩顶横向位移隔震率　　　图 7.7-67　双线桥不同墩高桥梁的加速度反应谱

在横桥向地震波输入的情况下，双线桥变截面桥墩普通支座体系与摩擦摆支座体系的支座位移如图 7.7-68 所示。普通支座体系横桥向支座为固定支座，随着墩高的增加，支座均发生破坏，故支座位移较大。对于摩擦摆支座体系，支座位移随着墩高的增加而变大，但是变化幅度不大。

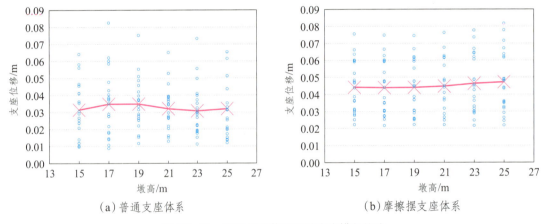

（a）普通支座体系　　　　　　　　　　　　（b）摩擦摆支座体系

图 7.7-68　双线桥变截面桥墩支座横向位移

在横桥向地震波输入的情况下，变截面桥墩双线桥普通支座体系与摩擦摆支座体系的主梁位移如图 7.7-69 所示。普通支座体系的主梁位移随着墩高的增加而增大，但摩擦摆支座体系的主梁位移变化不明显。

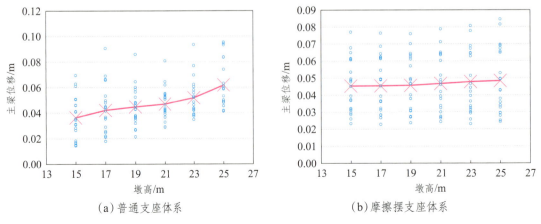

（a）普通支座体系　　　　　　　　　　　　（b）摩擦摆支座体系

图 7.7-69　双线桥变截面桥墩主梁横向位移

在横桥向地震波输入的情况下，双线桥变截面桥墩普通支座体系与摩擦摆支座体系的墩底弯矩如图7.7-70所示。两类支座体系都随着墩高增加，墩底弯矩变大，普通支座体系的墩底弯矩随着墩高变大而增加幅度更大。随着墩高增加，墩底弯矩隔震率变化不明显，如图7.7-71所示。

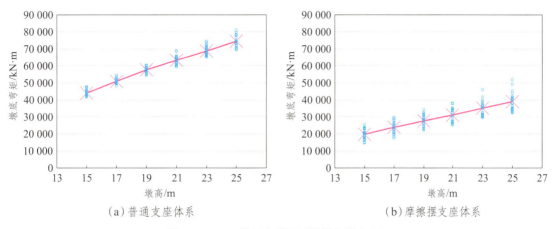

(a)普通支座体系　　　　　　　　　　　　(b)摩擦摆支座体系

图 7.7-70　双线桥变截面桥墩横向墩底弯矩

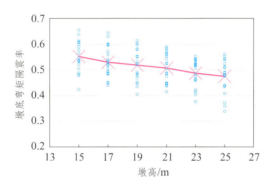

图 7.7-71　双线桥变截面桥墩横向墩底弯矩隔震率

在横桥向地震波输入的情况下，双线桥变截面桥墩普通支座体系与摩擦摆支座体系的墩底保护层混凝土压应变如图7.7-72所示。普通支座体系和摩擦摆支座体系的保护层混凝土压应变均随着墩高的增加而变大，且普通支座体系的混凝土压应变减小速率比摩擦摆支座体系更快。这是因为随着墩高增加，普通支座体系的内力变化速度比摩擦摆支座体系的要小，而截面面积随着墩高增加而增加。如图7.7-73所示，墩底保护层混凝土压应变隔震率也和墩顶横向位移隔震效率变化规律类似，随着墩高增加而降低。

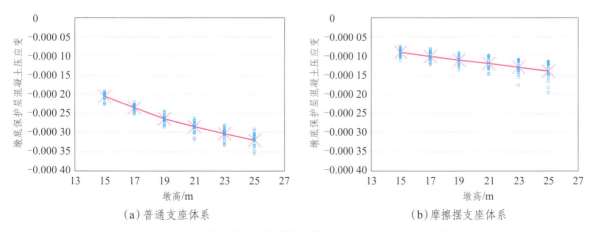

(a)普通支座体系　　　　　　　　　　　　(b)摩擦摆支座体系

图 7.7-72　双线桥等截面桥墩横向墩底保护层混凝土最大压应变

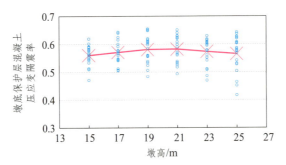

图 7.7-73　双线桥变截面桥墩横向墩底保护层混凝土压应变隔震率

7.7.3　空心墩墩高变化时

7.7.3.1　单线桥

1. 纵桥向地震波输入时隔震效率

在纵桥向地震波输入的情况下，单线桥空心墩普通支座体系与摩擦摆支座体系的墩顶纵向位移如图 7.7-74 所示。普通支座体系墩顶位移在等墩高的情况下比摩擦摆支座体系的位移要大，并且两类体系的墩顶位移都随着墩高的增加而增加。

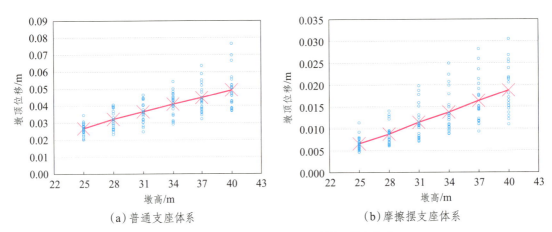

（a）普通支座体系　　　　　　　　　　　　（b）摩擦摆支座体系

图 7.7-74　单线桥空心截面桥墩墩顶纵向位移

墩顶纵向位移隔震效率随着墩高的增加而降低，如图 7.7-75 所示。

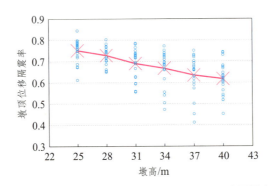

图 7.7-75　单线桥空心截面桥墩墩顶纵向位移隔震率

在纵桥向地震波输入的情况下，单线桥空心截面桥墩普通支座体系与摩擦摆支座体系的支座位移如图 7.7-

76 所示。普通支座体系取滑动支座的位移，支座位移普遍较大。对于摩擦摆支座体系，支座位移随墩高的增加而小幅变大。

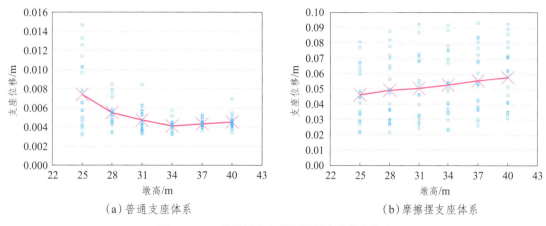

（a）普通支座体系　　　　　　　　　　（b）摩擦摆支座体系

图 7.7-76　单线桥空心截面桥墩支座纵向位移

在纵桥向地震波输入的情况下，单线桥空心截面桥墩普通支座体系与摩擦摆支座体系的主梁位移如图 7.7-77 所示。两类支座体系的主梁位移均随着墩高的增加而增加。

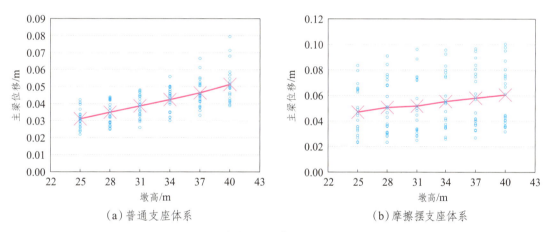

（a）普通支座体系　　　　　　　　　　（b）摩擦摆支座体系

图 7.7-77　单线桥空心截面桥墩主梁纵向位移

在纵桥向地震波输入的情况下，单线桥空心截面桥墩普通支座体系与摩擦摆支座体系的墩底弯矩如图 7.7-78 所示。两类支座体系的墩底弯矩均随着墩高的增加而变大。

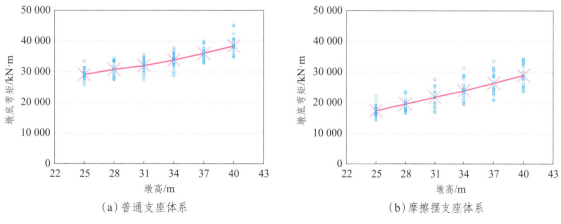

（a）普通支座体系　　　　　　　　　　（b）摩擦摆支座体系

图 7.7-78　单线桥空心截面桥墩纵向墩底弯矩

如图 7.7-79 所示，单线桥空心截面桥墩纵向墩底弯矩隔震率随着墩高的增加而降低，这也和墩顶纵向位移隔震效率变化规律类似。

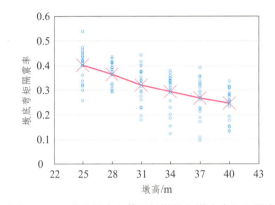

图 7.7-79　单线桥空心截面桥墩纵向墩底弯矩隔震率

在纵桥向地震波输入的情况下，单线桥空心截面桥墩普通支座体系与摩擦摆支座体系的墩底保护层混凝土压应变如图 7.7-80 所示。普通支座体系的保护层混凝土压应变随着墩高的增加而稍有减小。摩擦摆支座体系的混凝土压应变随着墩高的增加而稍有变大。

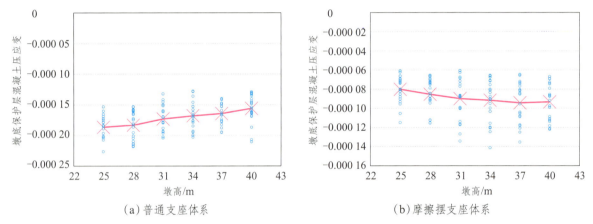

（a）普通支座体系　　　　　　　　　（b）摩擦摆支座体系

图 7.7-80　单线桥空心截面桥墩纵向墩底保护层混凝土最大压应变

墩底保护层混凝土压应变隔震率随着墩高的增加而降低，如图 7.7-81 所示。

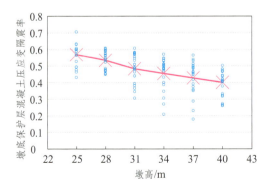

图 7.7-81　单线桥空心截面桥墩纵向墩底保护层混凝土压应变隔震率

2. 横桥向地震波输入时隔震效率

在横桥向地震波输入的情况下，单线桥空心截面桥墩普通支座体系与摩擦摆支座体系的墩顶位移如图 7.7-

82 所示。普通支座体系的墩顶位移随着墩高增加而变小，摩擦摆支座体系的墩顶位移随着墩高增加而变大。

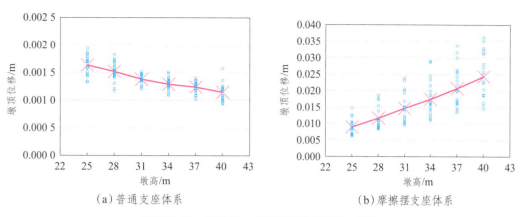

（a）普通支座体系 （b）摩擦摆支座体系

图 7.7-82　单线桥空心截面桥墩墩顶横向位移

墩顶横向位移隔震率随着墩高的增加而降低，如图 7.7-83 所示。

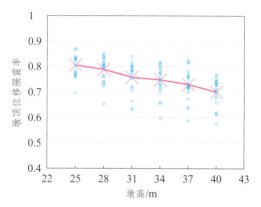

图 7.7-83　单线桥空心截面桥墩墩顶横向位移隔震率

在横桥向地震波输入的情况下，单线桥空心截面桥墩普通支座体系与摩擦摆支座体系的支座位移如图 7.7-84 所示。普通支座体系横桥向为固定，而随着墩高增加，普通支座横桥向均被破坏。摩擦摆支座体系随着墩高的增加支座位移小幅变大。

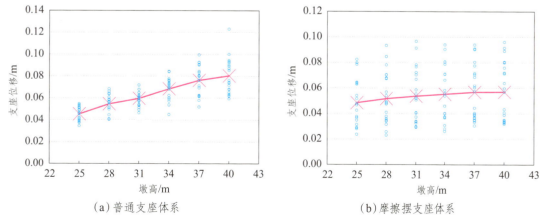

（a）普通支座体系 （b）摩擦摆支座体系

图 7.7-84　单线桥空心截面桥墩支座横向位移

在横桥向地震波输入的情况下，空心截面桥墩单线桥普通支座体系与摩擦摆支座体系的主梁位移如图 7.7-85 所示。两类支座体系的主梁位移均随着墩高的增加而增加。

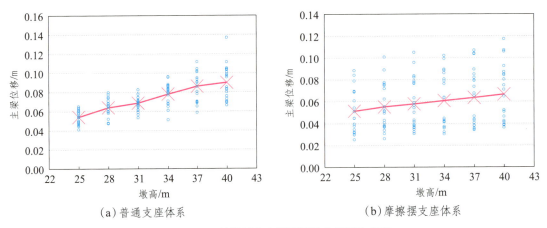

（a）普通支座体系　　　　　　　　　（b）摩擦摆支座体系

图 7.7-85　单线桥空心截面桥墩主梁横向位移

在横桥向地震波输入的情况下，单线桥空心截面桥墩普通支座体系与摩擦摆支座体系的墩底弯矩如图 7.7-86 所示。普通支座体系的墩底弯矩随着墩高的增加而变大，但变化不明显。摩擦摆支座体系的墩底弯矩随着墩高的增加而变大。

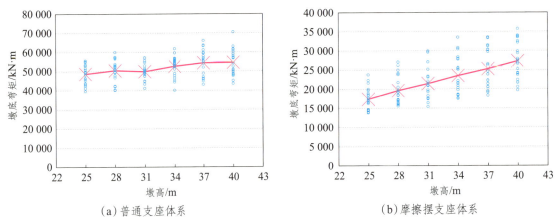

（a）普通支座体系　　　　　　　　　（b）摩擦摆支座体系

图 7.7-86　单线桥空心截面桥墩横向墩底弯矩

随着墩高增加，墩底弯矩隔震率随之减小，如图 7.7-87 所示。这也和墩顶纵向位移隔震效率变化规律类似。

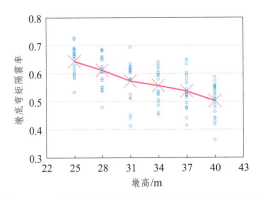

图 7.7-87　单线桥空心截面桥墩横向墩底弯矩隔震率

在横桥向地震波输入的情况下，单线桥空心截面桥墩普通支座体系与摩擦摆支座体系的墩底保护层混凝土压应变如图 7.7-88 所示。普通支座体系的保护层混凝土压应变随着墩高的增加而变小；摩擦摆支座体系的混凝土压应变随着墩高的增加，但变化不明显。如图 7.7-89 所示，墩底保护层混凝土压应变隔震率随着墩高增加而降低。

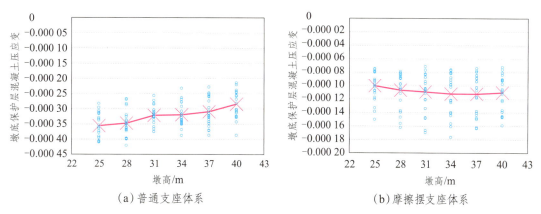

（a）普通支座体系　　　　　　　　　　　（b）摩擦摆支座体系

图 7.7-88　单线桥空心截面桥墩横向墩底保护层混凝土最大压应变

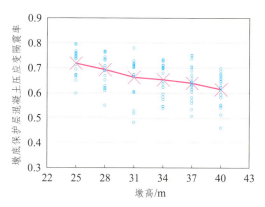

图 7.7-89　单线桥空心截面桥墩横向墩底保护层混凝土压应变隔震率

7.7.3.2　双线桥

1. 纵桥向地震波输入时隔震效率

在纵桥向地震波输入的情况下，双线桥空心截面桥墩普通支座体系与摩擦摆支座体系的墩顶纵向位移如图 7.7-90 所示。普通支座体系墩顶位移在等墩高的情况下比摩擦摆支座体系的位移要大，并且两类体系的墩顶位移都随着墩高的增加而增加。

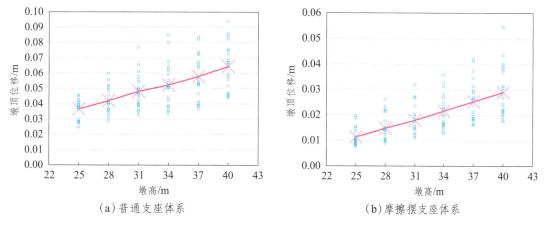

（a）普通支座体系　　　　　　　　　　　（b）摩擦摆支座体系

图 7.7-90　双线桥空心截面桥墩墩顶纵向位移

墩顶纵向位移隔震效率随着墩高的增加而降低，如图 7.7-91 所示。

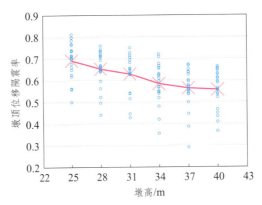

图 7.7-91　双线桥空心截面桥墩墩顶纵向位移隔震率

在纵桥向地震波输入的情况下，双线桥空心截面桥墩普通支座体系与摩擦摆支座体系的支座位移如图 7.7-92 所示。普通支座体系取滑动支座的位移，支座位移普遍较大。对于摩擦摆支座体系，支座位移随墩高的增加而小幅先变大后减小。

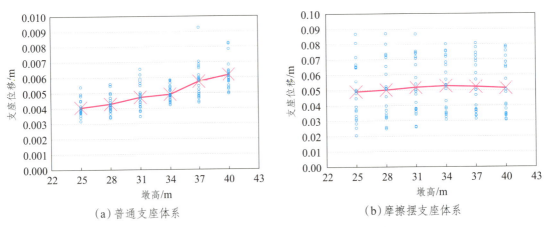

（a）普通支座体系　　　　　　　　　　　（b）摩擦摆支座体系

图 7.7-92　双线桥空心截面桥墩支座纵向位移

在纵桥向地震波输入的情况下，双线桥空心截面桥墩普通支座体系与摩擦摆支座体系的主梁位移如图 7.7-93 所示。两类支座体系的主梁位移均随着墩高的增加而增加。

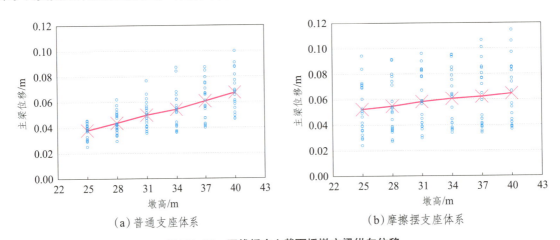

（a）普通支座体系　　　　　　　　　　　（b）摩擦摆支座体系

图 7.7-93　双线桥空心截面桥墩主梁纵向位移

在纵桥向地震波输入的情况下，双线桥空心截面桥墩普通支座体系与摩擦摆支座体系的墩底弯矩如图 7.7-94 所示。两类支座体系的墩底弯矩均随着墩高的增加而变大。

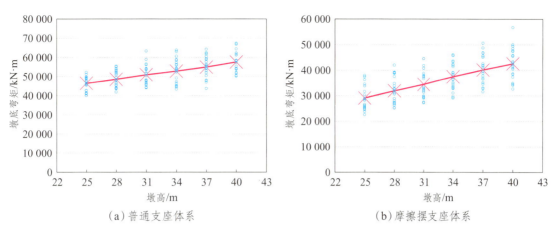

（a）普通支座体系　　　　　　　　　　　（b）摩擦摆支座体系

图 7.7-94　双线桥空心截面桥墩纵向墩底弯矩

双线桥空心截面桥墩纵向墩底弯矩隔震率随着墩高的增加而降低，这也和墩顶纵向位移隔震效率变化规律类似，如图 7.7-95 所示。

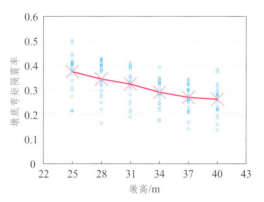

图 7.7-95　双线桥空心截面桥墩纵向墩底弯矩隔震率

在纵桥向地震波输入的情况下，双线桥空心截面桥墩普通支座体系与摩擦摆支座体系的墩底保护层混凝土压应变如图 7.7-96 所示。普通支座体系的保护层混凝土压应变随着墩高的增加而稍有减小。摩擦摆支座体系的混凝土压应变随着墩高的增加而稍有变大。

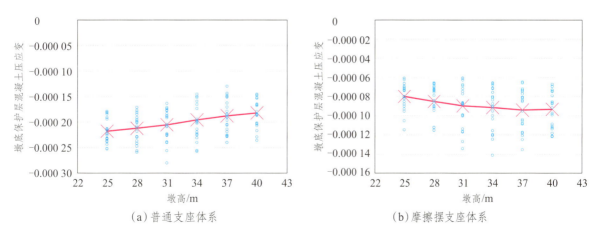

（a）普通支座体系　　　　　　　　　　　（b）摩擦摆支座体系

图 7.7-96　双线桥空心截面桥墩纵向墩底保护层混凝土最大压应变

墩底保护层混凝土压应变隔震率随着墩高的增加而降低，如图 7.7-97 所示。

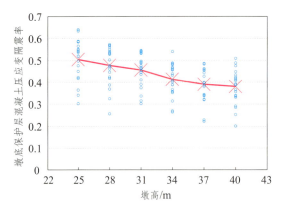

图 7.7-97 双线桥空心截面桥墩纵向墩底保护层混凝土压应变隔震率

2. 横桥向地震波输入时隔震效率

在横桥向地震波输入的情况下，双线桥空心截面桥墩普通支座体系与摩擦摆支座体系的桥墩顶位移如图 7.7-98 所示。两类支座体系的墩顶位移均随着墩高增加而变大。

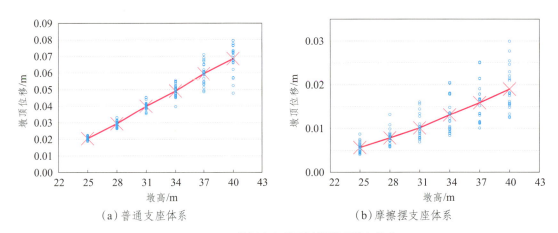

（a）普通支座体系　　　　　　（b）摩擦摆支座体系

图 7.7-98 双线桥空心截面桥墩墩顶横向位移

墩顶横向位移隔震率随着墩高的增加几乎不变，如图 7.7-99 所示。

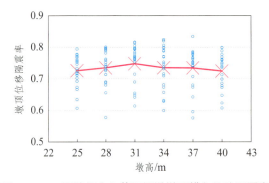

图 7.7-99 双线桥空心截面桥墩墩顶横向位移隔震率

在横桥向地震波输入的情况下，双线桥空心截面桥墩普通支座体系与摩擦摆支座体系的支座位移如图 7.7-100 所示。普通支座体系横桥向为固定，而随着墩高增加，普通支座横桥向约束均被破坏，且破坏程度降低。摩擦摆支座体系随着墩高的增加支座位移小幅变大。

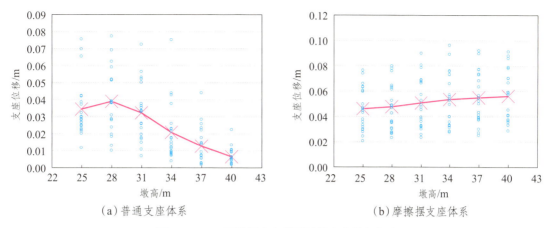

（a）普通支座体系　　　　　　　　　　（b）摩擦摆支座体系

图 7.7-100　双线桥空心截面桥墩支座横向位移

在横桥向地震波输入的情况下，空心截面桥墩双线桥普通支座体系与摩擦摆支座体系的主梁位移如图 7.7-101 所示。两类支座体系的主梁位移均随着墩高的增加而增加。

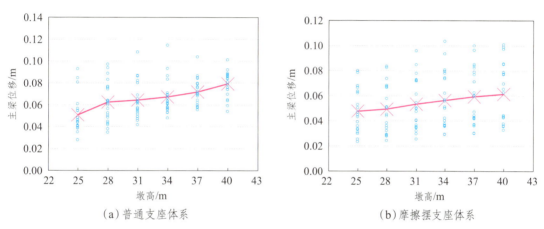

（a）普通支座体系　　　　　　　　　　（b）摩擦摆支座体系

图 7.7-101　双线桥空心截面桥墩主梁横向位移

在横桥向地震波输入的情况下，双线桥空心截面桥墩普通支座体系与摩擦摆支座体系的墩底弯矩如图 7.7-102 所示。两种支座体系的墩底弯矩均随着墩高的增加而变大。

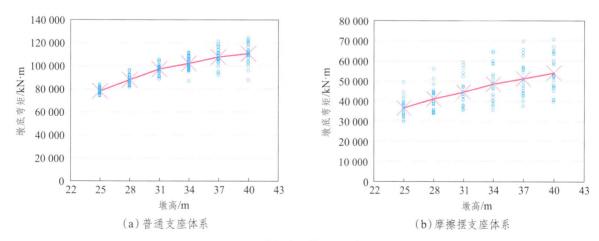

（a）普通支座体系　　　　　　　　　　（b）摩擦摆支座体系

图 7.7-102　双线桥空心截面桥墩横向墩底弯矩

随着墩高增加，墩底弯矩隔震率几乎不变，如图 7.7-103 所示。这也和墩顶纵向位移隔震效率变化规律类似。

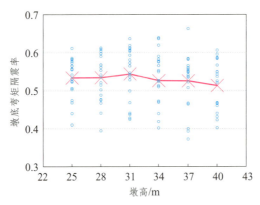

图 7.7-103　双线桥空心截面桥墩横向墩底弯矩隔震率

　　在横桥向地震波输入的情况下，双线桥空心截面桥墩普通支座体系与摩擦摆支座体系的墩底保护层混凝土压应变如图 7.7-104 所示。普通支座体系的保护层混凝土压应变随着墩高的增加而变大；摩擦摆支座体系的混凝土压应变随墩高的增加而变大，但变化不明显。

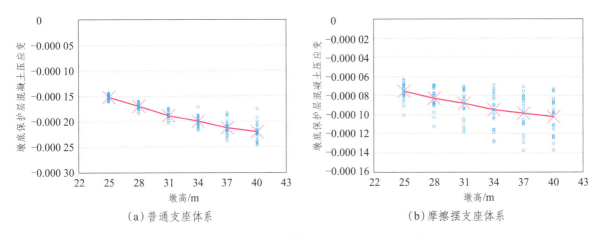

（a）普通支座体系　　　　　　　　　　　　（b）摩擦摆支座体系

图 7.7-104　双线桥空心截面桥墩横向墩底保护层混凝土最大压应变

　　墩底保护层混凝土压应变隔震率随着墩高增加而增加，但增加的幅度很小，基本维持不变，如图 7.7-105 所示。

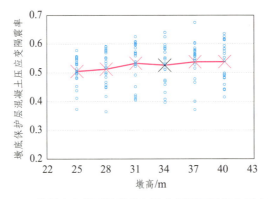

图 7.7-105　双线桥空心截面桥墩纵向墩底保护层混凝土压应变隔震率

7.7.4　摩擦摆支座适用墩高范围

　　本节以单线铁路桥、双线铁路桥为模型原型，分别考虑等截面实体桥墩、变截面实体桥墩、空心截面桥墩，将50年超越概率为10%的地震动分别从纵桥向、横桥向输入数值模型进行非线性时程分析，研究不同墩高下摩擦摆支座隔震效率。由于铁路桥梁刚度较大，自振周期较小，在墩高较小时，随着墩高的增加，隔震率增加。当墩高继续增加，桥墩刚度减小，隔震率减小。当墩高增加时，虽然墩底加速度一样，但是墩顶的加速度在增加，摩擦摆支座位移随墩顶加速度增加而增加。但是墩高增加，桥墩变柔，摩擦摆支座位移也会随墩高增加而变小，因此随着墩高增加，支座相对位移变化不明显。

将前述三小节的内容汇总，按照单线桥和双线桥分别进行研究，绘制出不同墩高下的隔震效率指标的走向图。

7.7.4.1 单线桥

对单线桥，分纵向和横向输入地震动，绘制出不同墩高下的墩底弯矩隔震率与墩顶位移隔震率，如图7.7-106 ~ 图7.7-109 所示。

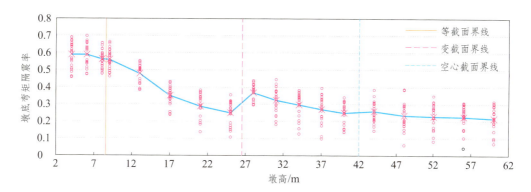

图 7.7-106 单线桥纵向墩底弯矩隔震率

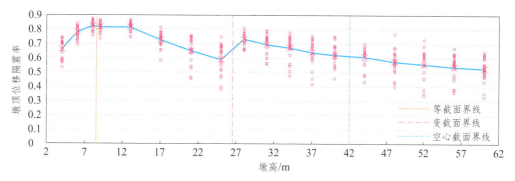

图 7.7-107 单线桥纵向墩顶位移隔震率

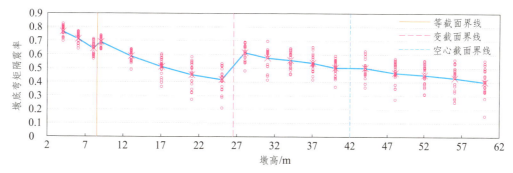

图 7.7-108 单线桥横向墩底弯矩隔震率

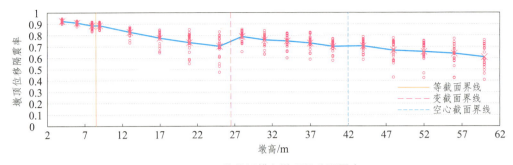

图 7.7-109 单线桥横向墩顶位移隔震率

在表 7.7-2 中，左栏隔震率表示当隔震率大于该选定值时，摩擦摆支座适用的墩高范围。"√"表示该状态下所有墩高都适用摩擦摆支座，"×"则表示都不适用。考虑两个方向，取最不利状态，从墩底弯矩分析，单线桥当墩高大于 40 m 时摩擦摆支座隔震率小于 25%；从墩顶位移分析，当墩高大于 52 m 时摩擦摆支座隔震率小于 55%。

表 7.7-2　单线桥摩擦摆支座适用墩高范围　　　　　　　　　　　　　　　　　　　m

隔震率	纵向墩底弯矩		纵向墩顶位移		横向墩底弯矩		横向墩顶位移	
	变截面	空心墩	变截面	空心墩	变截面	空心墩	变截面	空心墩
25%	√	≤ 40	√	√	√	√	√	√
40%	≤ 15	×	√	≤ 60	√	≤ 60	√	√
55%	≤ 13	×	√	≤ 52	≤ 17	≤ 34	√	√

从图表中发现，综合试验数据结果和理论分析结果，单线铁路简支梁桥从墩底弯矩分析，当墩高大于 40 m 时摩擦摆支座隔震率小于 25%；从墩顶位移分析，当墩高大于 52 m 时摩擦摆支座隔震率小于 55%。为了确保摩擦摆支座的减隔震功能充分发挥，建议在单线铁路简支梁桥中，当墩高小于 40 m 时，采用摩擦摆支座。

7.7.4.2　双线桥

同理，对双线桥，分纵向和横向输入地震动，绘制出不同墩高下的墩底弯矩隔震率与墩顶位移隔震率，如图 7.7-110 ~ 图 7.7-113 所示。

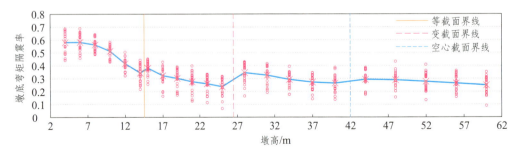

图 7.7-110　双线桥纵向墩底弯矩隔震率

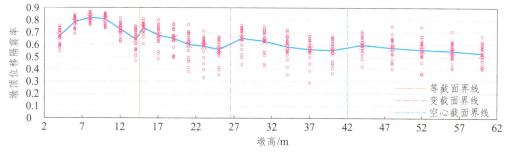

图 7.7-111　双线桥纵向墩顶位移隔震率

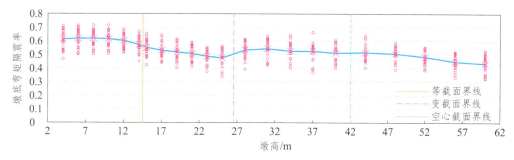

图 7.7-112　双线桥横向墩底弯矩隔震率

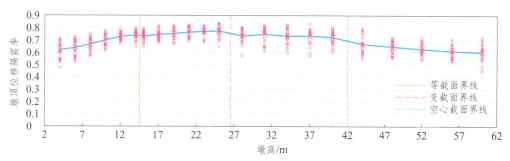

图 7.7-113　双线桥横向墩顶位移隔震率

　　在表 7.7-3 中，左栏隔震率表示当隔震率大于该选定值时，摩擦摆支座适用的墩高范围。"√"表示该状态下所有墩高都适用摩擦摆支座，"×"则表示都不适用。考虑两个方向，取最不利状态，从墩底弯矩分析，双线桥当墩高大于 52 m 时摩擦摆支座隔震率小于 25%；从墩顶位移分析，当墩高大于 50 m 时摩擦摆支座隔震率小于 55%。

表 7.7-3　双线桥摩擦摆支座适用墩高范围

隔震率	纵向墩底弯矩		纵向墩顶位移		横向墩底弯矩		横向墩顶位移	
	变截面	空心墩	变截面	空心墩	变截面	空心墩	变截面	空心墩
25%	√	≤ 52	√	√	√	√	√	√
40%	×	×	√	√	√	√	√	√
55%	×	×	√	≤ 50	≤ 15	≤ 28	√	√

　　从图表中发现，综合试验数据结果和理论分析结果，双线铁路简支梁桥从墩底弯矩分析，当墩高大于 52 m 时摩擦摆支座隔震率小于 25%；从墩顶位移分析，当墩高大于 50 m 时摩擦摆支座隔震率小于 55%。为了确保摩擦摆支座的减隔震功能充分发挥，建议双线铁路简支梁桥在墩高小于 50 m 时，采用摩擦摆支座。

铁路桥梁抗震设计理论与试验研究的思考及展望

桥梁工程，作为交通线的枢纽工程，一旦发生地震，其抗震性能关系到抗震救灾工作的大局，受到极大关注。钢筋混凝土桥墩，作为桥梁结构中最易受损的构件，其破坏可能导致灾难性的后果。确保桥墩延性阶段具备足够的抗剪强度而在强震下不致发生脆性剪切破坏，对保证桥梁的抗震安全和设计经济性具有重要意义。

本章在系统调查铁路桥梁震害基础上，分析铁路混凝土桥梁的震中响应和震后恢复难度，在前述几章研究成果的前提下，综合考虑梁部、桥墩、基础和支座的系统设计和全寿命周期设计，结合现行《铁路工程抗震设计规范》和铁路桥梁设计实践、工程应用，对铁路桥梁的抗震概念设计、抗震设防标准、抗震设计方法等方面，提出一些抗震设计思路。

8.1 铁路桥梁的抗震概念设计

抗震概念设计是基于震害总结和工程经验的长期积累而形成的设计原则、设计思想和基本方法，是抗震性能在宏观上的定性设计。桥梁抗震概念设计是通过正确地解决结构总体设计方案、材料使用和细部构造等问题，使桥梁结构的设计强度、刚度和延性等指标达到最佳组合，能够经济地实现抗震设防目标。

我国现行的《铁路工程抗震设计规范》（2009年版）对于普通桥梁的抗震概念设计，从场地选择、结构体系形式、基础处理及采用减隔震技术等宏观方面给出了指导性原则。《公路桥梁抗震设计细则》（2008年版）与《城市桥梁抗震设计规范》（2011年版）也从结构形式选择、加强横向联系与避免脆性破坏方面给出了抗震概念设计的基本要求。欧洲抗震设计规范（Eurocode 8-1）中抗震概念设计的基本原则涉及结构构件、构件间的连接及其基础。总的来看，现行规范中的抗震概念设计内容已包括：桥位和工程场地选择、合理结构体系和设计方案的选择、细部构造和抗震措施的选用等几个方面。

1. 桥位和工程场地选择

《铁路工程抗震设计规范》把线路选择作为抗震设计的首要问题。只有将铁路工程建在有利的场地上，才会取得较好的抗震效果，避免基础变位引起静力破坏。桥梁结构的地震破坏可分为两类：静力破坏与动力破坏。

静力破坏是指超静定结构由于地表错动、地裂、软土震陷、边坡失稳、滑坡及液化等造成的结构破坏，其根本是地基失效破坏。动力破坏则是由于抗震能力不足引起的振动破坏。普通桥梁抗震设计选址的基本原则是"选择有利场地、避开不利场地、远离危险场地"。场地的选择与基础设计应确保整个结构可以抵抗地震作用，避免基础变位引起静力破坏。

2. 选取合理的结构体系和设计方案

混凝土简支桥梁具有结构简单、形体对称的特点，其结构传力途径明确、计算模型相对简单，其地震反应分析结果往往与实际情况较为接近。在进行孔跨研究时应结合地形、地貌和地质特点，考虑经济性和可实施性，进行合理结构体系选择，并考虑梁长、墩高和相邻墩高及桥隧、桥路等紧邻工程等因素。合理的抗震结构体系应有明确的传力途径及结构的连接整体性，因此合理的抗震结构既要有合理的抗震单元，又要有有效的连接措施。如减隔震装置、塑性铰等可作为合理的抗震单元设计，防落梁措施、限位装置等可作为有效的连接措施。因此，选择合理的结构体系和科学的设计方案是抗震概念设计的重要环节。

3. 抗震构造设计和抗震措施

大量震害表明，采用合理的抗震措施，可以有效地减轻桥梁震害，为防止落梁，除桥梁支座的锚栓、销钉等应有足够的强度外，一般情况下，还应着重采用纵向梁端连接措施或支挡设施。对高烈度区的大跨桥梁，纵向设置的消能装置，还需要承受水平地震荷载的作用，应有足够的强度，还要满足梁体因温度等变化产生的位移等要求。在施工图设计阶段，要强化抗震构造设计，解决各构件的结构计算和结构设计详图问题，主要是上部加强防落梁措施，采用加大挡块厚度，且在挡块与梁体之间设缓冲橡胶垫块等。在空心高墩的截面变化、刚度突变处进行细部构造设计。

长期以来，在工程界、学术界多重视基于理论分析的计算部分，对概念设计及其思想往往认为是基于定性的经验，具有一定的模糊性和不确定性。其实不然，抗震概念设计在桥梁结构抗震设计活动中起着举足轻重的作用，是决定桥梁结构抗震性能的根本性因素。概念设计理应成为桥梁抗震设计规范的重要组成部分，要对桥梁抗震概念设计进行深入挖掘，与线路、地质等相关专业一起研究,形成具有铁路桥梁特点的抗震概念设计思想。

8.2　铁路桥梁的抗震设防水准和抗震设计要求

我国《铁路桥梁抗震设计规范》（GB 50111—2006）采用三水准设防，分别规定了铁路工程构筑物应达到的三个抗震性能标准，以及不同水准下抗震设计的内容和验算方法、对应的构筑物设防目标和分析方法。规范中规定，在多遇地震下桥墩处于弹性工作阶段，地震后不损坏或轻微损坏，抗震设计按照强度理论进行墩身及基础的强度、偏心、稳定性验算。在罕遇地震时，桥墩结构已进入弹塑性工作阶段，对于混凝土桥墩，由于其不具备延性，如仍按强度理论进行抗震设计，桥墩体量过大，不合理且不经济，主要进行变形验算。在设计地震时，为了上、下部结构连接构造的安全，仅对连接进行验算。相比于多遇和罕遇地震，在设计地震时，对连接构件的规定较为模糊，且罕遇地震时，只对桥墩有设计要求，没有对连接构件进行说明。在罕遇地震时，支座若已破坏或部分失效，整个桥梁上下部结构的地震力传递路径将发生变化，桥墩塑性铰区的力学曲线也不再符合之前的假定，此时，若还按照现有方法进行罕遇地震下的墩身延性验算或最大位移分析，是不能反映客观事实的。

《城市轨道交通结构抗震设计规范》（GB 50909—2014）在将城市轨道交通结构的抗震性能要求分为 3 个等级的同时，对结构的构件、基础和支座的抗震性能等级也进行了划分，并对构件、基础和支座的性能等级与结构抗震性能给出了规定。其中，将构件、基础划分为 3 个抗震性能等级，将支座划分为 2 个抗震性能等级，如表 8.2-1 所示。

表 8.2-1　支座性能等级

支座性能等级	性能描述
1	支座可以保持正常功能、无需更换
2	支座破坏、更换

支座作为桥梁结构的重要连接构件，相对结构的其他构件更易更换。《公路桥梁抗震设计细则》对支座的设计也有具体要求。对不同抗震设防类别（重要性等级）的铁路桥梁结构应分级进行设计地震、罕遇地震下的连接构件的设计，而不能仅仅验算。在实际工程中，针对常规桥梁，当支座发生破坏时往往不是进行维修加固，而是直接更换。但对重要性桥梁，对支座或其他连接装置应该有更高的要求。

8.3　地震作用下铁路桥上的行车安全

受试验能力的限制，第 6、7 章所述试验只针对 8 m 和 25 m 墩高缩尺模型进行了研究，其他不同墩高条件下减隔震装置的减隔震效果仅通过数值模拟得以呈现，故对于不同墩高下减隔震装置的减隔震效果需进行进一步的试验综合研究。另外，本次只研究了在地震作用下减隔震装置的减隔震性能，而地震作用下桥梁的行车安全是必须重视的问题，故对于采用减隔震装置的铁路桥梁行车安全问题也需要系统研究。

（1）减隔震支座的合理使用可以较大程度上减小地震作用下桥墩的受力，从可靠度的角度上讲，可以有效减小桥墩的震致破坏风险。尽管如此，并不建议在使用减隔震支座的前提下，大量减少桥墩截面配筋，原因如下：

① 铁路桥墩截面大导致相对质量过大，而减隔震支座仅减小了地震作用下的主梁惯性力，并没有有效减小桥墩自身的巨大惯性力。对于地震这一风险事件，随着地震强度的增加，桥墩自身的惯性力同样可以使得桥墩底部损伤甚至完全破坏。而足够的截面纵筋配筋率和箍筋配筋率可以有效减小突发强震作用下的桥墩底部损伤。

② 减隔震支座的减隔震功能充分发挥的前提之一是桥墩本身尽量保持弹性。一旦桥墩在突发强震作用下发生损伤，减隔震支座的减隔震功能将被减弱甚至完全丧失。因此，要确保桥墩具有足够的截面纵筋配筋率和箍筋配筋率。

（2）我国 2009 年修订的《铁路工程抗震设计规范》的抗震设防目标只针对桥梁本身采用"小震不坏、中震可修、大震不倒"的三水准设防。现有研究表明，铁路桥梁为满足行车对其刚度的需求，往往不是由强度控制设计。在中、小地震荷载作用下，大截面低配筋率桥墩难以达到塑性损伤状态，强震荷载作用下桥墩可能会发生脆性破坏；而在小、中地震荷载作用下，支座和轨道系统一般均先于桥墩发生失效并耗散大部分地震能量，因此针对桥墩的三水准设防思想已经不符合实际情况。以保证桥梁安全为目标的单一设防目标与基于性能的抗震设计思想有一定的差距，其设防目标与铁路轨道－桥梁系统在地震作用下的特征不相适应。

（3）现行的铁路桥梁抗震性能设计规范条文延续了按照容许应力法进行结构检算的基本思路。容许应力法是以荷载及其组合所产生应力不大于容许应力为安全准则，将结构构件的承载力除以某一个大于1的安全系数，使结构具有一定的安全储备。安全系数的确定很大程度上依赖于工程设计经验，这种理念并不能真正反映结构是否安全。

（4）现行的铁路桥梁抗震性能设计规范条文未能将轨道–桥梁作为一个整体系统进行抗震设计。已有研究表明，铁路轨道–桥梁系统在一般地震作用下，支座、轨道结构、桥面与轨道连接部分等往往先于桥墩失效破坏，现有设计往往过多地注重桥梁结构本身安全，而不注重轨道–桥梁系统的整体抗震构造。

因此，建议将铁路桥梁、轨道作为一个整体系统，对其组成构件进行易损性分析，得到关键构件的易损性函数，将关键构件的损伤程度与轨道不平顺进行定量分析，将轨道不平顺作为行车激励进行行车安全评价，进而得到基于行车安全的抗震设防目标。确定铁路轨道–桥梁系统各关键构件的风险等级水平，建立铁路轨道–桥梁系统基于地震风险的性能抗震设计方法，提出关键部位抗震保护构造措施和轨道不平顺控制方法。开展地震作用下铁路轨道–桥梁系统的振动台试验研究，验证设计方法的合理性。

8.4　基于性能的抗震设计方法

基于对20世纪80年代数次地震的经验教训，20世纪90年代初，美国学者从Loma Prieta、Northridge、阪神地震等的震害思考中，在深刻剖析传统抗震理念的基础上提出了基于性能的抗震设计思想，也陆续被学术界和工程界所认同。

回溯基于性能抗震设计研究的发展历程，不难发现性能化设计理论旨在解决宏观上和微观上的两个矛盾。宏观上表现为结构性能与经济支出之间的矛盾，由此产生了基于性能抗震设计思想；微观上表现为抗震性能与需求之间的矛盾，由此催生了基于性能的抗震设计理论。从本质上来说，基于性能的结构抗震设计是对人们早有共识的"多级抗震设防"思想的进一步细化，通过将抗震设防目标和设计过程直接联系，从而更准确地把握结构在不同地震动水平下的实际性能。这一设计思想使抗震设防目标与设计过程直接联系，设计师可以更准确把握结构在不同地震动水平下的实际性能，使所设计的结构更经济、合理。但是，真正实现基于性能的抗震设计，也有一个不断发展的过程。时至今日，仍要进行这方面大量的研究，包括抗震性能等级的定量描述、不同场地和不同概率水平设计地震动的确定等。发展基于结构性能的实用抗震设计方法，需要解决一系列问题，如何将性能目标落实为具体的可以度量的性能指标并贯穿到抗震设计的过程中是最核心的问题之一。

基于性能的抗震设计理论是抗震设计理论的一次重大变革，是对国际上长期公认的基本抗震设防原则的细化和拓展，并由传统的结构抗震设计"生命安全"为单一设防目标发展到综合考虑结构的使用性能、生命安全和财产损失等诸多因素，从而使得抗震设计所追求的目标更加具体合理化。基于性能的抗震设计是指所设计和建造的工程结构能在各种可能遇到的地震作用下，它的性态即反应和破坏程度均在设计预期的要求范围内，从而在经济的条件下设计出最不利极限荷载下能够保证功能的工程结构，实质是期望对地震破坏进行定量或半定量控制。

基于性能的抗震设计理论改变了现有设计理念和方式，其提出后得到世界各地的地震工程研究者的广泛重视与研究，并取得了丰硕的研究成果，部分国家或地区已将基于性能抗震设计的思想纳入到相应的规范或指南中。基于性能的抗震设计理论的基本框架包括：

（1）设防水准的确定；

（2）结构性能水平的划分；

（3）性能目标的选择；

（4）抗震性能分析方法；

（5）基于性能的抗震设计方法。

基于性能抗震设计的发展，通过地震危险性分析、结构弹塑性分析和结构损失分析，给出了"中震可修""大震不倒"的具体量化评价方法。但是传统的性能化设计，并不能回答结构"值不值得修""需要花多大的代价、多长的时间去维修"的问题。

基于性能的抗震设计理论引入了桥梁对应损伤状态的多级性能水平：倒塌、中断交通、限速通行、立即通行等，同时也给出了与结构和非结构构件损伤性能相关的性能概念，性能目标就是用以联系性能水平与地震灾害水平的。基于性能的抗震设计方法为评估结构体系或构件的性能提供了系统的方法体系，可用于证明多种性能选择的等效性，以降低成本达到规定性能或赋予关键设施所需的更高性能，同时还建立了可接受成本范围内的安全、财产保护水准。具体来说，基于性能的抗震设计方法可用于：可靠实现结构的高性能；低成本实现结构预定的性能；低成本实现结构更高性能；充分考虑造型、材料、系统，实现超规范结构的预定性能；评估既有结构抗震性能，估算结构可能的震害损失；按现行规范评估新结构的潜在性能，以此作为规范改进的基础。

可以说，基于性能的抗震设计方法大大提升了结构抗震设计的水平，为人们提供了使工程结构达到预期功能的设计方法体系。但是很多研究人员逐步认识到这种设计方法的局限性，如预测真实结构地震响应的准确性、当前验收标准的冗余度，还有现有设计方法无法考虑新建结构物的可靠性、经济性，为此需要建立抗震性能与投资者之间的联系，这对于工程建设决策具有重要意义。

实用的基于性能的抗震设计方法必须建立在极限状态的概率基础上，基于可靠度理论对结构抗震性能进行设计方面的研究还在进行中。

8.5　基于韧性的抗震设计方法

基于韧性的抗震理论是防灾减灾及可持续发展的新理念，是基于性能抗震理论的合理发展和延伸。韧性不仅包括地震过程中工程结构的响应、损失和恢复时间，而且还包括震后的修复工序和修复费用。基于韧性的抗震设计，就是要进一步回答修复到底需要多大的代价、多长的时间，地震带来的功能停滞会造成多大的经济损失，等等。因此，基于韧性的抗震设计可以进一步指导工程结构的参与方采取更加合适的措施，去改进或提高其韧性能力，或者采取其它的防灾备灾预案，从而达到更加有效的减灾目标。相比起性能化抗震设计，基于韧性的抗震设计在考虑生命安全与财产损失的基础上，需要进一步研究震后功能损失，以及恢复时间、恢复代价等因素，其考虑的因素更加全面，也更符合工程抗震防灾的实际需求。因此，这一思想提出后，得到学术界和工程界的广泛重视。

2003年，美国地震工程学会（EERI）首次提出地震韧性概念，美国、日本等国规划了城市地震工程发展的远景，即地震韧性城市是未来地震工程的重要发展方向之一。目前，该领域的发展还处于初级阶段，没有完善的技术路线，还需开展大量的研究工作。

在2017年第十六届世界地震工程大会（16WCEE）上，有学者提出了一种 PBE 综合评估方法，包括地震危险性分析、地震响应分析、易损性分析、功能损失评估等各个方面，同时考虑了人员伤亡、功能损失、修复成本、恢复时间等因素。多家研究机构建议，可以通过降低地震发生时的功能损失或提高震后修复速度来实现"韧性"抗震。基于这一理念，美国旧金山、洛杉矶等城市陆续提出了"地震韧性城市"的建设目标。其具体内容包括：在遭遇中小地震时城市的基本功能不丧失，可以快速恢复；在遭遇严重地震灾害时，城市应急功能不中断，不造成大规模的人员伤亡，所有人员均能及时完成避难，城市能够在几个月内基本恢复正常运行等。"地震韧性城市"代表了国际防震减灾领域的最新前沿趋势，也成为我国很多城市防震减灾工作的奋斗目标。

在结构系统领域的韧性抗震研究，主要包括韧性结构新体系的研究、隔震及消能减震新型装置的研发，近些年来在学术界和工程界取得不少研究成果。韧性结构是指地震后不需修复或稍加修复即可恢复其使用功能的结构，且结构体系易于建造和维护，全寿命成本效益高。摇摆结构体系（摇摆桥墩）、自复位结构（桥墩）、可更换构件的提出，为新型桥墩抗震设计提供了新鲜的思路。

隔震及消能减震技术是结构抵抗地震作用非常有效的手段。新型隔震装置、新型消能减震装置的研发，也是韧性抗震的重要研究内容。新型隔震装置的研发，包括新型摩擦摆支座、新型滑移摩擦支座、新型三维隔震支座等的研发；新型消能减震装置的研发，包括新型屈曲约束支撑、新型调谐质量阻尼器、新型黏滞阻尼器等的研发。

目前，针对地震韧性的研究多集中于建筑领域，根据建筑构件的破坏程度、功能损失情况和修复的难易程度建立了地震韧性划分等级和评价指标体系，而对桥梁，尤其是铁路桥墩还尚未有较为深入的研究。

由于影响结构抗震性能的因素都有着不确定性，抗震研究也越来越全面、多元，抗震性能研究已不再局限于保证结构的安全，而开始向全面综合考虑结构的性能、安全及经济等诸多方面发展，并以此为指标来衡量结构物的抗震性能。伴随着防灾减灾和可持续发展理念的深入人心，新的抗震、减震、隔震思潮也不断涌现出新的理念，给铁路桥梁抗震设计带来了新的期待。

参考文献

[1] 范立础.桥梁抗震 [M].上海：同济大学出版社，1997.

[2] 范立础，卓卫东.桥梁延性抗震设计 [M].北京：人民交通出版社，2001.

[3] 叶爱君，管仲国.桥梁抗震 [M].2 版.北京：人民交通出版社，2011.

[4] 项海帆.桥梁概念设计 [M].北京：人民交通出版社，2011.

[5] 中华人民共和国铁道部.GB 50111—2006 铁路工程抗震设计规范 [S].北京：中国计划出版社，2009.

[6] 国家铁路局.TB 10092—2017 铁路桥涵混凝土结构设计规范 [S].北京：中国铁道出版社，2017.

[7] 中华人民共和国交通运输部.JTG/T B02-01—2008 公路桥梁抗震设计细则 [S].北京：人民交通出版社，2008.

[8] 中华人民共和国交通运输部.JT/T 1062—2016 桥梁减隔震装置通用技术条件 [S].北京：人民交通出版社，2016.

[9] 中华人民共和国住房和城乡建设部.CJJ 166—2011 城市桥梁抗震设计规范 [S].北京：中国建筑工业出版社，2011.

[10] 中华人民共和国住房和城乡建设部.GB 50011—2010 建筑抗震设计规范 [S].北京：中国建筑工业出版社，2010.

[11] 中华人民共和国住房和城乡建设部.GB 50909—2014 城市轨道交通结构抗震设计规范 [S].北京：中国建筑工业出版社，2014.

[12] 中铁二院工程集团有限责任公司.高烈度地震区铁路桥墩抗震综合试验 [R].北京：中国国家铁路集团有限公司，2018.

[13] 陈克坚，袁明.汶川地震后对铁路桥梁抗震设计有关问题的思考 [J].铁路工程学报，2008（增）：176-182.

[14] 朱颖，魏永幸.汶川大地震道路工程震害特征及工程抗震设计思考 [J].铁路工程学报，2008（增）：86-90.

[15] 谢旭.桥梁结构地震响应分析与抗震设计 [M].北京：人民交通出版社，2006.

[16] 薛栋杨.近断层地震作用下高速铁路桥梁抗震性能分析 [D].北京：北京交通大学，2018.

[17] 李霖.低配筋率高速铁路桥墩抗震延性分析 [D].北京：北京交通大学，2017.

[18] 张雅漫.钢筋混凝土桥墩弯剪抗震性能研究 [D].成都：西南交通大学，2018.

[19] 鞠彦忠，阎贵平，刘林.低配筋大比例尺圆端型桥墩抗震性能的试验研究 [J].土木工程学报，2003，36（11）：65-69.

[20] 刘庆华.钢筋混凝土桥墩抗震设计中滞回模型与损伤模型的试验与理论研究 [D].北京：北方交通大学，1994.

[21] 叶献国，王海波，孙利民，等.钢筋混凝土桥墩抗震耗能能力的试验研究 [J].合肥工业大学学报：自然科学版，2005，28（9）：1171-1177.

[22] 王东升，司炳君，孙治国，等.地震作用下钢筋混凝土桥墩塑性铰区抗剪强度试验 [J].中国公路学报，2011，24（2）：34-41.

[23] 顾正伟.铁路简支梁桥抗震设计方法理论及试验研究 [D].北京：北京交通大学，2013.

[24] 戎贤，张健新，李艳艳.高强钢筋混凝土桥墩抗震性能试验研究与分析 [J].工程力学，2015，32（10）：99-105.

[25] S Karim，Rebeiz，J Fente. Effect of Variables on Shear of Concrete Beams[J]. ASCE Materials Journal，2001，13（6）：467-470.

[26] T T C Hsu，R R H Zhu. Softened Membrane Model for Reinforced Concrete Element in Shear [J]. ACI Structural Journal，2002，99（4）：460-469.

[27] D Lehman，J Moehle，S Mahin，et al. Experimental Evaluation of the Seismic Performance of Reinforced Concrete Bridge Columns[J]. ASCE Structure Engineering，2004，130：869-879.

[28] 吕西林，金国芳，吴晓涵.钢筋混凝土结构非线性有限元理论与应用 [M].上海：同济大学出版社，1997.

[29] 朱雁茹，郭子雄.基于 OpenSEES 的 SRC 柱低周往复加载数值模拟 [J].广西大学学报：自然科学版，2010，35（4）：555-559.

[30] 宋晓东.桥梁高墩延性抗震性能的理论和试验研究 [D].上海：同济大学，2002.

[31] 杜修力，陈明琦，韩强.钢筋混凝土空心桥墩抗震性能试验研究 [J].振动与冲击，2011，30（11）：254-259.

[32]　夏修身 . 铁路高墩抗震设计方法研究 [D]：兰州：兰州交通大学，2012.

[33]　孙治国 . 钢筋混凝土桥墩抗震变形能力研究 [D]. 哈尔滨：中国地震局工程力学研究所，2012.

[34]　黄尚 . 高速铁路桥梁基于性能的抗震设计方法研究 [D]. 长沙：中南大学，2011.

[35]　Adam Walker. Assessment of Material Strain Limits for Defining Different Forms of Plastic Hinge Region in Concrete Structures[D]. The University of Canterbury，Christchurch，New Zealand，2007.

[36]　Alistair Boys. Assessment of the Seismic Performance of Inadequately Detailed Reinforced Concrete Columns [D]. The University of Canterbury，Christchurch，New Zealand，November，2009.

[37]　宗周红，陈树辉，夏樟华 . 钢筋混凝土箱型高墩双向拟静力试验研究 [J]. 防灾减灾工程学报，2010，30（4）：369-374.

[38]　李建中，管仲国 . 基于性能桥梁抗震设计理论发展 [J]. 工程力学，2011，28（S2）：24-30.

[39]　刘艳辉 . 基于性能抗震设计理论的城市高架桥抗震性能研究 [D]. 成都：西南交通大学，2008.

[40]　李贵乾 . 钢筋混凝土桥墩试验研究与数值分析 [D]. 重庆：重庆交通大学，2010.

[41]　CALTRANS-2013，Caltrans Seismic Design Criteria [S]. Version 1. 7. Sacramento：California Department of Transportation，2013.

[42]　AASHTO-2014，LRFD Seismic Analysis and Design of bridges Reference Manual [S]. U. S. Department of Transportation Federal Highway Administration，2014.

[43]　Elmenshawi A，Brown T. Hysteretic energy and damping capacity of flexural elements constructed with different concrete strengths [J]. Engineering Structures，2010，32：297-305.

[44]　Cassese P，Ricci P，Verderame GM. Experimental study on the seismic performance of existing reinforced concrete bridge piers with hollow rectangular section [J]. Engineering Structures，2017，144：88-106.

[45]　AASHTO，2014. AASHTO LRFD Bridge Design Specifications [S]. U. S. Units，7th Edition，American Association of State Highway and Transportation Officials，2014.

[46]　ACI 318-2008. Building code requirements for structural concrete and commentary [S]. Farmington Hills：American Concrete Institute，2008.

[47]　CEN（2005），Eurocode 8：Design Provisions for Earthquake Resistance of Structures-Part 2：Bridges [S]. European Committee for Standardization，2005.

[48]　CSA 2004 A23. 3-44，Design of Concrete Structures [S]. Ontario：Canadian Standards Association，2004.

[49]　吕西林，周定松，蒋欢军 . 钢筋混凝土框架柱的变形能力及基于性能的抗震设计方法 [J]. 地震工程与工程振动，2005，25（6）：53-61.

[50]　黄宝锋，卢文胜，宗周红 . 地震模拟振动台阵系统模型试验方法探讨 [J]. 土木工程学报，2008，41（3）：46-52.

[51]　宁晓晴 . 重要建筑地震安全性及韧性评价方法研究 [D]. 哈尔滨：中国地震局工程力学研究所，2018.

[52]　杜修力，王子理，刘洪涛 . 基于韧性设计的一种地下框架结构抗震新体系研究 [J]. 震灾防御技术，2018，13（9）：493-501.

[53]　NZS 3101：Part 1-1995，Code of Practice for the Design of Concrete Structures[S]. 1995

[54]　Paultre P，Legeron F. Confinement Reinforcement Design for Reinforced Concrete Columns [J]. Journal of Structural Engineering，2008，134（5）：738-749.

[55]　Brachmann I，Browning J，Matamorosa D. Rift-dependent Confinement Requirements for Reinforced Concrete Columns Under Cyclic Loading [J]. ACI Structural Journal，2004，101（5）：669-677.

[56]　Saatcioglu M，Razvis R. Displacement-based Design of Reinforced Concrete Columns for Confinement [J]. ACI Structural Journal，2002，99（1）：3-11.

[57]　孙治国，王东升，杜修力 . 钢筋混凝土桥墩塑性铰区约束箍筋用量研究 [J]. 中国公路学报，2010，23（3）：48-57.

[58]　李承根，高日 . 高速铁路桥梁减震技术研究 [J]. 铁道建筑技术，2009，11（2）：81-86.

[59] Imbsen R A，Amini M. SEISMIC RETROFITTING CHALLENGES STIMULATE NEW INNOVATIONS FOR THE BENICIA-MARTINEZ BRIDGE[C]// National Seismic Conference & Workshop on Bridges & High Ways：Advances in Engineering & Technology for the Seismic Safety of Bridges in the New Millennium. 2002.

[60] 杨林，常永平，周锡元，等 . FPS 隔震体系振动台试验与有限元模型对比分析 [J]. 建筑结构学报，2008（4）：66-72.

[61] 涂劲松，李珠，刘元珍 . 摩擦摆隔震支座振动台试验、数值仿真及应用研究 [J]. 世界地震工程，2014（2）：237-246.

[62] 李承根，高日 . 高速铁路桥梁减震技术研究 [J]. 中国工程科学，2009，11（2）：81-86.

[63] 曾永平，陈克坚，李光川，等 . 铁路连续刚构桥近断层地震响应分析研究 [J]. 铁道工程学报，2017，225（6）：50-54；59.

[64] 王玥桥 . 矩形减震榫的减震性能研究 [D]. 北京：北京交通大学，2013.

[65] 孟兮 . 减震榫的减震性能及其在铁路桥梁中的应用研究 [D]. 北京：北京交通大学，2016.

[66] 于芳 . 列车荷载及地震作用下隔震铁路桥梁的动力性能研究 [D]. 哈尔滨：哈尔滨工业大学，2011.

[67] 马涌泉，邱洪兴 . 近断层地震激励下的隔震桥梁参数优化 [J]. 哈尔滨工程大学学报，2014（5）：558-565.

[68] Wei Biao，Li Chaobin，Jia Xiaolong，et al. Effects of shear keys on seismic performance of an isolation system，SMART STRUCTURES AND SYSTEMS，2019，24（3），345-360.

[69] P Tsopelas，MC Constantinou，YS Kim，S Okamoto. Experimental study of FPS system in bridge seismic isolation[J]. Earthquake Engineering & Structural Dynamics，1996，25（1）：65-78.

[70] GL Fenves，AS Whittaker，WH Huang，et al. Analysis and testing of seismically isolated bridges under biaxial excitations. Caltrans Seismic Workshop，1998.

[71] 温佳年，李洪营，韩强，等 . 滑动摩擦隔震桥梁振动台试验研究 [J]. 地震工程与工程振动，2016，1（2）：102-110.

[72] 彭天波，李建中，范立础 . 双曲面球型减隔震支座的开发及应用 [J]. 同济大学学报：自然科学版，2007，35（2）：176-180.

[73] Lizhong Jiang，Shanshan Cao，Biao Wei. Effects of Friction-based Fixed Bearings on Seismic Performance of High-speed Railway Simply Supported Girder Bridges and Experimental Validation[J]. Advances in Structural Engineering，2019，22（3）：687-701.

[74] Wei Biao，Yang Tian-han，Jiang Li-zhong，et al. Effects of Friction-based Fixed Bearings on the Seismic Vulnerability of a High-speed Railway Continuous Bridge[J]. Advances in Structural Engineering. 2018，21（5）：643-657.

[75] Jiang Lizhong，He Weikun，Wei Biao，et al. The shear pin strength of friction pendulum bearings（FPB）in simply supported railway bridges，BULLETIN OF EARTHQUAKE ENGINEERING，2019，17（11），6109-6139.

[76] Biao Wei，Chengjun Zuo，Xuhui He，et al. Numerical investigation on scaling a pure friction isolation system for civil structures in shaking table model tests[J]. International Journal of Non-Linear Mechanics，2018，98：1-12.

[77] Sarlis A A，Constantinou M C. A model of triple friction pendulum bearing for general geometric and frictional parameters[J]. Earthquake Engineering & Structural Dynamics，2016，45（11）：1837-1853.

[78] Maleki S. Seismic energy dissipation with shear connectors for bridges[J]. Engineering Structures，2006，28（1）：134-142.

[79] 黄宝锋，卢文胜，宗周红 . 地震模拟振动台阵系统模型试验方法探讨 [J]. 土木工程学报，2008（3）：46-52.

[80] 沈德建，吕西林 . 地震模拟振动台及模型试验研究进展 [J]. 结构工程师，2006（6）：55-58.

[81] 周颖，吕西林 . 建筑结构振动台模型试验方法与技术 [M]. 2 版 . 北京：科学出版社，2016.

[82] 李龙安 . 地震灾害对铁路桥梁的影响及其抗震设计与减隔震控制研究 [J]. 西南公路，2010（2）：12-22.

[83] 王克海，孙永红，韦韩，等 . 汶川地震后对我国结构工程抗震的几点思考 [J]. 公路交通科技，2008（11）：54-59.

[84] 蒋丽忠，刘义伟，魏标，等．双曲面球型减隔震支座滑动面压应力分布 [J]. 地震工程与工程振动，2018（8）：24-29.

[85] 韩国庆，李明清，邵长江，等．铁路圆端形空心墩振动台试验研究 [J]. 铁道工程学报，2019（2）：60-63；69.

[86] 韩国庆，蒋丽忠，魏标，等．有砟轨道对典型单线铁路简支梁桥地震响应的影响 [J]. 铁道科学与工程学报，2019（3）：690-697.

[87] 陈克坚，李吉林，魏标，等．双线铁路简支梁桥的摩擦摆支座适用墩高范围研究 [J]. 铁道科学与工程学报，2020，17（2）：364-371.

[88] 许敏，魏标，刘义伟，等．基于双曲面球型减隔震支座的铁路简支梁桥桥墩地震损伤分析 [J]. 铁道科学与工程学报，2020，17（7）：1769–1777.

[89] 魏标，刘义伟，蒋丽忠，等．地震作用下双曲面球型减隔震支座在铁路简支梁桥中的动力行为 [J]. 土木工程学报，2019，52（6）：110-118.

[90] 许敏，陈克坚，罗立洋，等．地震作用下铁路桥墩设计参数对抗剪性能影响研究 [J]. 高速铁路技术，2020（1）：41-46.